Studienführer im dtv
Herausgegeben von Christof Gramm

Universitäten und Fachhochschulen sind heute keine Idylle mehr. Bei rund 1,9 Millionen Menschen auf ungefähr halb soviel Studienplätzen hat das Hochschulstudium zwangsläufig den Charakter des Massenstudiums. Eine intensive und individuelle Betreuung kann es unter diesen Umständen nur im Ausnahmefall geben. Es ist nicht ganz leicht, sich in dieser Welt zurechtzufinden und das Ziel eines erfolgreichen Studienabschlusses in angemessener Zeit zu erreichen.

Die Studienführer im dtv möchten Ihnen helfen, trotzdem effektiv und erfolgreich zu studieren:
- Sie vermitteln Ihnen für die Wahl Ihres Studienganges ein möglichst realitätsnahes Bild von Studienverlauf und Berufsmöglichkeiten. Sie sollen zunächst eine klare Vorstellung gewinnen und dann entscheiden. Schließlich stellt die Studienwahl in den meisten Fällen den entscheidenden Schritt für die Berufswahl dar – und damit für die nächsten 40 Jahre Ihres Lebens.
- Sie bieten Ihnen Übungen, Tests und Anregungen, mit denen Sie Ihre Urteilskraft trainieren und Ihre eigene Motivation durchleuchten können. Prüfen Sie nicht nur das Fach, sondern auch sich selbst!
- Sie enthalten praktische Tips zu den einzelnen Schritten des Studienverlaufs, Hinweise auf Arbeits- und Lernmethoden sowie zahlreiche weitere konkrete Informationen und Adressen zu Aufbau, Finanzierung, Organisation und Abschluß eines erfolgreichen Studiums.

Nehmen Sie Ihr Studienschicksal entschlossen und kritisch in die Hand. Die Hochschulbildung gehört bei allen offensichtlichen Unzulänglichkeiten zum Kostbarsten, was unsere Gesellschaft anzubieten hat. Wir möchten dazu beitragen, daß Sie diese Chance sinnvoll nutzen können.

W0195787

Studienführer im dtv

Grüne Studiengänge

Von Hans-Jürgen Block

Deutscher
Taschenbuch
Verlag

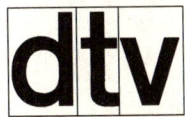

Originalausgabe
April 1996
© 1996 Deutscher Taschenbuch Verlag GmbH & Co. KG,
München
Umschlaggestaltung: Fuhr & Wolf Design-Agentur,
Frankfurt a. M.
Satz: Design-Typo-Print GmbH, Ismaning
Druck und Bindung: C. H. Beck'sche Buchdruckerei,
Nördlingen
Printed in Germany · ISBN 3-423-41004-3

Inhalt

Einführung: Das Dickicht der grünen Studiengänge und der Sinn des Studienführers

Die Umwelt hat Konjunktur auch in wirtschaftlich schwierigen Zeiten. DIE GRÜNEN haben 1994 beim Einzug in den Bundestag mit Leichtigkeit die Fünf-Prozent-Hürde übersprungen. Im Supermarkt klebt der Grüne Punkt auf jeder Dose, und das Öko-Label darf bei keiner Präsentation eines neuen Produktes fehlen. Dank der längst nicht mehr belächelten Umweltlobby aus GREENPEACE, ROBIN WOOD, BUND und den vielen Natur- und Umweltverbänden sind Umweltthemen in unser aller Bewußtsein. Zwar liegen zwischen Umweltbewußtsein und umweltbewußtem Handeln oft noch große Lücken, doch ohne Zweifel haben wir im letzten Jahrzehnt große Fortschritte gemacht, nicht nur im Bewußtsein um unsere Umwelt, sondern auch in der konkreten Verbesserung der Umweltsituation. Wer wagt es noch, beim Thema Umwelt im Abseits zu stehen? So wirbt denn auch die Niedersächsische Landesregierung in Nachrichtenmagazinen über teure Farbanzeigen mit dem Ökoangebot ihrer Hochschulen: »Bei uns können Sie mit Müll Diplom machen!«

Längst haben die Hochschulen reagiert. Bei näherem Hinsehen machen sie viel mehr in Sachen Umwelt, als mancher Kritiker wahrhaben will. Das grüne Studienangebot reicht von A wie Abfallwirtschaft und Agrarwissenschaften über B wie Biologie, C wie Chemie, L wie Landespflege, N wie Naturschutz, Ö wie Ökologie bis U wie Umwelttechnik. Es gibt kaum einen Studiengang der Natur- und Ingenieurwissenschaften oder der Landnutzungsdisziplinen, in dem nicht über Umweltprobleme geforscht und gelehrt wird. Geradezu wie Pilze nach einem Gewitterregen aus dem modrigen Waldboden schießen in den letzten Jahren neue umweltbezogene Studiengänge in die Angebotspalette der Hochschulen. Kein Zweifel: Umwelt hat Hochkonjunktur. Umwelt ist das Gebiet mit den meisten neuen Studiengängen und Studienschwerpunkten. Manches hat allerdings nur einen grünen Anstrich, manchmal kommt auch der Verdacht der bloßen Umetikettierung auf, und manchmal fragt man sich, ob man »Umwelt« überhaupt studieren kann.

Das rasche Wachstum des Angebots an grünen Studiengängen erschwert den Überblick. Selbst Experten haben keinen vollständigen Durchblick, was es inzwischen alles an grünen Studiengängen gibt. In zwei dickleibigen Bänden führt der neueste vom Umweltbundesamt herausgegebene amtliche »Studienführer Umweltschutz« auf 1.322 Seiten 170 einschlägige Studiengänge an Universitäten und 120 an Fachhochschulen auf. Dabei wurden »überwiegend nur Studiengänge mit einem maßgeblichen Anteil an Umweltschutzthemen aufgenommen«.

Wie soll ein Studienbewerber sich in diesem unübersichtlichen Dickicht teils identischer, teils ähnlicher Bezeichnungen mit teils konventionellen und teils speziellen Inhalten zurechtfinden? Dazu kommt noch, daß die Angaben des Umweltbundesamtes über die Zahl der grünen Studiengänge inzwischen kräftig nach oben korrigiert werden müssen, denn die Umfrage stammt aus dem Jahre 1992 und konnte deswegen in Ostdeutschland viele damals noch in Planung befindliche Studienangebote nicht erfassen.

Dieser Studienführer hat nicht den Ehrgeiz, jeden einzelnen Studiengang mit allen Details zu beschreiben. Wollte man dies, so käme ein unleserlicher Wälzer heraus. Jeder Autor muß an dem Vorhaben scheitern, alle Angebote vollständig aufzulisten, dazu ist das Dickicht der Umweltstudiengänge zu unübersichtlich, und mit jedem neuen Semester wird die Liste länger. Wichtiger als die Details über die letzte Änderung einer Prüfungsordnung oder die Neueinführung eines grünen Schwerpunktes ist ein Überblick über die grünen Studiengänge und über die grünen Berufe. Hier liegt denn auch der Sinn dieses Studienführers. Er will mit Ihnen die wichtigsten Fragen durchgehen, die Sie sich vor Studienbeginn und in den ersten Semestern stellen werden:

• Welche Typen von grünen Studiengängen gibt es, und was verbirgt sich hinter dem werbewirksamen Etikett »Umwelt«?
• Universität oder Fachhochschule? Was unterscheidet diese beiden Hochschultypen?
• Wie sind die grünen Studiengänge typischerweise aufgebaut?
• Mit welchen Fächern bekomme ich es in den grünen Studiengängen zu tun, und welche Schulfächer sind besonders wichtig?

- Praktikum oder Lehre vorweg?
- Numerus clausus und wie man dennoch zum Ziel kommt
- Was ist von den Hitlisten des Hochschulrankings zu halten?
- Grünes Aufbaustudium, grüner Doktor oder rasch in den Beruf?
- Welche grünen Berufe gibt es, und wie sieht der Arbeitsmarkt aus?

Der Studienführer will Schneisen in das Dickicht der grünen Studiengänge schlagen, damit Sie sich besser orientieren können. Dazu liefert er eine Menge an Informationen – trotzdem mußte vieles weggelassen werden. Aber zusätzliche Informationen bedeuten nicht unbedingt bessere Informationen. Statistiken können einen bekanntlich auch erschlagen, und bevor Sie sich im Gewirr der Daten verirren, bietet der Studienführer breite Schneisen als Auswege. Für den Autor ist demnach angesagt, bei den Fakten Mut zur Lücke zu haben und, wo vertretbar, Bewertungen vorzunehmen. Ein amtlicher Studienführer kann das nicht – dieser muß es, sonst bräuchte er nicht geschrieben zu werden.

Der Studienführer ist kein Ökokrimi. Jede Bahnhofsbuchhandlung bietet Spannenderes. Sie müssen ihn studieren, d. h. mit Aufmerksamkeit durcharbeiten. Sie dürfen Kapitel überspringen. Sie müssen aber mitarbeiten, denn es ist Ihre Entscheidung für Ihr Studium und damit für Ihren künftigen Lebensweg. Keine Studienberatung und kein Ratgeber kann Ihnen die Verantwortung für diese Entscheidung abnehmen. Am Ende müssen Sie entscheiden, ob Sie ein grünes Diplom machen wollen, auf welchem Gebiet und an welcher Hochschule. Der Studienführer will Ihnen dafür die wichtigsten Informationen liefern und Sie auf das Erlebnis eines Hochschulstudiums vorbereiten.

Sie haben sicher schon bemerkt, daß in diesem Studienführer die Begriffe »Umweltstudiengang«, »grüner Studiengang« und »Öko-Studiengang« austauschbar sind. Der Streit, welcher Studiengang das Etikett Umweltstudiengang tragen darf, bringt nicht viel. Eine objektive, allgemein anerkannte Definition gibt es nicht. Hier wird eine weite Definition gewählt. Es wird auch nicht versucht, zwischen einem grünen Studiengang und einem Umweltstudiengang zu unterscheiden. Behandelt werden sowohl die klassischen grünen Studiengänge wie Biologie, Landespflege oder Agrarwissenschaften als auch neue Spezialstudiengänge wie Abfallwirtschaft, Geoökologie oder Umwelttechnik. Dazu einige klassische Studiengänge aus den Natur- und Ingenieurwissenschaften, die im Hauptstudium umweltbezogene Schwerpunkte anbieten, wie z. B. Chemie, Bau-Ingenieurwesen oder Verfahrenstechnik. Klassische Studiengänge mit Umweltschwerpunkt sind eine Alternative zu den Umwelt-Spezialstudiengängen, die es an immer mehr Universitäten und Fachhochschulen gibt. In den klassischen Studiengängen gibt es kaum noch Zulassungsbeschränkungen, so daß hier die Chancen auf einen Studienplatz besser sind als bei den in ihrer Kapazität noch kleinen Umwelt-Spezialstudiengängen. Auch gilt keineswegs als ausgemacht, daß Sie später mit dem Examen in einem Umwelt-Spezialstudiengang die besseren Karten im Wettbewerb um interessante Arbeitsplätze haben. Für manch einen der erst vor wenigen Jahren eingerichteten Umwelt-Spezialstudiengänge steht die Bewährungsprobe auf dem Arbeitsmarkt noch aus. Aus diesen Gründen lege ich in diesem Studienführer großen Wert darauf, den Begriff »grüner Studiengang« weit auszulegen und die breite Palette der grünen Studiengänge darzulegen.

Dieser Studienführer wurde nach bestem Wissen und Gewissen geschrieben. Und zwar aus der Sicht eines Studienbewerbers, nicht aus dem Blickwinkel der Hochschulen, die um Studenten werben und sich mit Umweltstudiengängen ein grünes Profil geben wollen. Damit der Studienführer kein unlesbarer Wälzer wird, muß manches unvollständig bleiben, das eine oder andere ist vielleicht auch schief dargestellt. Sparen Sie nicht mit Kritik – die nächste Auflage kann nur besser werden!

Eine informative Lektüre wünscht Ihnen
Ihr
Hans-Jürgen Block

1. Nach der Schule: Studieren an der Universität, an der Fachhochschule oder (noch) nicht?

Über 300.000 junge Frauen und Männer verlassen jährlich Gymnasien oder gymnasiale Oberstufen von Gesamtschulen und Fachoberschulen mit einem Abschlußzeugnis, das ihnen die Berechtigung zum Hochschulstudium gibt. Die einen haben mit dem Abitur die allgemeine oder fachgebundene Hochschulreife in der Tasche und können damit zum Studium sowohl an die Universität (Uni) als auch an die Fachhochschule (FH) gehen. Die anderen haben mit der Fachhochschulreife die Zugangsberechtigung für ein Fachhochschulstudium erworben. Die Wege, die zum Hochschulstudium führen, sind vielfältig und breit geworden. Vor vier Jahrzehnten, als die heutige Eltern- und Lehrergeneration die Schule verließ, war dies anders. Noch in den 60er Jahren waren die Bildungs- und Ausbildungswege für die Schulabsolventen mit Studienabsichten eindeutig vorgezeichnet:

→ Das Abitur bescheinigte die Hochschulreife. Es führte ohne Lehre direkt zur Universität.[1]
→ Die Mittlere Reife führte zur Lehre. Wer sich weiter qualifizieren wollte, konnte anschließend an einer Ingenieurschule studieren.

Wir werden sehen, wie sich die Zeiten geändert haben. Viele Studienberechtigte und ihre Eltern stellen sich heute die Fragen:

• Soll ich meine Studienberechtigung einlösen und studieren?
• Soll ich an eine Universität oder an eine Fachhochschule gehen?
• Soll ich zuerst eine Lehre machen oder sofort mit dem Studium beginnen?

---

[1] Auf eine Unterscheidung zwischen Universitäten, Technischen Hochschulen und Pädagogischen Hochschulen wird hier verzichtet. Die Technischen Hochschulen sind zu technisch orientierten Universitäten ausgebaut worden und die Pädagogischen Hochschulen wurden mit wenigen Ausnahmen in Universitäten integriert oder umgewandelt. Siehe Kapitel 1.2 »Die unterschiedlichen Hochschultypen in Deutschland«.

In Zeiten mit schwacher Wirtschaftskonjunktur, hoher Arbeitslosigkeit und unübersehbaren Problemen beim Übergang der jungen Menschen aus Studium und Ausbildung in einen Beruf sind diese Fragen besonders drängend. Die Unsicherheiten bei der Studienwahl sind deswegen so groß, weil immer deutlicher wird, daß es keine sicheren Wege in den Beruf gibt. Wir würden es uns aber zu einfach machen, wenn wir die Erklärung für die heute unübersichtlicher gewordenen Wegstrecken zwischen Schule, Hochschule und Beruf allein in der schwierigen Arbeitsmarktlage Mitte der 90er Jahre sehen würden. Vielmehr haben die Veränderungen viel mit den Erfolgen der Bildungspolitik zu tun. Wenn noch vor nur drei Jahrzehnten lediglich sechs Prozent eines Altersjahrgangs Abitur machten, dann mußte sich diese Minderheit eines Altersjahrgangs nicht allzu viele Gedanken über ihre Zukunft machen. Die Studienberechtigung wurde eingelöst. Dies war selbstverständlich. Die glücklichen Abiturienten und Abiturientinnen mußten sich nur noch fragen, welches Fach und welche Universität es denn sein sollte. Vergessen wir aber nicht, daß im traditionellen deutschen dreigliedrigen Schulsystem mit Volksschule, Realschule und Gymnasium schon nach dem vierten Grundschuljahr über Schullaufbahnen und damit vielfach auch über Berufslaufbahnen entschieden wurde. Spätere Korrekturen dieser Entscheidungen waren noch in den 60er Jahren schwierig und auf Ausnahmefälle begrenzt, denn anders als heute waren damals die Schulen nach oben hin wenig durchlässig. Viele, die heute vor der schwierigen Frage stehen »Studium – ja oder nein?« hätten eine Generation früher gar keine realistische Chance gehabt, die Studienberechtigung zu erwerben. Die Frage hätte sich also gar nicht gestellt.

Um die heutige Situation besser verstehen zu können, wollen wir einen kleinen Exkurs in die Bildungsgeschichte vornehmen. Sie werden sehen, wie eng ursprünglich Gymnasium und Uni verbunden waren, so daß es auch nicht verwundern kann, daß das Gymnasium sich schwertut mit den Fragen: »Studium oder nicht?«, »Universität oder Fachhochschule?«, »Vorher Lehre oder sofort Studium?«.

1.1 Ein Rückblick auf die Bildungsgeschichte erklärt manches

Die preußischen Schul- und Hochschulreformen in den 80er Jahren des vergangenen Jahrhunderts, die eng mit dem Namen Wilhelm von Humboldt verknüpft sind, verbanden Gymnasium und Universität eng miteinander. Das Gymnasium verlieh die Hochschulreife und bereitete damit auf die Universität vor. Bis in die 60er Jahre dieses Jahrhunderts blieb die Koppelung von Gymnasium und Universität weitgehend bestehen. Es machten aber nur wenige Schülerinnen und Schüler Abitur. 1960 waren es im ganzen Bundesgebiet lediglich 55.000, was einem Anteil von sechs Prozent am Altersjahrgang entsprach. Wirtschaftlicher Wohlstand und gesellschaftlicher Wandel haben die Verhältnisse inzwischen gründlich verändert. Die expansive Bildungspolitik mit ihrem Slogan »Schick dein Kind auf die höhere Schule« war außerordentlich erfolgreich. Die höheren Schulen wurden ausgebaut, sie wurden gegenüber den mittleren Schulen durchlässig, und schulische Sackgassen wurden durch Aufbau- und Abendgymnasien geöffnet. In historisch kurzer Zeit änderte sich das Schulwahlverhalten völlig.

Mitte der 90er Jahre erwerben in Deutschland 25 % der Schulabsolventen das Abitur. Weitere 9 % beenden ihre Schullaufbahn mit der Fachhochschulreife. Damit erwirbt heute ein Drittel der jungen Generation eine Studienberechtigung. Und auch diese Anteilswerte sind nur Zwischenergebnisse des weiter fortschreitenden sozialen Prozesses eines gewandelten Schulwahlverhaltens. Der langjährige Trend zur höheren Schulbildung ist bislang ungebrochen; in vielen Städten liegt der Anteil der Schulabsolventen mit Studienberechtigung schon über 40 %. Im Gegensatz zu früheren Generationen lösen aber längst nicht alle Studienberechtigte ihre Berechtigung zum Studium an einer Universität auch ein. Die frühere Koppelung von Abitur und Unistudium löst sich also auf.

Die Fachhochschulreife: Das alternative Eintrittsbillett in die Hochschulen

Ende der 60er Jahre wurden die Fachhochschulen gegründet, die sich bald zur zweiten Säule des deutschen Hochschulsystems entwickelten. Anders als bei ihren Vorgängereinrichtungen, den Ingenieurakademien (auch Ingenieurschulen genannt) und höheren Fachschulen, reicht für das FH-Studium nicht länger die Kombination aus Mittlerer Reife und abgeschlossener Berufsausbildung aus. Vielmehr wird eine eigene Fachhochschulreife verlangt, die an den neu geschaffenen Fachoberschulen oder durch Abgangszeugnis nach der 12. Klasse des Gymnasiums erworben wird. Die Fachoberschule führt nach Mittlerer Reife und abgeschlossener Berufsausbildung in ein (Vollzeitschule) oder zwei (Teilzeitschule) Jahren zur FH-Reife.[2]

Die FH-Reife berechtigt nicht zum Unistudium, dies ist erst nach dem FH-Diplom möglich. Weil ein solches Zweitstudium zeitlich aufwendig ist und vom Arbeitsmarkt selten dem Aufwand entsprechend honoriert wird, spielt dieser Zugang zu den Universitäten – anders als in den 70er Jahren – nur noch eine untergeordnete Rolle. Umgekehrt kann man mit dem Abitur aber an die FH gehen, was immer häufiger praktiziert wird. Über zehn Prozent eines Abiturjahrgangs studieren mittlerweile an einer FH, entscheiden sich also bewußt gegen die Uni. Diese ungeplante Entwicklung hat dazu geführt, daß über 40 % aller FH-Anfänger das Abitur haben, in vielen Studiengängen sind es inzwischen schon 50 – 60%.

1.2 Die unterschiedlichen Hochschultypen in Deutschland

Viele grüne Studiengänge werden sowohl an Universitäten als auch an Fachhochschulen angeboten. Wer zum Beispiel Umwelttechnik, Landespflege oder Agrarwissenschaften studieren will, hat die Qual der Wahl: Uni oder FH? Eine einfache Antwort gibt es nicht. Die Fra-

---

[2] Die Regelungen für den Erwerb der FH-Reife sind vielfältig. Auf Einzelheiten muß hier verzichtet werden.

ge ist ähnlich schwer zu beantworten wie die Frage, welches Studienfach es denn sein soll. Sicher ist nur, daß die noch in den 70er Jahren ohne großes Nachdenken selbstverständlich beschrittenen Wege »mit Abi zur Uni« und »mit Mittlerer Reife, Lehre und Fachoberschule zur FH« nicht mehr selbstverständlich sind.

Fragen wir nach den Zielen, die Studieninteressenten mit dem Studium verbinden, so bekommen wir die Antwort, daß das Studium für einen interessanten Beruf qualifizieren soll. Die Anstrengung auf der Hochschule, das Bemühen – »studere« kommt aus dem Lateinischen und heißt »sich bemühen« – soll sich hinterher auch lohnen. Die wenigsten wollen oder können es sich leisten, das Ziel Berufsqualifikation für unwichtig zu halten und nur der Bildung wegen zu studieren.

Das Selbstverständnis von den Zielen eines Studiums ist in den einzelnen Hochschultypen und Fakultäten unterschiedlich. Die Philosophischen Fakultäten traditioneller Universitäten, in denen die Geisteswissenschaften zu Hause sind, und die technischen Fachbereiche von Fachhochschulen – um zwei Extreme zu nennen – werden sich schwerlich auf einen gemeinsamen Nenner für ihre Ziele einigen können. Das wäre auch gar nicht sinnvoll. In unserem differenzierten Hochschulsystem sollen die verschiedenen Hochschultypen unterschiedliche Aufgaben haben. Entsprechend unterscheiden sich Studienziele und -inhalte, Studienordnungen und Studienzeiten.

In den letzten beiden Jahrzehnten haben sich in Deutschland drei unterschiedliche Hochschultypen herausgebildet:

• Der *Hochschultyp Uni* mit den Universitäten, Technischen Universitäten und Technischen Hochschulen sowie den Universitäten-Gesamthochschulen, die als Besonderheit auch Studiengänge anbieten, die für Fachhochschulen typisch sind.[3]

• Der *Hochschultyp Kunst- und Musikhochschule*, der viele Besonderheiten hat, hier aber nicht behandelt wird, weil es dort keine grünen Studiengänge gibt.

• Der *Hochschultyp Fachhochschule*, der Anfang der 70er Jahre gegründet wurde und sich durch ein spezifisches Profil als praxisorientierte Hochschule von den Universitäten unterscheidet.

---

[3] Zu dieser Gruppe gehören auch die wenigen noch selbständigen Pädagogischen Hochschulen und die Theologischen Hochschulen, die hier aber nicht weiter behandelt werden, weil es dort keine grünen Studiengänge gibt.

In Deutschland tragen diese Hochschultypen unterschiedliche Bezeichnungen. In anderen Ländern, in denen es ebenfalls unterschiedliche Hochschultypen gibt, herrscht dagegen vielfach die Bezeichnung Universität vor. Deswegen aufgepaßt bei internationalen Vergleichen! Manche ausländische Hochschule mit dem stolzen Titel Universität, z. B. in Großbritannien, in den Vereinigten Staaten von Nordamerika oder in Osteuropa, ähnelt nach Studienziel, Studiendauer und Studieninhalten mehr einer deutschen Fachhochschule als einer deutschen Universität. Da sich die nationalen Hochschulsysteme unterschiedlich entwickelt haben und da es in der Europäischen Union keine einheitliche Hochschulgesetzgebung gibt, haben wir es auch im zusammenwachsenden Europa mit sehr unterschiedlichen Hochschulsystemen zu tun.

Universitäten

Die Universität ist der älteste Hochschultyp. Dieser Hochschultyp hat in Deutschland mit 1,4 Millionen Studierenden den größten Zulauf. Jährlich beginnen rund 200.000 Studienanfänger an einer der über das ganze Bundesgebiet verteilten 92 Universitäten das Studium. Das Studienangebot reicht von A wie Agrarbiologie bis Z wie Zahnmedizin, allerdings bietet nicht jede Uni alle Studiengänge an. Die meisten der in Kapitel 2 »Schneisen durch das Dickicht der grünen Studiengänge« genannten Ökostudiengänge können Sie an mehreren Universitäten studieren. Mehr darüber in den Einzelbeschreibungen der Studiengänge in Kapitel 2.

Die Universitäten sind in Fakultäten (z. B. Mathematisch-naturwissenschaftliche Fakultät, Forstwissenschaftliche Fakultät, Agrarwissenschaftliche Fakultät) oder in Fachbereiche (z. B. Fachbereich Biologie, Fachbereich Physik, Fachbereich Forstwissenschaft) gegliedert. Die nächstkleinere Organisationseinheit ist dann das Institut, an dem mehrere Professoren, Assistenten und Mitarbeiter auf einem Fachgebiet (z. B. Mikrobiologie, Botanik, Zoologie usw.) forschen und lehren. Für den Studierenden ist die Fakultät / der Fachbereich die wichtigste Organisationseinheit, denn hier liegt die Verantwortung für die Studiengänge. Die deutschen Universitäten verleihen nach dem

Abschluß eines Studiums verschiedene akademische Grade (Titel). Der verbreitetste Titel ist das Diplom (Diplom-Biologe, Diplom-Ingenieur etc.), und der höchste ist der Doktor (Dr. Ing., Dr. agr. etc.). In der ersten Hälfte der 90er Jahre schlossen an den deutschen Universitäten jährlich 110.000 – 115.000 Absolventen ihr Studium erfolgreich ab. Davon machten jährlich rund 20.000 – 22.000 einige Jahre später noch den Doktor. Zusammen mit den 60.000 – 65.000 FH-Absolventen lag die Gesamtzahl der Hochschulabsolventen damit bei jährlich 170.000 – 180.000, der Anteil der Universitäten bei den Absolventen lag somit zwischen 62 und 65 %.

Übersicht 1: Abschlußprüfungen an Universitäten

Prüfungsart	Anzahl	Anteil
Diplom (Uni)	66.500	58 %
Magister	8.500	7 %
Lehramt Staatsexamen	15.600	14 %
Sonstiges Staatsexamen	24.000	21 %
Insgesamt	114.600	100 %

Quelle: Eigene Berechnungen nach Angaben des Statistischen Bundesamtes für 1992.

- Das Diplom ist der übliche Abschluß in den Natur- und Ingenieurwissenschaften ebenso wie in den Landnutzungsdisziplinen (vgl. Kapitel 2.3). Die Diplomprüfung ist eine Hochschulprüfung. Prüfer sind die an der Fakultät/am Fachbereich Lehrenden.
- Der Magister Artium (M.A.), in der weiblichen Form Magistra Artium, ist ein in Deutschland erst seit Mitte der 70er Jahre in größerer Zahl verliehener Abschluß. Er wird heute in großer Zahl von den geisteswissenschaftlichen Fächern (z. B. Philosophie, Germanistik, Romanistik, Anglistik, Kunstgeschichte) vergeben. Die Magisterprüfung muß in der Regel in zwei oder drei Fächern (z. B. Philosophie und Geschichte) abgelegt werden. Sie ist eine Hochschulprüfung und wird von den Professoren der gewählten Fächer abgenommen.[4]

---

[4] Im Ausland ist der Magisterabschluß weit verbreitet. In britischen und amerikanischen Universitäten ist der »master« der Abschluß des auf den »bachelor« folgenden Aufbaustudiums. Hier steht »m. sc.« für den »master of science« in den Natur- und Ingenieurwissenschaften und der »m. a.« für »master of arts« in den Geistes- und Sozialwissenschaften.

- Der Doktortitel wird im Anschluß an ein Diplom, einen Magister oder ein Staatsexamen und nach Abschluß eines erfolgreichen Promotionsverfahrens verliehen, in Deutschland jährlich an über 22.000 Männer und Frauen. Darunter sind 6.000 Mediziner, weswegen der Titel Doktor landläufig zur Berufsbezeichnung für den Arzt geworden ist. Der Doktortitel wird von der Fakultät/dem Fachbereich verliehen und ist in allen an der Uni vertretenen Fächern möglich. Weitere Informationen zum Doktor finden Sie in Kapitel 2.8 »Grüner Doktor«.

- Das Staatsexamen, mit dem die medizinischen Studiengänge ebenso abschließen wie das juristische Studium und die Lehramtsstudiengänge, ist eine staatliche Prüfung, die den Zugang zum Beruf des Arztes, Apothekers, Richters und Lehrers regelt. Die Prüfung wird von einem staatlichen Prüfungsamt durchgeführt. Prüfer sind vom Staat bestellte Professoren und Angehörige des jeweiligen Berufes (z. B. Lehrer, Richter, Ärzte). Mit dem Examen wird kein akademischer Titel verliehen, sondern eine Berufsbezeichnung (Arzt, Apotheker oder Lehrer). Wer einen akademischen Titel will, der muß promovieren.

In den Naturwissenschaften hat der Studierende die Wahl zwischen Diplom und Staatsexamen zum Lehramt. Beim Lehramtsstudium muß er jedoch zwei Fächer studieren, zusätzlich noch Pädagogik. Dafür wird der Stoff nicht so umfassend und intensiv behandelt wie beim Ein-Fach-Studium zum Diplom. Der Studierende kann jedoch zusätzlich zum Diplom noch das Staatsexamen machen und sich damit den Zugang zum Lehrerberuf offenhalten. Für die grünen Studiengänge sind die Abschlußarten Magister und Staatsexamen ohne Bedeutung, sie werden deswegen auch nicht weiter behandelt.

Inhalte, Organisation und Aufbau der Studiengänge werden durch Prüfungsordnungen und daraus abgeleitete Studienordnungen geregelt.[5] Darin ist beschrieben, welche Fächer im Vordiplom (an der FH

---

[5] In die juristischen Details wollen wir hier nicht einsteigen. Nur soviel: Prüfungsordnungen werden von der Fakultät / dem Fachbereich erstellt und müssen dann von den Ländern genehmigt werden. Die Länder achten auf eine gewisse Einheitlichkeit. Die Struktur der Studiengänge und in den Grundzügen auch die Inhalte sind deswegen an den Hochschulen einheitlich.

frühestens nach dem dritten Semester, an der Uni frühestens nach dem vierten Semester) und welche Fächer im Hauptdiplom (an der FH frühestens nach dem achten, an der Uni frühestens nach dem neunten oder zehnten Semester) geprüft werden. Und die Studienordnungen regeln für jedes Semester, welche Vorlesungen besucht und welche Laborübungen gemacht werden müssen. Für Studieninteressenten sind diese von Juristen geschriebenen Paragraphenwerke jedoch schwer verständlich. Die Details sind für die Auswahl des Studiengangs und der Hochschule aber auch nicht so wichtig. Für's erste reichen die Informationsbroschüren, die es inzwischen für die meisten Studiengänge gibt. Sie werden von den Fakultäten/Fachbereichen herausgegeben und können über die Studienberatungsstellen der Hochschulen angefordert werden.

Hierzu drei Tips:

1. Die Adressen aller Studienberatungsstellen stehen in dem jährlich auf den neuesten Stand gebrachten Buch »Studien- und Berufswahl«, das in allen Schulbibliotheken und in allen Bibliotheken der Berufs-Informations-Zentren (BIZ) der Arbeitsämter steht und im Buchhandel erworben werden kann.
2. Gegen frankierten Freiumschlag (DIN A 5, Porto 3,00 DM, Adresse nicht vergessen) verschicken die Studienberatungsstellen ihre Info-Broschüren an alle Interessenten.
3. Wenn Sie in die Details der Prüfungs- und Studienordnungen einsteigen wollen, dann wenden Sie sich ebenfalls an die Studienberatungsstellen.

Doch bevor Sie anfangen, Info-Broschüren und die dazugehörigen Prüfungs- und Studienordnungen anzufordern, sollten Sie mit der Lektüre dieses Studienführers fortfahren, denn die wichtigsten Informationen über die grünen Studiengänge finden Sie in Kapitel 2. Erst wenn Sie einen Überblick über die verschiedenen grünen Studiengänge haben, sollten Sie sich mit weiterführenden Detailinformationen befassen.

Das umfangreiche Regelwerk der heutigen Prüfungs- und Studienordnungen ist ein unübersehbares Indiz für den Wandel der deutschen Universität von der früheren »Bildungseinrichtung für die Elite« zu einer »Hohen Schule für die Berufsausbildung eines Viertels der jungen Generation«. Vieles, was Sie über die Universität und das Studium von Ihren Lehrern, Eltern oder Großeltern erfahren haben, gilt für die heutige Universität mit ihren zehn-, zwanzig- oder dreißigtausend Studierenden nicht mehr. Gerade deswegen und um diesen Wandel zu verstehen, wollen wir uns in den nächsten Abschnitten kurz und knapp mit Auszügen aus der Universitätsgeschichte beschäftigen. Wer sich damit nicht aufhalten will, kann die nächsten Seiten überblättern und macht bei Kapitel 1.3 »Diplom von der Universität oder von der Fachhochschule?« weiter.

Ein klein wenig Universitätsgeschichte

Die mittelalterliche europäische Universität hatte nur vier Fakultäten: Theologie, Jura (Rechtswissenschaft), Medizin und die Fakultät der »Artes Liberales«, auch Artistenfakultät genannt. Diese Artistenfakultät galt als die höhere Fakultät. Hier waren die »Freien Künste« aus den Geisteswissenschaften zu Hause: Philosophie, Mathematik, alte Sprachen. Später kamen die neu aufkommenden Naturwissenschaften hinzu. Geregelte Studiengänge mit Prüfungs- und Studienordnungen und vorgeschriebenen Fächerkombinationen gab es nicht. Die Studenten hörten einige Semester das, was sie interessierte. Dieses »Studium Generale« hatte die Bildung der Persönlichkeit durch Wahrheitssuche und Wissenschaft zum Ziel. Einen Diplomabschluß gab es nicht, wohl aber den Magister und den Doktor. Nach einigen Semestern »Bildungsstudium« gingen viele Studierende in eine der »unteren Fakultäten« zu den »nützlichen Fächern«, um sich dort für die »gelehrten Berufe« der Apotheker, Lehrer, Juristen und Mediziner zu qualifizieren. Diese »unteren Fakultäten« standen in der Prestigeordnung der Universität unter der Artistenfakultät, weil sie etwas Nützliches machten und auf einen Beruf vorbereiteten. »Verkehrte Welt« wird manch einer heute sagen: Da hatten tatsächlich diejenigen Fächer das höchste Prestige, die sich weder um Studienordnungen und Studienzeiten noch um Beruf und Arbeitsmarkt kümmerten!

Nicht wenige Studierende verließen die Universität nach einigen

Semestern ohne Abschluß. Man war weit entfernt davon, dies als Abbruch und Mißerfolg zu bewerten. Das Studium war eben keine Berufsausbildung, sondern ein Bildungserlebnis. Es gehörte zur Erziehung, die durch so profane Inhalte wie Diplomprüfung oder Berufsqualifikation nicht belastet werden sollte. »Wie haben sich doch die Zeiten geändert!« wird derjenige seufzen, der in der Presse heute Klagen über Studienzeiten und Abbruchquoten liest.

Den Zugang aus den Universitäten in die gelehrten Berufe regelte der Staat mit dem Staatsexamen, weil er der Unabhängigkeit und dem Qualitätsurteil der Professoren mißtraute. Deswegen richtete er staatliche Prüfungskommissionen ein. Vorschrift war lediglich, daß die Studierenden mindestens sechs Semester studiert haben mußten. Bis heute hat sich an den Staatsprüfungen für diese Fächer (und für einige andere, wie z. B. Lebensmittelchemie, Tiermedizin, Zahnmedizin) nichts Wesentliches geändert, lediglich die Mindeststudienzeit wurde heraufgesetzt, und die Studierenden gehen nicht länger für einige Semester an die Artistenfakultät, sondern beginnen sofort mit dem Studium eines »nützlichen Faches«.

Erst Mitte unseres Jahrhunderts haben sich die Naturwissenschaften aus der Philosophischen Fakultät herausgelöst und eine eigene Fakultät gebildet. Die »Math.-Nat.«, wie sie im Studenten-Jargon genannt wird, also die Mathematisch-Naturwissenschaftliche Fakultät, richtete für immer mehr Fächer Diplom-Studiengänge ein, die zum Diplom-Chemiker, Diplom-Physiker, Diplom-Geologen etc. führen. Freilich waren die beruflichen Möglichkeiten für diplomierte Naturwissenschaftler lange Zeit gering. Die meisten Studierenden der Mathematik, Biologie, Geographie und Physik machten deshalb das Staatsexamen und wurden Lehrer. Lediglich Chemiker fanden schon früh außerhalb der Universitäten und Forschungsinstitute ein wachsendes Betätigungsfeld, weil die aufblühende chemische Industrie für ihre Forschungslabors Wissenschaftler benötigte. Anders als in den Ingenieurwissenschaften, wo das Diplom der gängige und allseits anerkannte Abschluß ist, hat sich das Diplom aber noch nicht in allen Naturwissenschaften durchgesetzt. In Chemie z. B. promovieren fast 90 % aller Absolventen, weil die chemische Großindustrie für ihre Aufgaben Diplom-Chemikerinnen und Diplom-Chemiker nicht akzeptiert.

Technische Universitäten / Technische Hochschulen

Ursprünglich waren Universitäten und Technische Hochschulen zwei grundverschiedene Hochschultypen – nicht nur im Fächerangebot, sondern auch in Studienzielen, Studienorganisation und im gesellschaftlichen Ansehen. Heute ist dies Geschichte, und nur wenige Technische Hochschulen (TH), wie die RWTH Aachen und die TH Darmstadt, wurden noch nicht in Technische Universität (TU) oder Universität umbenannt. Zwischen einer Ingenieurfakultät einer TU (z. B. TU Berlin, Dresden, Karlsruhe oder München) oder einer Universität (z. B. Bochum, Hannover oder Rostock) bestehen keine Unterschiede. Die Geschichte der Technischen Hochschulen mit ihrem Angebot an »nützlichen Diplomstudiengängen«, die sich am Bedarf von Wirtschaft und Verwaltung ausrichteten, ist für die heutige Universität von großer Bedeutung. Wir wollen uns deswegen auch hier mit der Geschichte dieses ehemals eigenständigen Hochschultyps befassen.

Im Bestreben, die Wirtschaft zu fördern, gründete der Staat im 18. Jahrhundert Spezialhochschulen. Er hatte Bedarf an speziellen Beamten, die an den Universitäten mit ihren traditionellen Fakultäten nicht ausgebildet werden konnten, weil die traditionelle Universität die Ausbildung für derart nützliche Berufe als unter ihrer Würde ansah. Deswegen gab es bald Bergakademien für Bergbeamte im staatlich dirigierten Bergbau; Bauakademien für Baubeamte im öffentlichen Tief- und Hochbau; Forstakademien für die staatlichen Forstämter; Landwirtschaftliche Akademien für die staatliche Domänenverwaltung und die staatlichen Fachschulen sowie Artillerie- und Ingenieurakademien für Artillerie- und Ingenieuroffiziere. Aus der Sprache der Militärtechniker stammt auch der Name »Ingenieur«. Schon 1729 gab es in der preußischen Armee ein Ingenieurkorps.

Die Ausbildung der technischen Akademiker nahm damit ihre eigene Entwicklung. Wie in Frankreich, wo die Grandes Ecoles als eigene Hochschulart noch heute neben und im Ansehen über den Universitäten existieren, wurden auch in den deutschen Ländern für die technischen Fächer eigene Hochschulen gegründet: »Universitäten des Erwerbslebens«, wie sie von ihren Anhängern genannt wurden. Vorbild wurde die in der Revolutionszeit gegründete Ecole Polytechnique in Paris, die auf naturwissenschaftlicher Grundlage zivile und militärische Baubeamte ausbildete. Zuerst 1806 in Prag und dann in rascher Folge in Wien, Karlsruhe, Dresden, Stuttgart, München, Kassel, Hannover, Braunschweig, Darmstadt und Berlin entstanden solche polytechnischen Institute. Daraus gingen später die Technischen Hochschulen hervor, die sich zu einer zweiten Säule des Hochschulwesens entwickelten. Freilich wurden die Technischen Hochschulen von den Universitäten nicht als gleichwertig anerkannt. »Der Konflikt zwischen den etablierten ›Humanisten‹ und den neuaufstrebenden Realisten um das Gymnasium und die Realgymnasien und Oberrealschulen wiederholte sich hier. Die ›Humanisten‹ verdächtigten die technische Bildung als geistige Verarmung, als Materialismus, Einseitigkeit und als Verlust von Freiheit, Seele, Geist, sie sprachen von ›Klempnerakademie‹, von ›Nützlichkeitskramschule‹; und die Vertreter der Technik argumentierten mit der Steigerung von Lebensstandard und Arbeitsleistung, mit dem Fortschritt, der erst eine neue Blüte von Kunst und Wissenschaft, Humanität und Wissenschaftlichkeit ermöglichen werde.«[6] Über Jahrzehnte gab es Auseinandersetzungen um das Promotionsrecht. Erst 1899 erhielt die TH Berlin-Charlottenburg gegen den heftigen Widerstand der Berliner Uni und der Standesvertretungen der akademischen Berufe als erste TH das Promotionsrecht.

Die Technischen Hochschulen haben erst nach dem Zweiten Weltkrieg die volle wissenschaftliche und gesellschaftliche Anerkennung gefunden. Im Zuge des Hochschulausbaus wurden an vielen Technischen Hochschulen neue Fakultäten für Medizin, Naturwissenschaften, Jura oder Wirtschaftswissenschaften eingerichtet. Und manche Universitätsneugründung erhielt eine Ingenieurfakultät. Mit dem Ausbau der Universitäten ist die Universitätslandschaft dichter und gleichzeitig einheitlicher geworden. Zwar gibt es nach wie vor Unterschiede im Spektrum der angebotenen Fächer, denn Medizin, Ingenieurwissenschaften oder Theologie kann man nicht an jeder Universität studieren, doch aus den Unterschieden in der Breite des Fächerkanons folgt noch kein Unterschied in der Qualität der Ausbil-

---

[6] Die Ausführungen dieses Kapitels und das Zitat wurden Nipperdey entnommen (Theodor Nipperdey: Deutsche Geschichte, 1800 – 1866. München, Beck 1983).

dung. Und auch im gesellschaftlichen Ansehen gibt es keine großen Unterschiede mehr, sehr zum Leidwesen der alten Universitäten, die auf mehrere hundert Jahre Tradition zurückblicken können und zusehen mußten, wie zuerst die Technischen Hochschulen sich Universität nennen durften und dann nebenan in der Provinz neue Universitäten mit gleichen Aufgaben und Rechten entstanden.

Fachhochschulen (FH)

Fachhochschulen gibt es erst seit 1969. Nachdem 1991 auch in den neuen Ländern eine Reihe von Fachhochschulen aus Fachschulen, Ingenieurhochschulen und Technischen Hochschulen gegründet wurden, gibt es inzwischen 130 Fachhochschulen mit rund 420.000 Studierenden. Jährlich beginnen rund 90.000 junge Frauen und Männer ein FH-Studium.

Die Geschichte der Fachhochschulen beginnt jedoch nicht 1969. Viele Fachhochschulen gehen auf Einrichtungen zurück, die im letzten Jahrhundert als Bauakademien, Gewerbeinstitute oder Ingenieurakademien gegründet wurden. Weil der Bedarf an praxisorientiert ausgebildeten graduierten Ingenieuren (Ing. grad.) wuchs, wurden während der Hochkonjunktur der 60er Jahre neue Ingenieurakademien gegründet.

Um den wachsenden Qualifikationsanforderungen an den graduierten Ingenieur gerecht werden zu können, wurde in den 60er Jahren auch die methodisch-theoretische Basis der Ingenieurausbildung erweitert. Die Studienzeit wurde auf sechs Semester verlängert. Ein Problem war jedoch der Status der Ingenieurakademien, die rechtlich keine Hochschulen, sondern Fachschulen und damit Teil des berufsbildenden Schulwesens waren. Entsprechend war der Abschluß »nur« eine Graduierung und kein Diplom. Dieser Status wurde zum Risiko bei der internationalen Anerkennung der deutschen Ingenieurausbildung. In der Europäischen Wirtschaftsgemeinschaft (EWG), der Vorgängereinrichtung der heutigen Europäischen Union (EU), wurden die deutschen graduierten Ingenieure lediglich als Techniker eingestuft und damit den Absolventen französischer und italienischer Technikerschulen gleichgesetzt. Formal mag dies in Ordnung gewesen sein, inhaltlich bedeutete dies aber eine unberechtigte Herabstufung der deutschen Ingenieurausbildung.

Deswegen beschlossen die Ministerpräsidenten der Länder 1968 aus den Ingenieurakademien neuartige Hochschulen zu errichten. Der neue Hochschultyp Fachhochschule mit den Merkmalen Selbstverwaltung, dreijährige Studiengänge mit dem Abschluß Diplom und Fachhochschulreife als Zugangsvoraussetzung entstand. Aus den dreijährigen Studiengängen sind inzwischen durch Einbeziehung von zwei integrierten Praxissemestern vierjährige Studiengänge geworden, womit die internationale Anerkennung der FH-Diplome erreicht wurde.

Als zweite Eingangsvoraussetzung verlangen die Fachhochschulen neben dem Abitur oder der FH-Reife eine abgeschlossene einschlägige Lehre – für die Absolventen von Fachoberschulen kein Problem – oder ersatzweise ein Praktikum. Die Länge dieses sogenannten Grundpraktikums liegt vielfach bei 12 oder 13 Wochen, von denen mindestens acht vor Studienbeginn abgeleistet sein müssen (Vorpraktikum), der Rest in den Semesterferien. Manche Fachhochschulen verlangen aber auch 20 Wochen Grundpraktikum, von denen zehn bis zwölf Wochen vor Studienbeginn abgeleistet sein müssen.

Eine eindeutige Antwort auf die Frage Lehre oder Grundpraktikum gibt es nicht. Für die Lehre spricht, daß der Abiturient damit eine auf dem Arbeitsmarkt anerkannte Berufsqualifikation erwirbt. So gesehen ist die Lehre eine risikomindernde Versicherung. Sollte es mit dem Studium später nicht klappen, steht man nicht ohne Qualifikation da. Diese Versicherung kostet aber Zeit. Der kürzere Weg zum Diplom führt über das Grundpraktikum, zumal die gängige Aufteilung – acht oder zehn Wochen Vorpraktikum und die restlichen Wochen später in den Semesterferien – es ermöglicht, nach dem Abitur im Mai/Juni schon im September mit dem FH-Studium zu beginnen. Hier gilt es abzuwägen. Für die grünen Studiengänge geben erfahrene FH-Professoren den Rat, eine Lehre zu machen, weil der Arbeitsmarkt dies honoriert. Abiturienten sollten aber auf eine Verkürzung der Lehrzeit auf zwei Jahre drängen, was mit Zustimmung des Ausbildungsbetriebes grundsätzlich möglich und in einigen Berufen wie zum Beispiel bei den Bankkaufleuten auch weit verbreitet ist.

Die Bezeichnung Fachhochschule ist nicht glücklich gewählt, handelt es sich doch nicht um Hochschulen für ein Fach. Die großen Fachhochschulen haben mehr als ein Dutzend verschiedener Studiengänge mit über 10.000 Studierenden. Da führt der Begriff Fachhochschule regelrecht in die Irre, weswegen diese Bezeichnung in den Ländern Bremen, Saarland und Sachsen nicht mehr verwendet wird. Dort heißen die Fachhochschulen schlicht Hochschulen oder Hochschulen für Wirtschaft und Technik.

Charakteristisch für die FH-Studiengänge ist die Anwendungsorientierung. Ziel ist die Vermittlung beruflicher Handlungskompetenzen für anspruchsvolle berufliche Tätigkeiten. Hierzu ist eine wissenschaftlich fundierte, theoretisch-methodische Basis erforderlich. Es geht dabei nicht darum, die wissenschaftlichen Disziplinen umfassend zu beherrschen und die Wissenschaft selbst voranzutreiben – dies ist Aufgabe der Universität. An der Fachhochschule werden wissenschaftliche Methoden und Erkenntnisse zur Lösung praktischer Probleme eingesetzt. Damit führt die Fachhochschule stärker als die Universität auf einen Beruf hin.

Während für viele Universitätsabsolventen der öffentliche Dienst immer noch – wenn auch mit abnehmender Tendenz – der wichtigste Arbeitgeber ist, sind die Fachhochschulen traditionell auf Berufe in der Wirtschaft ausgerichtet. Für viele Tätigkeiten konkurrieren hier Fachhochschulabsolventen mit Universitätsabsolventen und längst nicht immer gehen die Fachhochschulabsolventen als zweite Sieger durchs Ziel. Während der öffentliche Dienst trotz einiger Lockerungsübungen immer noch an der starren Zuordnung von Universitätsabschluß zur Laufbahn des Höheren Dienstes und von Fachhochschulabschluß zur Laufbahn des Gehobenen Dienstes festhält, gibt es derart starre Karrieremuster in der Privatwirtschaft nur selten.

Mit Ausnahme der Geisteswissenschaften, einiger Naturwissenschaften, der Rechtswissenschaft und der Medizin bietet das differenzierte deutsche Hochschulsystem heute in fast allen Fächern parallel Uni- und FH-Studiengänge an. Mittlerweile werden 38 von 100 Hochschulabsolventen an einer Fachhochschule ausgebildet. In einigen der uns hier besonders interessierenden grünen Studiengänge liegt der FH-Anteil sogar noch höher (Landespflege 62 %, Gartenbau 53 %, Maschinenbau/Verfahrenstechnik 70 %).

Übersicht 2: Anteil von Universitäten und Fachhochschulen an der Ausbildung der Hochschulabsolventen

Studiengang	Uni	FH
Naturwissenschaften		
Biologie /-technik	98 %	2 %
Chemie /-technik	74 %	26 %
Geowissenschaften	100 %	0 %
Informatik	52 %	48 %
Physik / -technik	82 %	18 %
Ingenieurwissenschaften		
Bau-Ingenieurwesen	33 %	67 %
Elektrotechnik	30 %	70 %
Maschinenbau/Verfahrenstechnik	30 %	70 %
Landnutzungsdisziplinen		
Agrarwissenschaften	63 %	37 %
Gartenbau	47 %	53 %
Forstwissenschaft	55 %	45 %
Planungsdisziplinen		
Architektur	33 %	67 %
Landespflege	38 %	62 %
Raumplanung	100 %	0 %
Rechts-, Wirtschafts- und Sozialwissenschaften		
Rechtswissenschaft	100 %	0 %
Sozialpädagogik	3 %	97 %
Sozialwissenschaft	100 %	0 %
Verwaltungswesen	2 %	98 %
Wirtschaftswissenschaften	56 %	44 %
Wirtschafts-Ingenieurwesen	45 %	55 %
Alle Studiengänge		
Insgesamt	62 %	38 %

Quelle: Eigene Berechnungen nach Statistik der Hochschulprüfungen 1992.

Universitäten-Gesamthochschulen (UGH)

Dieser Hochschultyp ist eine Spezialität der Länder Hessen und Nordrhein-Westfalen, die Anfang der 70er Jahre in Kassel sowie in Duisburg, Essen, Paderborn, Siegen und Wuppertal Hochschulen dieses neuen Typs gründeten. Die Gesamthochschulen waren ursprünglich bundesweit als Prototyp für die Hochschule der Zukunft gedacht, in der die traditionellen Hochschularten aufgehen sollten. Unter dem Dach einer Institution sollten Studiengänge unterschiedlichen Typs und unterschiedlicher Dauer angeboten werden. Dazu ist es nicht gekommen; die sechs Gesamthochschulen entwickelten sich schrittweise zu Universitäten, die in einigen Fächern als Besonderheit integrierte Studiengänge oder FH-Studiengänge anbieten.

Nach intensivem Drängen der Newcomer, die die Sonderrolle leid waren und am Prestigewert des Begriffs Universität partizipieren wollten, wurde schließlich auch der Name geändert: Die GH Kassel trägt heute den Zusatz »Universität des Landes Hessen« und in Nordrhein-Westfalen wurde die Bezeichnung in »Uni-Gesamthochschule« abgeändert. Die UGHs sind heute Universitäten besonderen Typs. In den integrierten Studiengängen der nordrhein-westfälischen UGHs, die es in den technischen Disziplinen und in den Wirtschaftswissenschaften gibt, werden Bewerberinnen und Bewerber mit allgemeiner Hochschulreife und mit FH-Reife zugelassen. Wahlweise kann ein Diplomabschluß nach sieben Semestern (Diplom I, entspricht FH-Diplom) oder nach neun Semestern (Diplom II, entspricht Uni-Diplom) angestrebt werden. Studierende mit FH-Reife können hier auch direkt das Diplom II erwerben, wenn sie studienbegleitend Brückenkurse absolvieren. In Kassel bauen die Abschlüsse Diplom I und Diplom II aufeinander auf. Unabhängig davon, ob das Studium mit FH-Reife oder Hochschulreife begonnen wurde, können alle Absolventen mit Diplom I, das nach sechs Studien-, zwei Praxis- und einem Prüfungssemester erworben wird, das zweisemestrige Vertiefungsstudium zum Diplom II studieren. Für Studieninteressenten ist wichtig zu wissen, daß der Arbeitsmarkt die Diplomabschlüsse der UGHs im Regelfall nach dem Muster Diplom I = FH-Diplom und Diplom II = Uni-Diplom bewertet. Ein generell gültiges Plus oder Minus für die Abschlüsse dieses Hochschultyps gibt es nicht.

1.3 Diplom von der Universität oder von der Fachhochschule?

Die Bildungspolitik hat die unterschiedlichen Profile von Universität und Fachhochschule auf den Nenner »andersartig, aber gleichwertig« gebracht. Diese griffige Formel ist Programm. Sie beschreibt noch nicht in jeder Hinsicht die Realität:

- Die Zulassungsvoraussetzungen differieren. Das Abitur eröffnet den Weg sowohl zur Universität als auch zur Fachhochschule. Dagegen gibt es keinen direkten Weg von der Fachoberschule zur Universität.
- An den Fachhochschulen wird eine abgeschlossene Berufsausbildung, ersatzweise ein Grundpraktikum von 10 bis 20 Wochen als Zulassungsvoraussetzung verlangt. An den Universitäten dagegen verlangen nur einige ingenieurwissenschaftliche sowie die agrar- und forstwissenschaftlichen Studiengänge ein Praktikum.
- Das Fachhochschulstudium zielt auf die Anwendung wissenschaftlicher Erkenntnisse für die praktischen Probleme des Berufes ab. Im Vordergrund steht die fachlich-methodische Basis für Anwendungen und Problemlösungen in der konkreten Berufsrealität.
- An den Universitäten steht zuerst einmal der wissenschaftliche Erkenntnisfortschritt im Vordergrund. Das Studium ist forschungsorientiert und führt den Studierenden an die aktuellen Forschungsarbeiten der Wissenschaft heran. Damit orientiert sich das Studium am Beruf des Wissenschaftlers. Die Forschungsorientierung des Universitätsstudiums hat ein starkes Gewicht der theoretischen Grundlagen einschließlich ihrer mathematischen Darstellung zur Folge. Dies und der im Grundstudium vielfach fehlende Anwendungsbezug setzen nicht nur entsprechende schulische Vorkenntnisse in Mathematik und Naturwissenschaften voraus, sondern ebenso Interesse und Motivation für theoretische Darstellungen. Das Universitätsstudium erfordert ein hohes Maß an Selbststudium und eigenverantwortlichem Studienverhalten.
- An den Fachhochschulen ist das Studium in kleinen Gruppen noch weit verbreitet, wenn auch im Massenbetrieb überlasteter Fachhochschulen nicht mehr überall Realität. Die Studiengänge sind durchstrukturiert und klar gegliedert. Die Prüfungen werden überwiegend studienbegleitend am Ende des Semesters durchgeführt.

- Der Studienerfolg ist an den Fachhochschulen deutlich höher. Lediglich 20 – 25 % schaffen kein Diplom. An den Universitäten liegt dieser Prozentsatz über 35 %, in vielen Studiengängen der Natur- und Ingenieurwissenschaften über 50 %.
- An den Fachhochschulen ist mindestens ein Praxissemester ins Studium integriert, in Bayern und Baden-Württemberg sind es zwei. Nur in wenigen universitären Studiengängen gibt es ähnliche Regelungen.
- Das Fachhochschulstudium ist, einschließlich Praxissemester und Diplomarbeit, auf acht Semester angelegt. An den Universitäten beträgt die Regelstudienzeit zumeist neun oder zehn Semester. Tatsächlich dauert das Studium in den hier betrachteten grünen Studiengängen an den Fachhochschulen acht bis neun und an den Universitäten elf bis dreizehn Semester.
- Nach dem Uni-Diplom besteht die Möglichkeit zur Promotion. FH-Absolventen, die diesen Weg gehen wollen, müssen an die Universität wechseln und haben dort noch einen längeren und beschwerlichen Weg vor sich (vergleiche Kapitel 2.8 »Grüner Doktor«).
- Beim Übergang in den Beruf sind die FH-Absolventen – je nach Dauer ihrer praktischen Berufstätigkeit – ein bis zwei Jahre jünger als die Uni-Absolventen.
- Der Berufseintritt erfolgt für FH-Absolventen, die in den öffentlichen Dienst gehen, in die Laufbahn des Gehobenen Dienstes, während der Höhere Dienst für die Uni-Absolventen reserviert bleibt. Für viele Absolventinnen und Absolventen sind diese Unterschiede unwichtig geworden, weil der öffentliche Dienst nur noch einen kleinen Teil der Absolventen aufnimmt und auch für viele Uni-Absolventen der höhere Dienst verschlossen bleibt.
- In der Privatwirtschaft überlappen sich die Berufslaufbahnen immer stärker. FH-Absolventinnen und -Absolventen beginnen häufiger als Uni-Absolventinnen und -Absolventen im mittleren Management und in produktionsnahen Tätigkeiten. Und es gibt auch Unterschiede in den Anfangsgehältern und den Aufstiegsmöglichkeiten gegenüber Uni-Absolventen.
- Aus den Statistiken der Arbeitsämter geht hervor, daß es beim Risiko, arbeitslos zu werden – anders als noch in den 70er Jahren –, keinen Unterschied mehr gibt zwischen FH- und Uni-Absolventen. Ei-

ne längere Ausbildung zahlt sich nicht automatisch in weniger Arbeitsmarktrisiko aus (vergleiche Kapitel 3.4 »Der grüne Arbeitsmarkt«).

Soweit alles klar? Wissen Sie jetzt, ob Sie an die Uni oder an die FH wollen? Wenn Sie eindeutige Ratschläge hören wollen, muß ich Sie enttäuschen, denn das ist ohne Ansehen des einzelnen, seiner Fähigkeiten und Interessen nicht möglich. Diese Entscheidung muß jeder selbst treffen.

1.4 Azubi mit Abitur[7]

Das Abitur bescheinigt die Reife zum Besuch der Uni. Ist deswegen der Abiturient, der eine Lehre macht, ein Widerspruch? Noch in den 70er Jahren wurde diese Frage lebhaft und kontrovers diskutiert. Inzwischen haben 14 % der Auszubildenden das Abitur. Doch wie das mit den Durchschnittswerten so ist: Sie verdecken die großen Unterschiede zwischen den Berufen. In manchen Berufen (z. B. Bankkaufmann/-kauffrau, Buchhändler/in, Versicherungskaufmann/-kauffrau, Werbekaufmann/-kauffrau) dominieren inzwischen die Abiturientinnen und Abiturienten.

Eine Berufsausbildung ist kein endgültiger Verzicht auf ein Hochschulstudium. Für immer mehr Auszubildende mit Abitur ist die Lehre nur eine Einstiegsqualifikation. Danach wird dann doch noch studiert. Inzwischen haben an den Fachhochschulen 70 % und an den Universitäten 25 % der Studienanfängerinnen und -anfänger mit Abitur bereits eine Lehre abgeschlossen. Mitte der 80er Jahre waren es erst 48 % an den Fachhochschulen und 16 % an der Uni. Für diesen

---

[7] Für die Ausbildung zum/zur Betriebswirt/in, Wirtschaftsinformatiker/in, Wirtschaftsingenieur/in u. ä. gibt es eine Reihe von besonderen Angeboten nur für Abiturienten. Derartige spezielle Abiturientenprogramme und Studiengänge an Berufsakademien werden hier nicht behandelt, weil es sie für die grünen Berufe und für die grünen Studiengänge bislang nicht gibt. Wer sich für solche Angebote interessiert, findet die Beschreibungen der Programme und die Adressen von Firmen im Spezialstudienführer des Instituts der Deutschen Wirtschaft (Köln). Wolfgang Kramer: Abiturientenausbildung der Wirtschaft. Die praxisnahe Alternative zur Hochschule. Deutscher Instituts-Verlag, Köln 1993.

Trend zur Doppelqualifikation gibt es verschiedene Motive. Einige Abiturientinnen und Abiturienten wählen diesen Weg, weil sie vor dem Studium Berufspraxis sammeln wollen. Im Unterschied zum bloßen Praktikum erwerben sie mit der Berufsausbildung einen anerkannten Abschluß. Sollte es später mit dem Studienerfolg nicht klappen, haben sie dennoch eine berufliche Qualifikation. Die Berufsausbildung ist also eine Risikoabsicherung. In anderen Fällen steht hinter der Berufsausbildung die Absicht, ein Fachhochschulstudium zu beginnen. Statt des kürzeren Vorpraktikums, womit keine anerkannte berufliche Qualifikation verbunden ist, wird der häufig empfohlene Weg über die Lehre gewählt. In anderen Fällen steht der Wunsch nach einer praktischen Tätigkeit obenan. Viele Abiturientinnen und Abiturienten wollen nach 13 Schuljahren endlich mal etwas anderes sehen als Schule, Lehrer und Bücher. Schließlich gibt es auch finanzielle Motive, denn während der Berufsausbildung erhält man vom ersten Monat an eine Vergütung. Für andere ist die Berufsausbildung aber auch nur eine Warteschleife, weil sie noch unentschlossen sind oder im Wunschstudium kein Platz frei ist.

Für ein grünes Diplom ist eine Berufsausbildung in einem grünen Beruf nicht vorgeschrieben. Eine solche zwei- oder dreijährige Lehre macht mit konkreten Aufgaben der grünen Berufe vertraut, auch mit den weniger angenehmen Seiten von Arbeiten in der Natur und im Umweltschutz. Eine Lehre in Landschafts- und Gartenbau oder in der Forstwirtschaft ist eine gute Basis für die entsprechenden Studiengänge. Die Lehre führt zu handfesten Kontakten mit der Natur und ihrer Gestaltung durch den Menschen. Oder wie wäre es mit dem technischen Beruf des Ver- und Entsorgers? Diese Berufsausbildung gibt es erst seit Mitte der 80er Jahre. Hier arbeiten Sie mit Maschinen und Anlagen des technischen Umweltschutzes in Wasserwerken, Kläranlagen, Mülldeponien, Recyclingbetrieben und Verbrennungsanlagen. Wenn Sie danach ein Studium zum Bauingenieur oder Verfahrensingenieur aufnehmen, dann wissen Sie aus konkreter Erfahrung, wie die Maschinen und Anlagen funktionieren, die Sie am Zeichenbrett und Computer entwerfen und berechnen.

Berufsberaterinnen und -berater berichten, daß Abiturientinnen und Abiturienten in handwerklich-gewerblichen Ausbildungen manchmal falsche Vorstellungen von der Berufswelt haben. Da stößt sich dann der Wunsch, praktisch-kreativ zu arbeiten an der Realität des Berufes. So geht es im Tischlerberuf vor allem um serielle und halbserielle Arbeiten unter intensivem Maschineneinsatz oder um die Montage vorgefertigter Fenster und Türen. Nur wenige Tischler verdienen ihr Geld mit dem Restaurieren alter Möbel und dem Anfertigen teurer Einzelstücke. Goldschmiede verkaufen vor allem Handelsware und führen kleinere Reparaturen durch. Die künstlerische Gestaltung von Edelmetallen und teuren Steinen spielt in der Praxis keine große Rolle mehr. Oder die Berufsausbildung zum Töpfer: Wie viele Arbeitsplätze gibt es hinterher? Nur wenige haben Talent, Ausdauer und das Geld für die Selbständigkeit in einem Töpferstudio.

Berufsberater empfehlen, sich vorher über die Berufsrealität zu informieren, am besten durch Betriebspraktika, sonst gibt es hinterher leicht Enttäuschungen, die zum Abbruch der Ausbildung oder zum Verlassen des erlernten Berufes führen. Abiturientinnen und Abiturienten sollten sich daher fragen:

- Fordern mich die Ausbildung und der spätere Beruf?
- Wird mich der Berufsalltag in fünf Jahren noch befriedigen?
- Was kommt nach der Ausbildung?
- Gibt es Perspektiven für eine dauerhafte Beschäftigung in dem Lehrberuf?
- Sind meine Vorstellungen von Selbständigkeit und Betriebsgründung realistisch?
- Bin ich bereit, mich als Unternehmer zu engagieren, Risiken einzugehen und Verantwortung zu tragen?
- Gibt es Marktchancen und Aussichten auf Gründungskapital?

Wer hier eine befriedigende Antwort sieht, für den ist die avisierte Berufsausbildung eine richtige Wahl. Tauchen Zweifel auf, daß sich die eigenen Wunschvorstellungen nicht mit der Berufsrealität vertragen, sollten Sie die Berufswahl noch einmal überdenken. Vielfach bieten gewerblich-technische Berufe, wie z. B. der Elektroniker, der Elektriker, der Installateur oder der Mechaniker, die auf der Prestigeskala der Lehrberufe im Mittelfeld rangieren, die besseren Entwicklungsperspektiven im späteren Beruf.

1.5 Papiertiger Numerus clausus

Nur wenige Abiturientinnen und Abiturienten verzichten auf die Einlösung ihrer mit dem Abitur erworbenen Berechtigung zum Studium. Daran hat sich auch mit den steigenden Abiturientenzahlen nur wenig verändert. Allerdings sind die Zeiten längst vorbei, in denen mit dem Abitur zugleich eine sichere Zulassung im gewünschten Studiengang verbunden war.

Mitte der 60er Jahre wurden die ersten Zulassungsbeschränkungen (Numerus clausus) für Medizin, Pharmazie und Psychologie verhängt. Seither wurde der Numerus clausus[8] in immer mehr Studiengängen eingeführt. Damit war die Zeit vorbei, in der mit dem Abitur auch schon ein Studienplatz nach Wahl sicher war. Neuerdings ist die Zahl der Studiengänge mit Numerus clausus wieder rückläufig. Doch davon gleich mehr. Eine problematische Folge des Numerus clausus ist die Jagd nach guten Noten und die von den erwarteten Zensuren beeinflußte Wahl der Fächer in der Oberstufe. Manch einer wählt z. B. die häufig als schwer eingeschätzten Fächer Mathematik, Physik oder Chemie ab und weicht auf Fächer aus, die einen besseren Notenschnitt versprechen. Problematisch ist diese Entwicklung deswegen, weil nicht selten damit gerade die Fächer vernachlässigt werden, auf die das Grundstudium vieler Studiengänge aufbaut. Es ist deswegen auch meine Hoffnung, daß dieser Studienführer der heutigen Schülergeneration zu einem überlegten Wahlverhalten in der Oberstufe verhilft. Bei der Lektüre werden Sie nämlich feststellen, daß es z. B. keinen grünen Studiengang gibt, der ohne eine gehörige Portion Mathematik und Naturwissenschaften auskommt.

Doch kommen wir zurück zum Numerus clausus. Wie funktionieren die Zulassungsverfahren? Hier müssen wir unterscheiden zwischen der zentralen Vergabe von Studienplätzen und der dezentralen, die jede Hochschule einzeln macht. Die zentrale Vergabe der Studienplätze läuft über die berühmt-berüchtigte Zentralstelle für die Vergabe von Studienplätzen (ZVS) in Dortmund. Die ZVS vergibt zur Zeit

---

[8] Numerus clausus ist eine zahlenmäßige Beschränkung zu einem Studiengang. Während bei freiem Zugang alle Bewerber zugelassen werden, können nach Einführung des Numerus clausus nur so viele Bewerber zugelassen werden, wie Plätze vorhanden sind.

die Plätze in 13 Universitätsstudiengängen, darunter sind Architektur, Biologie, Forstwissenschaft und alle medizinischen Studiengänge. Alle anderen Studiengänge werden direkt von den Hochschulen vergeben, und auch da gibt es vereinzelt Zulassungsbeschränkungen. Eine Zulassungsbeschränkung bedeutet jedoch nicht automatisch, daß Bewerber abgewiesen werden. Wir werden gleich sehen, daß der Numerus clausus seit Anfang der 90er Jahre in immer mehr Studiengängen »weich« geworden ist.

Die ZVS praktiziert drei verschiedene Auswahlverfahren:

- *Das allgemeine Auswahlverfahren*.
  Das ist der Normalfall. Hier geht es nach Notendurchschnitt und Wartezeit. Bleiben zu Beginn des Semesters noch Plätze frei, weil erfahrungsgemäß nicht alle zugelassenen Bewerber ihren Platz annehmen, dann vergeben die Hochschulen die freien Plätze per Los.
- *Das Verteilungsverfahren*.
  Hier erhält jeder Bewerber garantiert einen Platz, allerdings nicht immer an der gewünschten Hochschule, weil die Bewerbungen gleichmäßig auf die Hochschulen verteilt werden.
- *Das besondere Auswahlverfahren*.
  Dies gilt nur für die medizinischen Studiengänge. Hier kommt es auf Noten, Wartezeit, Testergebnisse und auf Losglück an.

Wer es genauer wissen will, sollte sich das jedes Semester von der ZVS neu herausgegebene Info-Heft besorgen. Das gibt es in allen Schulbibliotheken, Studienberatungsstellen und Berufs-Informations-Zentren (BIZ) der Arbeitsämter oder direkt bei der ZVS (Adresse: ZVS, 44128 Dortmund).

Bei den Studiengängen mit örtlichen Zulassungsbeschränkungen vergeben die Hochschulen die Plätze direkt. Dabei wird ausschließlich nach dem allgemeinen Auswahlverfahren vorgegangen. Das kann dazu führen, daß an einer Hochschule Bewerber abgewiesen werden, während an der Nachbarhochschule im gleichen Studiengang Plätze frei bleiben.

In allen Zulassungsverfahren wird zuerst nach einer komplizierten Formel aus dem Bestand an Professoren und Assistenten berechnet, wie viele Studienplätze vergeben werden können. Im allgemeinen

Auswahlverfahren werden diese Plätze zu 60 % nach Qualifikation (das ist die Durchschnittsnote im Abiturzeugnis bzw. Zeugnis der FH-Reife) und zu 40 % nach Wartezeit vergeben.[9] Wartezeit ist die Zahl der Semester zwischen Erwerb der Hochschulzugangsberechtigung und Bewerbung. Hat der Bewerber in dieser Zeit allerdings bereits an einer Hochschule studiert und bewirbt sich jetzt für einen Studiengang mit Numerus clausus, so zählt diese Studienzeit nicht als Wartezeit.

Jeder Bewerber wird einmal mit seiner Qualifikation und einmal mit seiner Wartezeit in gesonderte Listen eingetragen. Dann werden innerhalb der Listen Rangfolgen gebildet, und die Plätze werden der Reihe nach an die Bewerber mit den besten Noten bzw. den längsten Wartezeiten vergeben. Bei gleicher Durchschnittsnote zählt als Zweitkriterium die Wartezeit. Umgekehrt gilt die Durchschnittsnote als Zweitkriterium, wenn in der Wartezeitliste zwischen Bewerbern mit gleicher Wartezeit ausgewählt werden muß.

Als Ergebnisse des Vergabeverfahrens ergeben sich Grenznoten und Grenzwartezeiten. Eine Grenznote von 1,9 z. B. bedeutet, daß alle Bewerber mit 1,9 oder besser auf der Qualifikationsliste zum Zuge kamen. Entsprechend bedeutet eine Grenzwartezeit von sechs Semestern, daß alle Bewerber mit sechs oder mehr Semestern Wartezeit zum Zuge kamen, unabhängig von der Note. Die getrennte Vergabe nach Note und Wartezeit hat zur Folge, daß auch Bewerber mit mäßigen Noten zum Zuge kommen, wenn sie nur genügend lange warten und sich immer wieder bewerben.

Nach Durchführung des ersten Vergabeverfahrens erhalten die ausgewählten Bewerber einen Zulassungsbescheid, mit dem sie an der zugewiesenen Hochschule die Einschreibung beantragen. Achtung: Fristen beachten, sonst verfällt der Zulassungsbescheid! Die nicht angenommenen Plätze werden in einem Nachrückverfahren (manchmal auch in mehreren) nach den gleichen Regeln vergeben. Deswegen gibt es auch Grenznoten und Wartezeiten nach dem ersten Vergabeverfahren und neue, abweichende (schlechtere) Grenznoten und (kürzere) Wartezeiten nach dem zweiten Vergabeverfahren.

---

[9] Auf die Besonderheiten des Vergabeverfahrens für ausländische Bewerber kann hier ebensowenig eingegangen werden wie auf die Quoten für Zweitstudienbewerber und Härtefälle.

Bleiben zum Schluß immer noch Plätze frei, dann werden diese am Anfang des Semesters unter denjenigen Bewerbern verlost, die sich formlos für das Losverfahren gemeldet haben. Es lohnt sich also, auch nach einem ablehnenden Bescheid die Hoffnung nicht aufzugeben. Man sollte sein Glück aber nicht nur an einer ganz bestimmten Hochschule suchen, sondern sich mehrfach bewerben.

Weil die Bewerberzahlen in jedem Jahr anders aussehen, verändern sich auch Grenznoten und Grenzwartezeiten. Da aber die Bewerberzahlen erfahrungsgemäß nicht abrupt schwanken, geben Grenznoten und Grenzwartezeiten der Vorjahre gute Hinweise auf die Zulassungschancen in künftigen Vergabeverfahren. In Kapitel 2 sind deswegen die Grenznoten der Vergabeverfahren des Wintersemesters 1994/95 dokumentiert. Die Leser haben damit Anhaltspunkte für die Einschätzung ihrer Zulassungschancen.[10]

In den 90er Jahren hat sich die Bewerbungssituation in einer Reihe von Studiengängen entspannt, so daß der Numerus clausus aufgehoben werden konnte oder de facto nicht mehr wirksam ist. Weil die Medien hierüber wenig berichten, wird die faktische Bedeutung des Numerus clausus in der Öffentlichkeit aber noch maßlos überschätzt. Tatsächlich konzentriert sich der harte Numerus clausus Mitte der 90er Jahre an den Universitäten nur noch auf Human-, Zahn- und Veterinärmedizin, Pharmazie, Biochemie, Psychologie sowie Architektur und Landespflege. An den Fachhochschulen bestehen bundesweit wirksame Zulassungsbeschränkungen noch in den Studiengängen Sozialpädagogik, Design sowie Architektur und Landespflege. In vielen anderen Studiengängen, für die jahrelang ein harter Numerus clausus galt, können zur Zeit alle Bewerberinnen und Bewerber einen Studienplatz erhalten, wenn auch nicht immer an der gewünschten Hochschule. Wer mobil ist, der erhält aber vielfach im gewünschten Fach auch dann noch einen Platz, wenn er von der Hochschule in der Nachbarschaft eine Absage bekommen hat.

---

[10] Die Studienberatungsstellen der Hochschulen informieren über die Ergebnisse der aktuellen Vergabeverfahren an ihrer Hochschule. Daten liegen in der Regel ab Oktober/November vor. Eine bundesweite Zusammenstellung wird regelmäßig im Frühjahr von der Bundesanstalt für Arbeit erstellt (zuletzt Doku 4/95, Informationen für die Beratungs- und Vermittlungsdienste) und kann in allen Berufsinformationszentren der Arbeitsämter eingesehen werden.

In der aktuellen Liste der Uni-Studiengänge, in denen der Numerus clausus (NC) entweder bereits aufgehoben oder kaum noch wirksam ist, finden wir alle großen Studiengänge der Natur- und Ingenieurwissenschaften und der Landnutzungsdisziplinen:

Agrarwissenschaft: NC 1988 aufgehoben
Betriebswirtschaft: NC 1994 erstmals nicht wirksam
Biologie: NC 1994 erstmals nicht wirksam
Chemie: NC 1981 aufgehoben
Elektrotechnik: NC 1981 aufgehoben
Forstwissenschaft: NC 1994 erstmals nicht wirksam
Gartenbau: örtlicher NC, 1995 überwiegend nicht wirksam
Geographie: örtlicher NC, 1995 nicht wirksam
Informatik: NC seit 1985 nicht wirksam
Jura: NC, 1994 und 1995 nur noch wenige Ablehnungen
Lebensmittelchemie: NC, 1995 überwiegend nicht wirksam
Maschinenbau: NC 1981 aufgehoben
Ökotrophologie: NC 1993 erstmals nicht wirksam
Volkswirtschaft: NC seit mehreren Jahren nicht wirksam

Auch an den Fachhochschulen, deren Plätze nicht in den bundesweiten Verfahren der ZVS vergeben werden, sondern über die örtliche Hochschule, hat sich die Bewerbungssituation entspannt. Aber keine Regel ohne Ausnahme! Die Länder Nordrhein-Westfalen und Hessen lassen die Studienplätze in einigen FH-Studiengängen mit Zulassungsbeschränkungen über die ZVS vergeben. Auch bei den FH-Studiengängen ist die Liste der NC-Fächer kürzer geworden. 1995 wurde in Nordrhein-Westfalen der Numerus clausus in Elektrotechnik, Maschinenbau, Verfahrenstechnik und Wirtschaftsingenieurwesen aufgehoben. Und in Versorgungstechnik ebenso wie in Entsorgungstechnik erhielten alle Bewerber einen Studienplatz.

Es gibt inzwischen an vielen Fachhochschulen freie Studienplätze in den Studiengängen Agrarwissenschaften, Gartenbau, Forstwirtschaft, Informatik, Ökotrophologie sowie in fast allen Natur- und Ingenieurwissenschaften außer Architektur, Bau-Ingenieurwesen und Landespflege. Selbst in den jahrelang stark begehrten wirtschaftswissenschaftlichen Studiengängen Betriebswirtschaft, Wirtschaftsinformatik und Wirtschaftsingenieurwesen gibt es seit 1994 an einigen Fachhochschulen noch freie Plätze. Bewerberinnen und Bewerber müssen allerdings mobil sein, denn die Fachhochschule vor der Haustür kann sehr wohl Zulassungsbeschränkungen haben, während es bei anderen Fachhochschulen freie Kapazitäten gibt. Ein Tip: Schauen Sie sich in den Fachhochschulen der neuen Länder um. Dort sind die Kapazitäten vielfach noch nicht ausgelastet. Lesen Sie dazu Kapitel 4.4 »Der wilde Osten lockt«. Was dort von einem Insider über die Studienbedingungen an den Ost-Universitäten geschildert wird, gilt auch für viele Ost-Fachhochschulen.

Beim Gros der Uni- und FH-Studiengänge ist der Numerus clausus derzeit also ein Papiertiger. Wie lange diese für Bewerberinnen und Bewerber erfreuliche Situation anhält, vermag kein Prognostiker genau vorherzusagen.

Während für die meisten Studiengänge die Zulassungsampeln auf Grün stehen, sieht es bei vielen Umwelt-Spezialstudiengängen anders aus. Die große Nachfrage hat hier dazu geführt, daß längst nicht alle Bewerberinnen und Bewerber zum Zuge kommen können. Hieran wird sich in den nächsten Jahren auch so rasch nichts ändern, weil viele dieser Spezialstudiengänge nur an wenigen Hochschulen angeboten werden und die Studienplatzzahlen noch vergleichsweise klein sind. Für die folgenden grünen Studiengänge gibt es einen harten Numerus clausus an Universitäten und Fachhochschulen[11]:

Biochemie
Geo-Ökologie
Landschaftsökologie
Landespflege
Landschaftsplanung
Landschaftsnutzung und Naturschutz
Ökologie
Umweltsicherung, Boden und Wasser

---

[11] Die Angaben basieren auf den Ergebnissen der Zulassungsverfahren im Wintersemester 1995/96. Erfahrungsgemäß verändert sich die Zulassungssituation nur langsam. Interessenten für diese Studiengänge sollten sich bei den Studienberatungsstellen nach der aktuellen Zulassungssituation erkundigen. Bei Interesse lesen Sie weiter in Kapitel 2.

In einigen Fällen unterscheidet sich das Grundstudium dieser Spezialstudiengänge nur geringfügig von einem benachbarten klassischen Studiengang mit freien Kapazitäten. Wer einen solchen Spezialstudiengang studieren will, sollte sich in diesem Fall bei der Studienberatung der betreffenden Hochschule erkundigen und prüfen, ob es in einem fachlich benachbarten Studiengang noch freie Kapazitäten gibt. Da erfahrungsgemäß immer ein Teil der Studenten schon nach wenigen Semestern aufgibt, gibt es regelmäßig auch Chancen für einen Quereinstieg. Deswegen der Ratschlag, sich vor Ort zu erkundigen, wie die Bedingungen und Chancen für den Quereinstieg sind.

Ursache für die Entspannung der Zulassungssituation in den großen natur-, agrar- und ingenieurwissenschaftlichen Studiengängen ist der unerwartete, zum Teil drastische Rückgang des Interesses der Schulabsolventen für diese Studienfächer. Dafür sind nicht allein die schwächeren Abiturientenjahrgänge maßgebend, die Mitte der 90er Jahre die Schulen verlassen, sondern auch die allgemein etwas geringer gewordene Studierneigung. Denn auch schon in früheren Zeiten mit schwacher Wirtschaftskonjunktur und hoher Arbeitslosigkeit verzichtete ein Teil der Studienberechtigten vorerst auf ein Studium. Überproportional ist diesmal der Rückgang in den Agrar-, Natur- und Ingenieurdisziplinen. Die Rezession auf dem Arbeitsmarkt hat hier stärker als in den anderen Fächern, die schon länger massive Arbeitsmarktprobleme kannten, auf die Anfängerzahlen durchgeschlagen. Das kann sich aber wieder ändern. Bislang war es noch immer so, daß die Studierneigung wieder anstieg, wenn die Wirtschaftskonjunktur ansprang und die Betriebe wieder mehr Arbeitskräfte einstellten. Angesichts dieses Zusammenhangs zwischen Wirtschaftskonjunktur und Studierquote kann man Studierwilligen nur raten, antizyklisch zu handeln und den Studienbeginn nicht hinauszuschieben. Gut beraten waren z. B. die Studienanfänger, die sich in den 80er Jahren gegen den allgemeinen Trend für das Bau-Ingenieurstudium entschieden. Sie fanden gute Studienbedingungen vor, und als sie Ende der 80er Jahre / Anfang der 90er Jahre Examen machten, hatten diese schwachen Jahrgänge keine Probleme bei der Arbeitsplatzsuche.

1.6 Frauen in grünen Studiengängen

In den letzten Jahrzehnten haben die Frauen langsam, aber kontinuierlich die Hochschulen erobert. Bei den Studienanfängern betrug der Frauenanteil 1960 erst 27 %. Bis 1994 kletterte der Frauenanteil auf 44 %. Dieser Durchschnittswert verdeckt die großen Unterschiede zwischen den Studiengängen. So bilden die Frauen in den Ingenieurdisziplinen nach wie vor eine kleine Minderheit, während umgekehrt nur wenige Männer einen pädagogischen Studiengang wählen.

Weil es für manche Studienbewerberin interessant ist zu wissen, mit wie vielen Frauen sie im Hörsaal rechnen kann, gibt dieser Studienführer den Frauenanteil für alle grünen Studiengänge an. Da sich die Fächerwahl der Studienbewerberinnen nicht von heute auf morgen ändert, zeigen die ausgewiesenen Frauenanteile, was die Studienbewerberinnen und Studienbewerber erwartet, wenn sie sich für einen bestimmten grünen Studiengang entscheiden. Heute noch niedrige Anteilswerte könnten für Bewerberinnen Anreiz sein, die letzten Männerbastionen an den Hochschulen zu stürmen. Andere mögen sich eher Studiengängen zuwenden, wo sie nicht in der Minderheit sind.

Die Anteilswerte in Übersicht 3 beziehen sich auf die Prüfungen des Jahrgangs 1992. Sie liegen einige Prozentpunkte niedriger als die Werte für den Frauenanteil unter den Anfängern. Man sieht, die Zusammensetzung der Studierenden verändert sich immer noch von Jahr zu Jahr, wenn auch nur langsam und in kleinen Schritten.

In den Landnutzungsdisziplinen und in den Planungsdisziplinen sind die Frauen längst nicht mehr in der Minderheit. Lediglich im Forstwirtschaftsstudium hapert es noch mit dem Frauenanteil. Offenbar ist das Bild vom Förster derart männlich belegt, daß sich nur wenige Frauen in die Forstfakultäten von Universitäten und Fachhochschulen trauen. Angeglichene oder fast ausgeglichene Verhältnisse finden wir in Biologie und Geographie. Dagegen sind Frauen in Physik und in den klassischen Ingenieurwissenschaften nach wie vor krass in der Minderheit. Hier hat sich auch in den letzten Jahren nur wenig verändert.

Übersicht 3: Frauenanteil in den grünen Studiengängen und Nachbarfächern

Studiengang	Uni	FH
Naturwissenschaften		
Biologie	52 %	50 %
Chemie / Chemietechnik	25 %	38 %
Geographie	45 %	–
Geowissenschaften	25 %	–
Informatik	15 %	16 %
Physik / Physiktechnik	8 %	20 %
Ingenieurwissenschaften		
Bau-Ingenieurwesen	12 %	12 %
Elektrotechnik	3 %	4 %
Maschinenbau, Verfahrenstechnik	5 %	10 %
Landnutzungsdisziplinen		
Agrarwissenschaft	35 %	25 %
Gartenbau	35 %	35 %
Forstwirtschaft	15 %	6 %
Planungsdisziplinen		
Architektur	36 %	43 %
Landespflege	55 %	55 %
Raumplanung	35 %	55 %
Alle Studiengänge		
Insgesamt (ohne Lehramt)	38 %	30 %

Quelle: Eigene Berechnungen nach Statistik der Hochschulprüfungen 1992.

2. Schneisen durch das Dickicht der grünen Studiengänge: Von A wie Agrarbiologie bis U wie Umwelttechnik

Sie wollen studieren und interessieren sich für ein Umweltstudium? Woher kommt Ihr Interesse an einem grünen Diplom? Sie haben in der Oberstufe den Leistungskurs in Biologie gewählt und wollen sich für den Schutz der Umwelt engagieren? Oder haben Sie in der Zeitung vom Wachstumsmarkt Umwelttechnik gelesen und von den optimistischen Prognosen über den großen Bedarf an Umwelt-Fachleuten? Wenn Sie den Schutz der Umwelt studieren wollen, muß ich Sie enttäuschen. Da ist es wie mit der Religiosität und dem Theologiestudium. Durch das Studium werden Sie nicht religiös – es soll sogar schon das Gegenteil vorgekommen sein. Ähnlich ist es auch mit dem Schutz der Umwelt, den man praktizieren muß, aber nicht studieren kann. Was Sie hingegen studieren können, sind Studiengänge, die die Zusammenhänge in der Umwelt klären oder die sich mit der Nutzung der Umwelt durch den Menschen befassen oder die technische Lösungen für den Schutz der Umwelt behandeln.

Und noch eine Enttäuschung muß ich Ihnen bereiten. Es gibt nicht *den* Studiengang der Umweltwissenschaft. Einen derartigen mit den klassischen Studiengängen Biologie, Chemie oder Physik vergleichbaren Studiengang Umweltwissenschaft kann es auch gar nicht geben, denn zur Erklärung von Umweltphänomenen bedient sich die Wissenschaft der Methoden und Erkenntnisse der klassischen Disziplinen der Naturwissenschaften. Basis aller Umweltwissenschaften sind Biologie, Chemie, Mathematik und Physik. Das Spektrum der in den Umweltwissenschaften erforderlichen Methoden und Erkenntnisse ist so breit, daß es in einem einzigen Studiengang nicht sinnvoll studiert werden kann. Die Zeiten eines umfassend gebildeten Naturgelehrten sind passé. Eine Spezialisierung ist unumgänglich geworden. Wenn Sie nicht Gefahr laufen wollen, von allem ein wenig und von nichts genug zu wissen, brauchen Sie eine spezialisierte fachliche Basis. Diese Aussage gilt allen Forderungen nach generalistischem Denken und interdisziplinären Ansätzen zum Trotz auch für die Umweltwissenschaften.

2.1 Hilfreiche Definitionen und Klassifikationen

Bevor wir uns in das Dickicht der Umweltstudiengänge begeben, müssen wir uns über einige Definitionen verständigen. Zuerst einmal müssen wir uns fragen, wie die Wissenschaft Umwelt überhaupt definiert. Wir halten uns hier an den WISSENSCHAFTLICHEN BEIRAT DER BUNDESREGIERUNG:

»Umwelt ist die Gesamtheit aller Prozesse und Räume, in denen sich die Wechselwirkungen zwischen Natur und Zivilisation abspielt. Somit schließt »Umwelt« alle natürlichen Faktoren ein, welche von Menschen beeinflußt werden und diese beeinflussen.«[12]

Angesichts dieser umfassenden Definition wird auch verständlich, daß die Wissenschaft von der Umwelt nicht auf Biologie oder Ökologie beschränkt ist. Hierzu hat der WISSENSCHAFTSRAT, der Bund und Länder in der Wissenschafts- und Hochschulpolitik berät, in seinem 1994 vorgelegten Gutachten zur Umweltforschung in Deutschland festgestellt:

»Ebenso wie für die Forschung gilt auch für die Lehre, daß die Umwelt nicht Gegenstand einer speziellen wissenschaftlichen Disziplin und eines hierauf spezialisierten Studiengangs sein kann. Die Komplexität des Gegenstands läßt es nicht zu, Umwelt zum Reservat eines oder weniger Fachdisziplinen oder spezialisierter Studiengänge zu machen.«[13]

Salopp formuliert heißt das: *Ein* Umweltdiplom gibt es nicht und kann es auch nicht geben, wenn die Hochschulen auf wissenschaftliche Seriosität Wert legen. Dazu ist der Gegenstand Umwelt zu komplex, sind die Umweltprobleme zu unterschiedlich und diffizil, als daß ein Spezialist für alle Umweltprobleme gleichermaßen kompetent sein kann.

Erläutern müssen wir noch den Begriff Ökologie. Ökologie kommt aus dem Griechischen: »oikos« ist das Haus (übertragen der Haushalt), »logos« die Lehre. Ökologie ist also die Lehre vom Haushalt der Natur. Der Begriff ist über hundert Jahre alt und stammt vom Biologen

---

[12] Wissenschaftlicher Beirat der Bundesregierung Globale Umweltveränderungen, Jahresgutachten 1993. Bremerhaven 1993, S. 14.

[13] Wissenschaftsrat, Stellungnahme zur Umweltforschung in Deutschland. Köln 1994. Band 1, S. 202.

Ernst Haeckel. Heute steht Ökologie für die »Lehre von der Umwelt«. Ökologie ist eine interdisziplinäre Wissenschaft, die sich mit den Gesetzmäßigkeiten der höchsten Integrationsebenen des Lebens (Organismus, Population, Biozönose, Ökosystem, Biosphäre) beschäftigt. Im Mittelpunkt dieser interdisziplinären Wissenschaft stehen Wechselwirkungen in der Natur und ihr Bezug zum Lebewesen. Wegen dieses Bezuges zu Lebewesen setzt Ökologie biologische Grundkenntnisse und Denkweisen voraus. Auch wenn Ökologie zu Recht als Teilgebiet der Biologie angesehen wird, bedeutet dies nicht, daß die Ökologie nur im Studiengang Biologie behandelt wird.

Die deutschen Hochschulen haben in den letzten Jahren ein rasch wachsendes Angebot an ökologisch ausgerichteten Spezialstudiengängen und Schwerpunkten in der Geologie, der Geographie, der Biologie, den Agrar- und Forstwissenschaften und in der Landschaftsplanung entwickelt. Da der Begriff Ökologie nicht geschützt ist, läßt sich nicht immer erkennen, inwieweit es sich bei den mit »ökologisch« etikettierten Studiengängen, Fachrichtungen oder Schwerpunkten um grundlegend andere als die üblichen handelt, die weiterhin ihre klassische Bezeichnung wie Biologie, Landespflege oder Forstwissenschaft tragen.

Vielfach wurden bestehende Studiengänge modernisiert. Einige Fächer kamen neu hinzu, Wahlmöglichkeiten wurden erweitert, und andere Fächer wurden eingeschränkt. Dies ist die übliche evolutionäre Entwicklung in der Studienreform. Sie ist nicht zu kritisieren. Wir können uns aber nicht auf das Etikett »ökologisch« verlassen: Mancher traditionelle Biologiestudiengang enthält nicht weniger Ökologie als einer, der das werbeträchtige und imagehebende Etikett »ökologisch« trägt.

Je nach ihrer disziplinären Herkunft haben die umweltbezogenen Studiengänge unterschiedliche Inhalte und Profile. Die einen sind mehr um die Erklärung der Umweltphänomene bemüht (Typ A, siehe unten), die anderen mehr um die für die Vermeidung oder Beseitigung von Umweltschäden durch geeignete Anlagen und Techniken (Typ D). In wieder anderen Studiengängen geht es um die umweltgerechte Nutzung der Natur (Typ B). Diese Klassifizierung der grünen Studiengänge stammt aus dem bereits genannten Gutachten des Wissenschaftsrates. Dort werden 4 Typen unterschieden:

Typ A: Naturwissenschaftlich-analytische Ausrichtung (Naturwissenschaften)

Typ B: Bodenkundlich-pflanzenbauliche Ausrichtung (Landnutzungsdisziplinen)

Typ C: Planerisch-gestalterische Ausrichtung (Planungsdisziplinen)

Typ D: Ingenieurwissenschaftlich-technische Ausrichtung (Ingenieurwissenschaften)

Umweltthemen werden auch in Studiengängen der Wirtschaftswissenschaften (Umweltmanagement), der Rechtswissenschaft (Umweltrecht) oder der Erziehungswissenschaft (Umweltpädagogik) behandelt. An immer mehr Hochschulen können die Studierenden in diesen Studiengängen ein solches Umweltfach als Nebenfach oder auch als eines von fünf oder sechs der für das Diplom erforderlichen Hauptfächer wählen. Ein Haupt- oder Nebenfach Umweltrecht macht aber aus dem Jurastudium noch kein grünes Studium. Eine solche Entwicklung wäre auch gar nicht sinnvoll. Deswegen behandelt dieser Studienführer derartige Studiengänge nicht.

In den folgenden Kapiteln 2.2 bis 2.5 werden die Grunddaten, der Studienaufbau und die Studieninhalte der grünen Studiengänge von Typ A bis Typ D der Reihe nach beschrieben.[14] In einigen Fällen werden Angaben zum beruflichen Einsatz der Absolventinnen und Absolventen hinzugefügt. Ausführlich wird das Thema Berufsfeld in Kapitel 3 »Grüne Berufsfelder« behandelt. Mit dieser Gliederung soll dem Leser bewußt werden, daß zwischen einem Hochschulstudium und dem späteren Beruf nur in den wenigsten Fällen eine eindeutige Zuordnung besteht, wie dies z. B. zwischen dem Medizinstudium und dem Arztberuf der Fall ist. Für die grünen Studiengänge gibt es eine derartige Koppelung nicht. Wer z. B. Biologie studiert, erhält zwar mit dem Studienabschluß das Diplom, jedoch ist dies ein akademischer Abschlußgrad und keine Berufsbezeichnung.

---

[14] In den Kapiteln 2.2 bis 2.5 werden ausschließlich Diplom-Studiengänge an Universitäten und an Fachhochschulen behandelt. Einige der dort behandelten Fächer wie Biologie, Chemie oder Geographie können auch im Lehramtsstudium gewählt werden, das zum Staatsexamen führt. Auf die Besonderheiten der Lehramtsstudiengänge, die das Studium zweier Fächer und der Pädagogik erfordern, kann dieser Studienführer nicht eingehen.

Der Aufbau eines grünen Diplom-Studienganges

Bevor ich mit der Beschreibung der einzelnen grünen Studiengänge beginne, will ich das Grundmuster für den Aufbau eines typischen Diplom-Studienganges erläutern. Dieses Grundmuster gilt für die Natur- und Ingenieurwissenschaften ebenso wie für die Landnutzungsdisziplinen.

Diplom-Studiengänge an Universitäten haben eine Regelstudienzeit von neun oder zehn Semestern. Tatsächlich dauert das Studium zwei bis vier oder fünf Semester länger (vgl. Kapitel 4.2 »Studienzeiten: Wie lange dauert's wirklich?«). An den Fachhochschulen beträgt die Regelstudienzeit, die hier ein bis zwei Praxissemester enthält, einheitlich acht Semester. Die tatsächliche Studienzeit liegt ein bis zwei Semester höher. Das Diplom-Studium beginnt mit dem Grundstudium, das durch die mathematisch-naturwissenschaftliche Grundlagen geprägt wird. Nach frühestens vier Semestern (an Fachhochschulen nach frühestens drei Semestern) wird das Grundstudium mit dem Vordiplom abgeschlossen. Voraussetzung sind erfolgreiche Prüfungen in sechs bis zehn Fächern, mit denen oft bereits nach dem zweiten Semester begonnen wird.

Um zu der Vordiplomprüfung zugelassen zu werden, müssen in der Regel in bestimmten Übungen, Kursen und Praktika, die parallel zu den Vorlesungen besucht werden, »Scheine« erworben werden, manchmal nur zwei oder drei, manchmal auch sehr viel mehr. »Scheine« werden für eine erfolgreiche Teilnahme an der Lehrveranstaltung vergeben. Im Grunde handelt es sich um studienbegleitende Teilprüfungen, auch wenn sie etwas harmloser »Scheine« genannt werden.

Nach dem Vordiplom beginnt das Hauptstudium, das an den Universitäten fünf bis sechs Semester dauert. An den Fachhochschulen sind es fünf Semester, darunter sind ein bis zwei Praxissemester. Im Hauptstudium findet das eigentliche Fachstudium der gewählten Disziplin statt. Die Diplomprüfungsordnungen sehen meist drei bis vier Hauptfächer und mehrere Nebenfächer vor, in denen eine Hauptdiplomprüfung abgelegt werden muß. Zur Zulassung sind wiederum mehrere »Scheine« erforderlich. Am Ende des Studiums, manchmal vor und manchmal nach Abschluß der Diplomprüfungen, steht die Diplomarbeit, für die an Fachhochschulen drei Monate, an Universitäten sechs Monate vorgesehen sind. Tatsächlich dauern viele Diplomarbeiten sehr viel länger, weil das gestellte Thema in wenigen Monaten gar nicht ausreichend behandelt werden kann.

Wenn Sie, liebe Leserin, lieber Leser, angesichts der Fülle der für Sie fremden Dinge keinen Durchblick mehr haben, dann sollten Sie sich damit trösten, daß es Ihren Altersgenossinnen und Altersgenossen vor zehn, zwanzig oder dreißig Jahren nicht anders ging. Lassen Sie sich deswegen nicht vom Studium abhalten. Warum sollten ausgerechnet Sie mit dem Betrieb an den Hochschulen nicht zurechtkommen?

Charakteristisch für (fast) alle grünen Diplomstudiengänge ist

- das Vordiplom nach dem dritten (FH) oder vierten (Uni) Semester,
- ein hoher Anteil der mathematisch-naturwissenschaftlichen Grundlagen im Grundstudium,
- ein hoher Anteil an Übungen, Praktika und Kursen, die studienbegleitend mit »Scheinen« abgeprüft werden,
- ein weitgehend verbindlicher Studienplan, der den Studierenden wenig Freiräume läßt, wenn sie einigermaßen im Plan bleiben wollen,
- am Schluß eine anspruchsvolle experimentelle Diplomarbeit, die häufig den auf dem Papier vorgegebenen Zeitraum von wenigen Monaten sprengt.

Wie Sie an diesen fünf Charakteristika erkennen können, verlangen die grünen Studiengänge Ihren vollen Einsatz, wenn Sie einigermaßen im Zeitplan der Regelstudienzeit bleiben wollen. Unterschätzen Sie nicht den Zeitaufwand für praktische Übungen in Labor und Gelände. Da bleibt nur wenig Raum für ein breit angelegtes Studium der vielen interessanten Nachbarfächer. Was Professor Müller-Herold, einer der Väter des an der Eidgenössischen Technischen Hochschule Zürich angebotenen Spezialstudiengangs »Umweltnaturwissenschaften« als Resümee festhält, gilt auch für andere grüne Studiengänge:

»Angesichts der vielfältigen Ziele und Inhalte ist das Studium der Umweltnaturwissenschaften anspruchsvoll. Es kann naturwissenschaftlich interessierten, begabten und arbeitswilligen Studierenden empfohlen werden. Wenn jemand nicht zumindest ein Grundinteresse an den Naturwissenschaften hat, wird er es schwer haben, durchzuhalten.«[15]

2.2 Typ A: Umweltstudiengänge mit naturwissenschaftlich-analytischer Ausrichtung (Naturwissenschaften)

Sie finden in diesem Kapitel Beschreibungen zu dreizehn Studiengängen an Universitäten und drei Studiengängen an Fachhochschulen. Umwelt-Spezialstudiengänge sind in Übersicht 4 mit einem * gekennzeichnet.

Übersicht 4: Umweltstudiengänge mit naturwissenschaftlich-analytischer Ausrichtung

Universitäten	Fachhochschulen
Biologie	Biotechnologie
Schwerpunkt Ökologie*	Umweltschutz*
Schwerpunkt Naturschutz*	Angewandte Bodenwissenschaft*
Biotechnologie / Technische Biologie	
Biochemie	
Chemie	
Umweltchemie / Ökochemie*	
Geologie	
Geoökologie*	
Landschaftsökologie*	
Meeresumweltwissenschaften*	
Hydrologie / Wasserwirtschaft	
Meteorologie	
Geographie	
Naturwissenschaften / Ökologie*	

In den Studiengängen dieses Typs steht das Verständnis der in der Natur ablaufenden Prozesse und der zu ihrer Analyse erforderlichen Methoden und Erkenntnisse im Vordergrund. Die Studiengänge bauen auf einem naturwissenschaftlichen Grundstudium (Mathematik, Physik, Chemie, Biologie) auf und betonen dann unterschiedliche

---

[15] U. Müller-Herold in K. Mainzer (Hrsg.): Natur- und Ingenieurwissenschaften. Berlin 1990.

Schwerpunkte (Geowissenschaften, Biologie, Chemie). Das Gros der Studiengänge des Typs A wird von den Universitäten angeboten. Die wenigen naturwissenschaftlichen Studiengänge an Fachhochschulen sind technisch ausgerichtet.

Biologie / Ökologie (Uni)

Abschluß:	Diplom-Biologin, Diplom-Biologe.
Regelstudienzeit:	9 Semester.
Studiendauer:	Tatsächlich benötigen die meisten Absolventen 12 – 13 Semester. Das Biologie-Studium dauert außerordentlich lange!
Promotion[16]:	50 – 60 % der Diplom-Biologinnen und -Biologen promovieren im Anschluß an das Diplomstudium.
Vorpraktikum:	Kein Praktikum erforderlich.
Bewerbungen:	Über die ZVS.
Zulassungsbeschränkungen:	Seit Jahren allgemeines Auswahlverfahren. 1994 konnten erstmals seit über 20 Jahren alle Bewerber einen Platz erhalten, wenn auch nicht alle an der Uni ihrer Wahl. Einige der bundesweit rund 4.500 Studienplätze blieben unbesetzt. De facto besteht der NC nur noch an einem Teil der Hochschulen.
Absolventen:	Jährlich 1.700 Diplom-Biologinnen und 1.600 Diplom-Biologen.

Der Studiengang Biologie wird an über 50 Universitäten angeboten.[17]

---

[16] Zur Promotion siehe Kapitel 2.8 »Grüner Doktor«. – Fehlen bei einem Studiengang Angaben zur Promotionsquote, dann liegen keine verallgemeinerungsfähigen Angaben vor, weil zum Beispiel der Studiengang noch im Aufbau ist. Oder die Promotionen lassen sich nicht sinnvoll einem Studiengang zuordnen, wie zum Beispiel in der Biotechnologie, wo die Promotionen je nach Thema entweder in der Biologie oder in den Ingenieurwissenschaften erfolgen und auch dort statistisch nachgewiesen werden.

[17] Studien- und Berufswahl, S. 124.

Die Biologie ist die Wissenschaft von der belebten Natur; sie beschreibt und untersucht die Erscheinungsformen der Lebewesen und ihre Beziehungen untereinander. Von der Natur der Organismen ausgehend, gibt es die Teilgebiete Botanik (Lehre vom Pflanzenreich), Zoologie (Lehre vom Tierreich), Mikrobiologie (Lehre von den Mikroorganismen) und Anthropologie/Humanbiologie (Lehre vom Menschen). In neuerer Zeit haben die Teilgebiete Ökologie (Wechselbeziehungen zwischen der Umwelt und den Lebewesen) und Wissenschaftlicher Naturschutz wachsende Bedeutung erfahren.

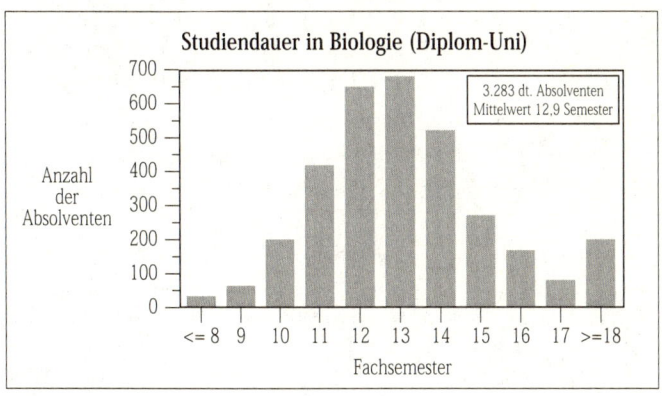

Quelle: Wissenschaftsrat, Daten der amtlichen Hochschulstatistik für Hochschulen im früheren Bundesgebiet, Prüfungsjahrgang 1991.

In der Biologie gibt es keinen grundständig (d. h. schon vom ersten Semester an) spezialisierten ökologischen Studiengang (Ausnahme: Landschaftsökologie, siehe unten). Eine Reihe von Fachbereichen bieten jedoch entsprechende Schwerpunkte im Hauptstudium in Form von besonderen Hauptfächern an. Der Abschluß ist weiterhin Diplom-Biologin oder Diplom-Biologe. Nach dem Gutachten des Wissenschaftsrates gibt es auf Umweltfragen ausgerichtete Hauptfächer an folgenden Universitäten:

Schwerpunkt Limnologie

(Biologie von Gewässern): Unis Freiburg, Konstanz, Kiel

Schwerpunkt Hydrobiologie

(Biologie des Grundwassers): TU Dresden

Schwerpunkt Meeresbiologie: Unis Bremen, Greifswald, Hamburg, Kiel, Oldenburg, Rostock

Schwerpunkt Naturschutz: Unis Göttingen, Halle-Wittenberg, Hamburg, Marburg

Schwerpunkt Ökologie: Unis Bayreuth, Bonn, Braunschweig, Darmstadt, Gießen, Göttingen, Greifswald, Halle-Wittenberg, Jena, Köln, Konstanz, München

Schwerpunkt Polarökologie

(Biologie der Polargebiete): Uni Kiel

Schwerpunkt Umweltbiologie: Unis Bielefeld, Saarbrücken

Bei dem monentan raschen Wandel in der Biologieausbildung ist davon auszugehen, daß es demnächst weitere Schwerpunkte dieser Art gibt. Ob hinter der attraktiven Bezeichnung Ökologie tatsächlich immer auch ein besonderes ökologisches Profil im Vergleich zu der hier nicht genannten Mehrheit der biologischen Studiengänge steht, dafür kann sich keiner verbürgen. Überraschungen sind nicht ausgeschlossen!

Weil sich viele Studenten von den anwendungsorientierten Gebieten Ökologie und Wissenschaftlicher Naturschutz eine interessante berufliche Perspektive versprechen, sind diese Hauptfächer besonders nachgefragt. An manchen Hochschulen mußte deswegen ein interner Numerus clausus für die Zulassung zu diesen Hauptfächern eingeführt werden. Exemplarisch wird nachfolgend das Hauptfach »Wissenschaftlicher Naturschutz« beschrieben, das seit 1990 an der Uni Marburg angeboten wird. In Marburg besteht die Diplomprüfung in der Biologie aus einem Haupt- und drei Nebenfächern, von denen eines ein nichtbiologisches ist. Naturschutz kann als Haupt- oder Nebenfach studiert werden. Für das Hauptfach stehen zur Zeit jährlich fünf

Plätze zur Verfügung, für das Nebenfach 30. Da die Zahl der Bewerbungen wesentlich größer ist, kommen längst nicht alle Bewerber zum Zuge. Für das Hauptfach Naturschutz müssen 50 Semesterwochenstunden (verteilt über 4 Semester) nachgewiesen werden. »Naturschutz-Biologen« sollen vertiefte wissenschaftliche und anwendungsorientierte Kenntnisse erhalten über:

• Landschaft sowie Flora (Pflanzenwelt) und Fauna (Tierwelt),
• Ursache-Wirkungs-Zusammenhänge von menschlichen Eingriffen in die Natur,
• Theorie und Praxis von Naturschutz und Landschaftspflege samt ihren rechtlichen Grundlagen.

Das Hauptstudium (4 Semester plus Diplomarbeit) teilt sich auf in 40 % »konventionelle Biologie«, 40 % spezielle Naturschutz-Veranstaltungen und 20 % naturschutzrelevante Veranstaltungen aus anderen Fachbereichen (z. B. Umweltrecht, Raumplanung, physische Geographie[18], Ökotoxikologie[19]). Die Fachvertreter legen großen Wert auf die Arbeit am »Objekt«. Demzufolge werden überdurchschnittlich viele Exkursionen angeboten. Ungewöhnlich für das Biologiestudium ist, daß Praktika von mindestens vier Monaten Dauer in Behörden, Fachinstitutionen oder Architekturbüros zwingend vorgeschrieben sind. (Zum Berufsbild siehe das Stichwort »Naturschützer« in Kapitel 3.6 »Zwanzig grüne Berufe«.)

Der Studiengang Biologie, der unter Naturwissenschaftlern zu Unrecht manchmal noch als »Soft Science« abqualifiziert wird, zieht seit langem eine große Zahl von Abiturientinnen und Abiturienten an. Sie lassen sich primär von ihren Interessen leiten, weniger von den beruflichen Perspektiven. Gemessen an den Möglichkeiten, später als Biologe beruflich tätig werden zu können, ist die Zahl der Studierenden seit Jahren viel zu groß. Traditionell bereitete das Biologiestudium auf das Lehramt oder auf die Forschung in Hochschulen, wissenschaftlichen Museen und öffentlichen Forschungsinstituten vor. Nach einer Schätzung des VERBANDES DEUTSCHER BIOLOGEN arbeiten von den

---

[18] Physische Geographie ist die Lehre von der Erdoberfläche.
[19] Ökotoxikologie ist die Lehre von der Verteilung chemischer Substanzen (z. B. Gifte) und ihrer Wirkung auf Ökosysteme.

30.000 berufstätigen Biologen 12.000 an Schulen, 5.000 an Hochschulen und 3.000 in Forschungsinstituten. Vor 20 Jahren wäre damit das Berufsfeld hinreichend beschrieben gewesen (UNI, Heft 9, 1994). Dieses traditionelle Berufsfeld konnte die großen Absolventenjahrgänge der 70er und 80er Jahre aber nicht aufnehmen. Biologen mußten sich neue Arbeitsplätze in der Industrie, in Behörden und als Freiberufler erschließen. Nicht wenige Arbeitsplätze haben nur einen geringen Bezug zum studierten Fach.

»Biologischer Sachverstand wird in vielen Bereichen des modernen gesellschaftlichen Lebens nachgefragt«, sagt Professor Dr. Horst Grimme, Vorsitzender des Biologenverbandes. Auf dem Arbeitsmarkt ist davon jedoch wenig zu spüren. »Düstere Aussichten für Biologen«, titelte die ›Frankfurter Allgemeine Zeitung‹ vom 29. 01. 94, und das UNI formulierte den vermeintlichen Widerspruch so: »Biologisches Wissen wird immer wichtiger, im Umweltschutz, in der Ernährung, im Gesundheitswesen. Gen- und Biotechnik gelten als Schlüssel zur Zukunft. Der Arbeitsmarkt für Biologen hat darauf nicht reagiert.« (UNI, Heft 6, 1994.) Dies liegt nicht an der allgemein schwierigen Berufseinmündung in Rezessionszeiten, sondern a) an der großen Zahl der jährlich ausgebildeten Biologinnen und Biologen, b) an der Tatsache, daß es keine »biologische Industrie« gibt und c) an der Rekrutierungspraxis der chemischen und pharmazeutischen Industrie, die für ihre Labors und Anlagen vorrangig Chemiker, Biochemiker und Biotechnologen einstellt.

Ein neues Arbeitsfeld für Biologen hat sich in der Umweltberatung und in der Abfallwirtschaft aufgetan, allerdings ist dies kein geschütztes »Reservat für Biologen«, denn die Konkurrenz zu anderen Naturwissenschaftlern, Land- und Forstwirten und Ingenieuren ist groß. Mehr über den Arbeitsmarkt in Kapitel 3 Grüne Berufsfelder, insbesondere Seite 172, 176 und 182.

---

[20] Zur Definition siehe Kapitel 1.5, Fußnote 8. – Grenznoten verändern sich erfahrungsgemäß nur langsam. Die hier genannten Ergebnisse des WS 94/95 sind ein Anhaltspunkt für künftige Vergabeverfahren.

Biotechnologie / Technische Biologie (Uni)

Abschluß:	Diplom-Biotechnologin, Diplom-Biotechnologe.
Regelstudienzeit:	10 Semester.
Studiendauer:	12 – 14 Semester.
Vorpraktikum:	Nur an TU Berlin.
Bewerbungen:	Direkt an die Hochschulen.
Zulassungsbeschränkungen:	Ja, aber vielfach freie Plätze.
Grenznoten[20]:	TU Berlin: alle Bewerber zugelassen.
	TU Braunschweig: alle Bewerber zugelassen.
	Uni Stuttgart (Technische Biologie): 2,1.
Absolventen:	Bislang noch weniger als 100 jährlich.

Der Studiengang Biotechnologie ist ein anwendungsorientierter technischer Studiengang mit starker naturwissenschaftlicher Basis. In diesem erst in den 80er Jahren eingerichteten Studiengang überschneiden sich Biologie/Mikrobiologie, Chemie/Biochemie und Maschinenbau/Verfahrenstechnik. Das Grundstudium konzentriert sich auf mathematisch-naturwissenschaftliche Fächer. Im Hauptstudium werden Genetik, Technische Biochemie, Technische Chemie, Mikrobiologie und Verfahrenstechnik gelehrt. An der TU Berlin werden die ingenieurwissenschaftlichen Fachgebiete stärker betont. Deshalb wird hier auch der Diplom-Ingenieur als Abschluß verliehen.

Biotechnologie (FH)

Abschluß:	Diplom-Ingenieurin (FH), Diplom-Ingenieur (FH).
Regelstudienzeit:	8 Semester, davon 1 – 2 Praxissemester.
Studiendauer:	8 – 10 Semester.
Vorpraktikum:	Unterschiedlich, z. B. an der FH Weihenstephan nur 6 Wochen, an der FH Gießen 13 Wochen.
Bewerbungen:	Direkt an die Hochschulen.
Zulassungsbeschränkungen:	Ja, aber vielfach freie Plätze.
Grenznoten:	FH Anhalt (in Köthen): alle Bewerber zugelassen;
	TFH Berlin: Alle Bewerber zugelassen;
	FH Gießen: 2,5;
	FHT Mannheim: 2,0;
	FH Ostfriesland (in Emden): 2,7;
	FH Weihenstephan: 2,5.

Der FH-Studiengang Biotechnologie hat sich seit Mitte der 80er Jahre entweder aus dem Studiengang Verfahrenstechnik oder aus dem Studiengang Chemie entwickelt. Anders in Weihenstephan. An der dortigen »grünen FH«, die mit den Studiengängen Agrarwissenschaft, Gartenbau, Landespflege und Forstwissenschaft alle Landnutzungsdisziplinen anbietet, ist die Biotechnologie weniger technisch, sondern mehr durch biologische Fächer geprägt.

An der FH Gießen, wo die Biotechnologie seit 1985 am Fachbereich Technisches Gesundheitswesen angeboten wird, umfaßt der Studiengang ein zweisemestriges Grundstudium in Mathematik und Naturwissenschaften (gemeinsam mit den Studiengängen Biomedizintechnik, Umwelt- und Hygienetechnik und Krankenhausbetriebstechnik). Im ersten Teil des Hauptstudiums (3. und 4. Semester) werden die ingenieurtechnischen Grundlagen gelehrt, ebenso Biochemie und Analytik. Der zweite Teil des Hauptstudiums vermittelt die Grundlagen der Biotechnologie und der Bioverfahrenstechnik. In Wahlpflichtgruppen wird besonderes Gewicht auf die Messung, Steuerung und Regelung biologischer Prozesse und auf die labormäßige Analyse und Gewinnung biologischer Produkte sowie auf sicherheitstechnische Belange gelegt.

An der FH Gießen wurden 1994 die Absolventen nach ihrem Verbleib im Beruf befragt. Etwas mehr als die Hälfte der Bio-Ingenieurinnen und Bio-Ingenieure waren in der freien Wirtschaft tätig, vor allem in der pharmazeutischen Industrie, in Umweltfirmen und in Ingenieurbüros. Knapp 20 % arbeiteten in Forschungseinrichtungen. Rund 10 % waren in überwachenden Behörden wie Regierungspräsidien, Umweltämtern u. ä. beschäftigt.

Biochemie (Uni)

Abschluß:	Diplom-Biochemikerin, Diplom-Biochemiker.
Regelstudienzeit:	10 Semester.
Studiendauer:	Die mittlere Studienzeit liegt zwischen 11 und 12 Semestern.
Promotion:	60 – 70 % der Biochemiker promovieren im Anschluß an das Diplomstudium.
Vorpraktikum:	Nicht erforderlich.
Bewerbungen:	Direkt an die Hochschulen.
Zulassungsbeschränkungen:	Ja. Auswahlverfahren. Die Bewerberzahlen überschreiten die Zahl der Studienplätze um ein Mehrfaches. Seit Jahren ist der NC in Biochemie härter als der in Medizin!
Grenznoten:	Uni Bayreuth: 2,5;
	FU Berlin: 1,1;
	Uni Bielefeld: 1,3;
	Uni Bochum: 1,5;
	Uni Halle-Wittenberg: 1,3;
	Uni Hannover: 1,5;
	Uni Jena: alle Bewerber zugelassen;
	Uni Leipzig: 1,7;
	Uni Potsdam: 1,4;
	Uni Tübingen: 1,0;
	Uni Regensburg: 1,5.
Absolventen:	Jährlich 60 Diplom-Biochemikerinnen und 120 Diplom-Biochemiker. Tendenz steigend.

Die Biochemie erforscht mit chemischen Methoden die Lebenserscheinungen der Organismen. Dazu dringt sie in den Bereich der Moleküle vor und untersucht die chemischen und physikalisch-chemischen Prozesse sowohl der pflanzlichen und tierischen Zelle als auch der Bakterien-Zelle und analysiert deren Steuerung und Organisation.

Einen grundständigen Studiengang Biochemie gab es bis vor wenigen Jahren nur an den Unis Bayreuth, Berlin (FU), Hannover und Tübingen. In den letzten Jahren wurde dieser Studiengang an sieben weiteren Unis neu eingerichtet.

Darüber hinaus gibt es an der Uni Frankfurt und an der privaten Uni Witten-Herdecke Studiengänge für Biochemie, die auf dem Grundstudium in Chemie aufbauen. An einer Reihe weiterer Unis kann Biochemie als Schwerpunkt im Biologie- oder im Chemiestudium gewählt werden.[21] Den Schwerpunkt Ökologie/Ökotoxikologie innerhalb des Biochemiestudiums gibt es an den Unis Halle-Wittenberg und Tübingen.

Über den Studiengang Biochemie schreibt Prof. Dr. Reinhardt Krämer, Biochemiker am Institut für Biotechnologie des Forschungszentrums Jülich[22]: »Noch vor wenigen Jahren konnten es weder der ›klassische‹ Chemiker noch der ›klassische‹ Biologe lassen, die Biologische Chemie mit sanfter Ironie zwischen alle Stühle zu verweisen. Sie sei ›nichts Halbes und nicht Ganzes‹, hieß es nicht allzu selten. Heute aber weiß selbst die Öffentlichkeit um ihren Stellenwert – spätestens seit der Verleihung des Chemienobelpreises 1988 an drei deutsche Wissenschaftler. Johann Deisenhofer, Hartmut Michel und Robert Huber wurden für ihre Erfolge auf einem ›typisch‹ biochemischen Gebiet gewürdigt. Der Aufschwung, den diese lebendige Wissenschaft von der Chemie der lebenden Zelle genommen hat, wird deutlich sichtbar auch an der zunehmenden Zahl von Abiturienten, die sich für das Studium der Biochemie erwärmen. Sie müssen allerdings ... vor allzu großen beruflichen Erwartungen gewarnt werden.«

Die Warnung vor möglichen Enttäuschungen bei der Arbeitsplatzsuche war während der Hochkonjunktur 1989 berechtigt, als vor allem Ingenieure, Informatiker, Physiker und Chemiker händeringend von der Industrie gesucht wurden. Heute, nachdem auch qualifizierte Absolventen dieser bislang vom Arbeitsmarkt verwöhnten Studiengänge Probleme beim Übergang in den Beruf haben, ist dieser spezifische Hinweis für Biochemiker kaum noch besonders notwendig. Die heutige Schüler- und Studentengeneration ist realistisch genug, um zu wissen, daß – zumindest in Rezessionszeiten – längst nicht alle diplomierten und promovierten Absolventen den erhofften interessanten und gut bezahlten Arbeitsplatz finden werden, der noch in den 70er Jahren für Naturwissenschaftler und Ingenieure selbstverständlich war. Da geht es Biochemikern nicht anders als Chemikern, Biologen oder Physikern.

---

[21] Studien- und Berufswahl, S. 123.
[22] Fonds der Chemischen Industrie: Chemie Aktuell. Magazin für Studien- und Berufsanfänger. Frankfurt 1990.

Chemie – Umweltchemie/Ökochemie (Uni)

Abschluß:	Diplom-Chemikerin, Diplom-Chemiker.
Regelstudienzeit:	10 Semester.
Studiendauer:	Tatsächlich benötigen die meisten Absolventen 12 – 13 Semester.
Promotion:	80 – 90 % der Diplom-Chemikerinnen und -Chemiker promovieren im Anschluß an das Diplomstudium.
Vorpraktikum:	An einigen TU / TH erforderlich.
Bewerbungen:	Direkt an die Hochschulen.
Zulassungsbeschränkungen:	Nein. Die Zahl der Studienanfänger hat sich seit 1990 halbiert, so daß die Anfänger heute gute Studienbedingungen vorfinden.
Absolventen:	Jährlich 850 Diplom-Chemikerinnen und 2.200 Diplom-Chemiker.

Der Studiengang Chemie wird an über 50 Universitäten angeboten.[23]

Chemie ist die Naturwissenschaft, welche die Eigenschaften, die Zusammensetzung und die Umwandlung von Stoffen und Verbindungen erforscht. Durch qualitative und quantitative Analyse werden Erkenntnisse gewonnen, die für die Herstellung von neuen, nicht natürlich vorkommenden Stoffen verwendet werden (Synthese). Die Hauptgebiete der Chemie sind die anorganische Chemie, die sich mit reinen Elementen und ihren Verbindungen mit Ausnahme des Kohlenstoffs beschäftigt, und die organische Chemie, die sich mit den Kohlenstoffverbindungen (organischen Verbindungen) befaßt. Die physikalische Chemie beschäftigt sich mit den Grundlagen der Chemie, wie Bindungslehre, Thermodynamik, Kinetik und Komplexbildung, und stützt sich dabei auf Methoden der Mathematik und der Physik. Eng verbunden damit ist die theoretische Chemie, deren Inhalt die Aufklärung von Vorgängen bei Reaktionen verschiedener Stoffe miteinander, der Übertragung von Elektronen bzw. von Vorgängen an Reaktionsflächen ist.

Die angewandte Chemie befaßt sich mit der Entwicklung von Methoden der großtechnischen Herstellung von Kunststoffen und Kunstfasern, mineralischen Düngern oder Schädlingsbekämpfungsmitteln.

---

[23] Studien- und Berufswahl, S. 125.

Hier gibt es zahlreiche Übergänge zu den ingenieurwissenschaftlichen Studiengängen Verfahrenstechnik/Chemie-Ingenieurwesen (siehe Kapitel 2.5).

Die analytische Chemie befaßt sich mit der Analyse von natürlichen und künstlichen Stoffen. Zuverlässige analytische Daten sind entscheidend für den Nachweis und das Verständnis der in Luft, im Wasser und im Boden ablaufenden Prozesse. Mit den Methoden der analytischen Chemie wird die Qualität des Wassers bestimmt, lassen sich Luftverunreinigungen messen oder die Nebenwirkungen von Schädlingsbekämpfungsmitteln aufspüren. Ohne die Chemie ist die moderne Umweltforschung nicht denkbar. Mit dem Aufschwung der Umweltforschung hat die analytische Chemie an Bedeutung gewonnen. Alle Chemiestudenten erhalten im Grundstudium eine Ausbildung in den Grundlagen der Analytik. Im Hauptstudium ist eine Schwerpunktsetzung in diesem Fach spätestens mit der Wahl der Diplomarbeit möglich.

Chemie und Umwelt werden nicht selten kontrovers diskutiert, nicht immer mit ausreichender Sachkenntnis, ohne die eine emotionsfreie Diskussion der Umweltproblematik aber nicht möglich ist. In dem Fachgebiet Umweltchemie und Ökotoxikologie geht es darum, die wissenschaftlichen Grundlagen über das Verhalten von Chemikalien in der Umwelt zu vertiefen. Professor Dr. Ernst Bayer, Umweltchemiker an der Uni Tübingen: »Die Kenntnis über Exposition und Wirkung ist eine notwendige Voraussetzung zur Bewertung von Chemikalien und zur Erkennung ihrer Auswirkungen auf die Umwelt.«

Umweltchemie oder ökologische Chemie, kurz Ökochemie, ist an mehreren Fachbereichen als Schwerpunkt eingerichtet worden. Die Ökochemie wendet die Methoden der analytischen Chemie für Fragestellungen der Umweltforschung und des Schutzes der Umwelt an. An der Uni Jena wird Umweltchemie als eigener Studiengang angeboten. Das Grundstudium ist aber auch hier mit dem Grundstudium des Studiengangs Chemie identisch. Die Umwelttoxikologie oder Ökotoxikologie hängt eng mit der Umweltchemie zusammen. Toxikologie ist die Lehre von den Giften, Ökotoxikologie die Wissenschaft von der Verteilung chemischer Substanzen und ihrer Wirkung auf Ökosysteme. Es geht um die Wirkung natürlicher und künstlicher Gifte auf Lebewesen.

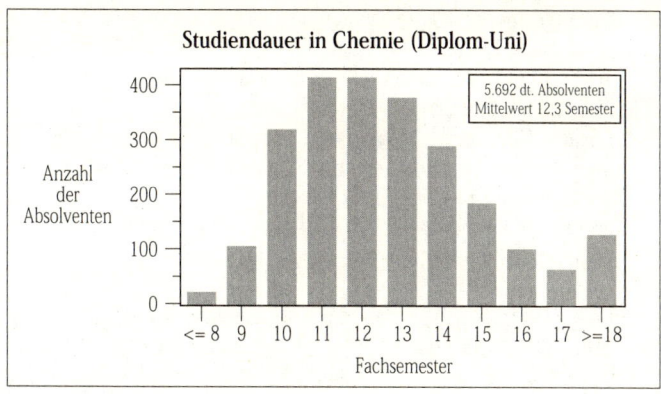

Quelle: Wissenschaftsrat, Daten der amtlichen Hochschulstatistik für Hochschulen im früheren Bundesgebiet, Prüfungsjahrgang 1991.

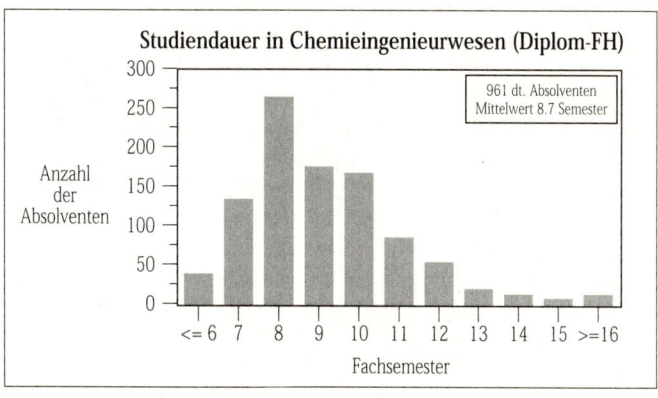

Quelle: Wissenschaftsrat, Daten der amtlichen Hochschulstatistik für Hochschulen im früheren Bundesgebiet, Prüfungsjahrgang 1992.

Grundständige Spezialstudiengänge Ökochemie oder Ökotoxikologie gibt es in Deutschland nicht (Ausnahme: Uni Jena). Mehrere chemische Fachbereiche ermöglichen aber eine entsprechende Schwerpunktbildung im Hauptstudium:

TU Braunschweig: Ökologische Chemie
TU Chemnitz-Zwickau: Ökologische Chemie
UGH Duisburg: Ökologische Chemie/Wasserchemie
TU Dresden: Ökologische Chemie
Uni Halle-Wittenberg: Ökologische Chemie
Uni Jena: Umweltchemie (eigener Studiengang)
Uni Kaiserslautern: Umwelttoxikologie
Uni Rostock: Umweltchemie
Uni Siegen: Umwelttoxikologie

Chemiker sind bisher überwiegend in der chemischen Industrie tätig. Mit dem Konjunktureinbruch, den diese erfolgsverwöhnte Branche Anfang der 90er Jahre erlitt, sanken die Einstellungszahlen der Unternehmen ebenso dramatisch wie die Geschäftsergebnisse. Die Absolventen der Chemie-Studiengänge haben seither ernste Probleme beim Übergang in den Beruf, und erstmals kommt nur noch ein kleiner Teil in den großen Chemiefirmen unter. Seit 1994/95 sehen die Konjunkturdaten der Chemieindustrie wieder freundlicher aus. Dies wird sich – verzögert und vermutlich nicht in früherem Umfang – auch auf die Einstellung von Hochschulabsolventen niederschlagen.

Wie in kaum einem anderen Studiengang sind die Anfängerzahlen im Studiengang Chemie in den letzten fünf Jahren drastisch zurückgegangen. Während in den 80er Jahren in Westdeutschland jährlich zwischen 5.000 und 6.000 junge Menschen mit dem Chemiestudium begannen, sind es Mitte der 90er Jahre in Ost- und Westdeutschland zusammen nur noch rund 3.000. Von Überlast kann in den Chemiefachbereichen jetzt keine Rede mehr sein.

Technische Chemie/Chemie-Ingenieurwesen (Uni und FH)

Die ingenieurwissenschaftlich ausgerichteten Studiengänge für Chemie-Ingenieurwesen mit den Bezeichnungen Technische Chemie, Chemische Verfahrenstechnik, Chemie-Ingenieurwesen oder Chemietechnik, die es an Universitäten mit Ingenieurfakultäten und an technisch ausgerichteten Fachhochschulen gibt, werden bei den Umweltstudiengängen des Typs D in Kapitel 2.5 behandelt.

Geologie (Uni)

Abschluß:	Diplom-Geologin, Diplom-Geologe.
Regelstudienzeit:	9 Semester.
Studiendauer:	Tatsächlich benötigen die meisten Absolventen 13 – 15 Semester. Die Geowissenschaften sind bei den Studienzeiten Spitze!
Promotion:	25 – 30 % der Diplom-Geologinnen und -Geologen promovieren im Anschluß an das Diplomstudium.
Vorpraktikum:	Nicht erforderlich.
Bewerbungen:	Direkt an die Hochschulen.
Zulassungsbeschränkungen:	Nur an wenigen Hochschulen.
Grenznoten:	Uni Freiburg: 2,8; Uni Hamburg: 2,2; Uni Hannover: 3,2; sonstige Unis: alle Bewerber zugelassen.
Absolventen:	Jährlich 140 Diplom-Geologinnen und 450 Diplom-Geologen.

Die geowissenschaftlichen Fachbereiche, die es an fast allen größeren Universitäten und Technischen Hochschulen gibt, bieten zumeist mehrere Geo-Studiengänge an: Geologie, Geophysik, Mineralogie, Kristallographie und Meteorologie. Die meisten Studierenden hat der Studiengang Geologie.

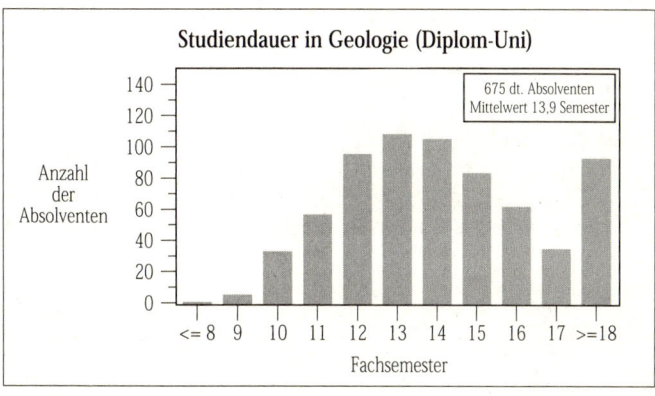

Quelle: Wissenschaftsrat, Daten der amtlichen Hochschulstatistik für Hochschulen im früheren Bundesgebiet, Prüfungsjahrgang 1991.

Die Geologie befaßt sich mit der Entwicklung und dem Aufbau der festen Erdkruste. Untersucht werden die physikalischen und chemischen Veränderungen an der Oberfläche und die thermischen und mechanischen Einwirkungen in der irdischen Gesteinshülle, die im Laufe der Erdgeschichte zu großen Veränderungen geführt haben. Geologie ist heute eine exakte Wissenschaft, die auf Mathematik, Physik und Chemie aufbaut. Diese Fächer und ihre Anwendungen für die Geowissenschaften stehen im Grundstudium im Vordergrund.

Themen des Umweltschutzes, zum Beispiel Wasser- und Bodenuntersuchungen, Altlastensanierung, Deponiestandortuntersuchungen und Deponiebau, haben in Studium und Beruf an Bedeutung gewonnen. Baugrunduntersuchungen, Altlastenanalyse bei Grundstücken und Konzeption von Sanierungsmaßnahmen sind zu wichtigen Arbeitsgebieten für Geologen in Ingenieurbüros geworden. Der traditionelle Arbeitsmarkt für Geologen (Geologische Ämter, Erdölindustrie, Bergbau, Steine-Erden-Industrie, Ingenieurbau) kann schon seit Jahren die Absolventen nicht mehr aufnehmen, zumal die Explorationstätigkeit der Erdölindustrie rückläufig ist und Erz-Bergbau im Inland kaum noch betrieben wird, so daß die traditionelle Lagerstättenkunde wenig Arbeit bietet. Die neuen Arbeitsgebiete im Umweltschutz konnten diesen Rückgang nicht ausgleichen, so daß Geologen vermehrt »branchenfremd« arbeiten.

Hydro- und Umweltgeologie sind Schwerpunkte an der TU Berlin und an der TU Bergakademie Freiberg. Die Geologie an der Uni Bremen hat einen Schwerpunkt in Meeresgeologie / Meeresumweltforschung.

Aus der Geologie heraus hat sich der eigenständige Studiengang Geoökologie entwickelt. Er wurde 1978 an der Uni Bayreuth eingeführt, 1986 an der Uni Karlsruhe, 1989 an der TU Braunschweig und 1990 an der Uni Potsdam. An der Uni Mainz kann man Geoökologie als Schwerpunkt im Studiengang Geographie studieren.

Geoökologie (Uni)

Abschluß:	Diplom-Geoökologin, Diplom-Geoökologe.
Regelstudienzeit:	9 Semester.
Studiendauer:	11 – 12 Semester.
Promotion:	30 – 40 % der Geoökologinnen und Geoökologen promovieren im Anschluß an das Diplom.
Vorpraktikum:	Nicht erforderlich.
Bewerbungen:	Direkt an die Hochschulen.
Zulassungsbeschränkungen:	Ja. Die Zahl der Bewerbungen überschreitet die Studienplatzkapazität erheblich.
Grenznoten:	Uni Bayreuth: 1,6;
	TU Braunschweig: 1,5;
	Uni Karlsruhe: 1,2;
	Uni Potsdam: 1,4.
Absolventen:	Derzeit jährlich noch unter 100, Tendenz stark steigend.

Das Grundstudium (4 Semester) stellt eine breite naturwissenschaftliche Grundlagenausbildung in Mathematik, Chemie, Physik, Biologie und Geologie sicher. Hinzu kommen die in den Geowissenschaften üblichen Geländepraktika, geologischen Exkursionen und vegetationskundlichen Übungen. Das Hauptstudium (5 Semester) vermittelt ein vertieftes Wissen und führt an aktuelle Forschungsprobleme und angewandte Fragestellungen heran. Damit verbunden ist eine notwendige Spezialisierung. Hierbei gibt es Unterschiede zwischen den einzelnen Hochschulen. In Bayreuth ist eines von fünf Hauptfächern zu wählen, die sich aus folgenden Fächerkombinationen zusammensetzen:

1. Biogeographie – Agrarökologie
2. Bodenkunde – Bodenphysik
3. Geomorphologie[24] – Geologie
4. Hydrologie (Wasserkunde) – Meteorologie (Wetterkunde)
5. Ökologische Chemie – Geochemie

Der Braunschweiger Studiengang lehnt sich an das Bayreuther Modell an, betont jedoch stärker die mathematische Modellbildung. An

---

[24] Geomorphologie ist die Lehre von den Formen der festen Erdrinde und von den Kräften, die diese gestalten.

der Uni Karlsruhe ist der Studiengang weniger geowissenschaftlich, dafür stärker ingenieurwissenschaftlich ausgerichtet. Im Hauptstudium werden Landschaftsökologie, Bodenkunde/Bodenmineralogie, Hydrologie/Wasserwirtschaft und Bio-/Geoinformatik als Pflichtfächer verlangt. Bei Vertiefung in Biologie sind Botanik, Zoologie und entweder Ingenieurbiologie oder Mikrobiologie Wahlpflichtfächer. Bei Vertiefung in Geowissenschaften sind es Mineralogie, Geochemie und Hydrologie. Dazu muß von den Fächern Raumplanung, Fernerkundung und Meteorologie mindestens eines als Ergänzungsfach gewählt werden.

Geoökologie ist der erste Studiengang in Deutschland mit dem profilgebenden Etikett Ökologie im Namen. Bei diesem Prototyp eines naturwissenschaftlichen Öko-Studiengangs zeigt sich:

1. Die Umweltwissenschaften setzen ein breites naturwissenschaftliches Fundament voraus. Studieninteressenten, die auf der Schule mit Mathematik, Physik oder Chemie ihre Probleme hatten, werden hier ebensowenig glücklich wie in einem klassischen naturwissenschaftlichen Studiengang.
2. Die Überlappungen mit den Mutterdisziplinen Geologie, Physische Geographie und Biologie sind beträchtlich. Wer also in Geoökologie beim ersten Anlauf keinen Studienplatz erhält, der kann es auch mit Geologie oder Geographie versuchen, denn im Grundstudium gibt es viele gemeinsame Fächer. Er wird, wenn er das Grundstudium entsprechend anlegt, nach dem Vordiplom umsteigen können, ohne daß er sehr viel nachholen muß.
3. Auch Studiengänge gleichen Namens können in Aufbau und Inhalt beträchtliche Unterschiede haben. Darin kommt auch das unterschiedliche Profil von Hochschulen zum Ausdruck. Wer den Studiengang Geoökologie mit technischem Profil studieren will, ist an einer technisch orientierten Uni besser aufgehoben als an einer Uni, an der die auf Grundlagen ausgerichteten Naturwissenschaften den Öko-Studiengang prägen.

Landschaftsökologie (Uni)

Abschluß:	Diplom-Landschaftsökologin, Diplom-Landschaftsökologe.
Regelstudienzeit:	9 Semester (Uni Münster);
	10 Semester (Uni Oldenburg).
Studiendauer:	Noch keine Angaben vorhanden.
Promotion:	Noch keine Angaben vorhanden.
Vorpraktikum:	Nicht erforderlich.
Bewerbungen:	Direkt an die Hochschulen.
Zulassungsbeschränkungen:	Ja. Auswahlverfahren.
Grenznoten:	Uni Münster: 2,2;
	Uni Oldenburg: 2,0.
Absolventen:	Noch keine Angaben vorhanden.

Dieser Spezialstudiengang wird seit 1992 vom Fachbereich Geographie der Uni Münster angeboten. Das Grundstudium besteht aus Lehrveranstaltungen in den landschaftsökologischen Grundlagen (Teilgebiete Bodenkunde, Klimatologie, Tierökologie und Vegetationskunde), den methodischen Grundlagen (Statistik, Geoinformatik, Kartographie) sowie in Mathematik, Physik und Chemie. Das Hauptstudium (einschließlich Diplomarbeit 5 Semester) umfaßt Lehrveranstaltungen der angewandten Landschaftsökologie sowie landschaftsökologische Arbeitsmethoden (Laborpraktika unter anderem zu Bodenkunde, Bodenökologie, Bodenbiologie, Gewässeranalytik), die Bearbeitung eines landschaftsökologischen Projektes sowie zwei Nebenfächer.

Seit 1994 gibt es den Spezialstudiengang Landschaftsökologie auch an der Uni Oldenburg, der hier vom Fachbereich Biologie angeboten und durch biologische Fachgebiete geprägt wird. Im Grundstudium (4 Semester) werden die Fächer Geographie/Bodenkunde, Botanik und Zoologie, Ökologie, Chemie und Physik sowie Raumplanung und Umweltrecht gelehrt. Exkursionen, Bestimmungsübungen und experimentelle Praktika gehören zum Studienprogramm. Im Hauptstudium (einschließlich Diplomarbeit 6 Semester) werden insbesondere Geographie/Bodenkunde, Flora/Fauna, Ökologie, Naturschutz sowie Landschaftsplanung/Landschaftsgestaltung und Umweltrecht studiert.

Verglichen mit naturwissenschaftlichen Studiengängen, ist der Anteil der Grundlagen und der Theoriebildung geringer. Der Studiengang ist stärker interdisziplinär ausgerichtet und betont – untypisch für die Naturwissenschaften – die praktische Anwendung im Beruf.

Zwischen dem Oldenburger Studiengang Landschaftsökologie und den Naturschutzstudiengängen, die im Rahmen des Biologiestudiums angeboten werden (siehe Seite 50), bestehen eine Reihe von Gemeinsamkeiten. Diese betont anwendungsorientierten Studiengänge orientieren sich weniger an den Fronten einer naturwissenschaftlich-analytischen Grundlagenforschung, sondern an den praktischen Problemen des Naturschutzes. In dieser Hinsicht sind sie auch mit einigen der an den Agrarwissenschaftlichen Fakultäten eingerichteten neuen Fachrichtungen vergleichbar, z. B. der Fachrichtung Naturschutz und Landschaftsökologie, die seit 1990 an der Uni Bonn angeboten wird (siehe Kapitel 2.3).

Meeresumweltwissenschaften (Uni Oldenburg)

Der Spezialstudiengang Meeresumweltwissenschaften wurde 1994 an der Uni Oldenburg neu eingeführt. Er baut auf einem beliebigen naturwissenschaftlichen Grundstudium auf und soll eine disziplinübergreifende Ausbildung der mathematisch-naturwissenschaftlichen Grundlagen für die Analyse der verschiedenen Umweltsysteme vermitteln. Deswegen werden die methodischen Grundlagen (Mathematik, Physik, Datenverarbeitung) der Ökosystemforschung betont. Hinzukommen sollen Umweltanalytik, Umweltchemie und Geochemie. Ökologische Themen werden als Nebenfach angeboten. Bewerbungen sind direkt an die Uni Oldenburg zu richten.

Hydrologie / Wasserwirtschaft (Uni)

Wasserwirtschaft kann man an der TU Dresden und an der Uni Freiburg studieren. Für den Diplom-Studiengang Hydrologie an der Uni Freiburg (Abschluß Diplom-Hydrologin, Diplom-Hydrologe) bestehen seit Jahren Zulassungsbeschränkungen. Bewerbungen sind direkt an die Hochschule zu richten. Im Wintersemester 1994/95 lag die

Grenznote bei 1,7. Ein Vorpraktikum ist für diesen Studiengang nicht erforderlich.

Der Studiengang Wasserwirtschaft wird an der TU Dresden von der dortigen Fakultät für Forst-, Geo- und Hydrowissenschaften angeboten. Bei diesem ingenieurwissenschaftlich ausgerichteten Studiengang beträgt die Regelstudienzeit zehn Semester. Hier bestehen keine Zulassungsbeschränkungen. Die Fakultät verlangt zwölf Wochen berufspraktische Tätigkeit, die spätestens bis zum Vordiplom abgeleistet werden muß. Sie empfiehlt, Teile dieses Praktikums vor Studienbeginn abzuleisten.

Nach einem viersemestrigen Grundstudium, in dem die mathematisch-naturwissenschaftlichen Grundlagen und Grundkenntnisse auf wasserwirtschaftlichem und bautechnischem Gebiet vermittelt werden, teilt sich der Studiengang in drei Studienrichtungen:

1. Siedlungs- und Industriewasserwirtschaft mit dem Abschluß Diplom-Ingenieurin / Diplom-Ingenieur
2. Wasserbewirtschaftung mit dem Abschluß Diplom-Ingenieurin / Diplom-Ingenieur
3. Hydrologie mit naturwissenschaftlicher Orientierung und dem Abschluß Diplom-Hydrologin / Diplom-Hydrologe

Das Wasserwirtschaftsstudium qualifiziert für Aufgaben auf den Gebieten Wasserversorgung, Abwasserbehandlung, Abfallwirtschaft, Wasserbewirtschaftung, Altlastensanierung und Hydrologie. Die TU Dresden schreibt in ihrer Info-Schrift: »Gerade diese Fachgebiete bieten für engagierte Hochschulabsolventen hervorragende Möglichkeiten, umweltrelevante Probleme in Teamarbeit von Bauingenieuren, Naturwissenschaftlern und Betriebswirten zu bearbeiten.« Aufgrund der ingenieurwissenschaftlichen Kenntnisse, die die Dresdner Wasserwirtschaftsingenieure erwerben, können die Absolventen im Anschluß an das Studium eine Baureferendarausbildung beginnen. Sie haben damit die Möglichkeit, auch im Staatsdienst (z. B. Wasserwirtschaftsämter, Bauämter) tätig zu werden.

Meteorologie (Uni)

Abschluß:	Diplom-Meteorologin, Diplom-Meteorologe.
Regelstudienzeit:	9 Semester.
Studiendauer:	Tatsächlich liegen die mittleren Studienzeiten zwischen 13 und 16 Semestern!
Promotion:	30 – 35 % der Diplom-Meteorologen promovieren.
Vorpraktikum:	Nicht erforderlich.
Bewerbungen:	Direkt an die Hochschulen.
Zulassungsbeschränkungen:	Keine.
Studienmöglichkeiten:	Unis Berlin (FU), Bonn, Frankfurt/Main, Freiburg, Göttingen, Hamburg, Hannover, Karlsruhe, Kiel, Köln, Leipzig, Mainz, München.
Absolventen:	Jährlich unter 100 Meteorologinnen und Meteorologen. Der Frauenanteil liegt bei einem Viertel.

Im Studiengang Meteorologie (Wetterkunde) geht es um die Physik und Chemie der Atmosphäre. Die Meteorologie ist von Haus aus eine »angewandte Physik«. Das Grundstudium während der ersten vier Semester ist deswegen auch identisch mit dem Grundstudium für die Diplom-Physiker.

Meteorologen und Meteorologinnen arbeiten längst nicht alle in den meteorologischen Diensten. Inzwischen findet nur noch ein kleiner Teil der Absolventen in diesem traditionellen Berufsfeld Beschäftigung. Die gründliche naturwissenschaftliche Ausbildung mit soliden Erfahrungen in der Meßtechnik, in der mathematischen Modellierung und in der EDV-technischen Verarbeitung großer Datenmengen qualifiziert Meteorologen auch für vielfältige Aufgaben des Umweltschutzes in Behörden, Technischen Überwachungsvereinen und Consultingbüros sowie zunehmend auch für fachferne Tätigkeiten.

Die Verleihung des Nobelpreises für Chemie im Oktober 1995 an den Meteorologen Prof. Dr. Paul Crutzen, der am Max-Planck-Institut für Chemie in Mainz forscht, unterstreicht die Bedeutung der klassischen Naturwissenschaften für die Erforschung der Umwelt. Crutzen wurde zusammen mit den amerikanischen Chemikern Mario Molina und Sherwood Rowland für »Arbeiten im Bereich der Atmosphäre, insbesondere der Bildung und des Abbaus von Ozon« geehrt.

Umweltschutz (FH Rheinland-Pfalz)

Der bereits 1973 eingerichtete Studiengang Umweltschutz der FH Rheinland-Pfalz, Abteilung Bingen, hat seinen Schwerpunkt auf den Gebieten Ökologie und Landnutzung (biologischer Umweltschutz). Der Studiengang, der noch keine Praxissemester integriert hat, verlangt insgesamt 34 Wochen Praktikum, davon 26 vor Studienbeginn. Der Studiengang teilt sich auf in ein dreisemestriges Grundstudium, ein ebenfalls dreisemestriges Hauptstudium und ein Prüfungssemester. Bewerbungen sind direkt an die Hochschule zu richten.

Für den Studiengang bestehen Zulassungsbeschränkungen. Die Zahl der Bewerber übersteigt die Aufnahmekapazität um ein Mehrfaches. Die Grenznote für die Zulassung lag im WS 94/95 bei 2,1.

Fächer des Grundstudiums:	Mathematik , Datenverarbeitung, Physik, Chemie, Biologie, Bodenkunde, Grundlagen Ingenieurwissenschaft, Konstruktion, Wirtschaftslehre
Fächer des Hauptstudiums (Auswahl):	Umweltmeßtechnik, Wasser-, Abwasser- und Abfalltechnik, Immissionsschutz, Strahlenschutz, Ökologie, Landschaftspflege, Umweltrecht

Wahlpflichtfächer geben dem Studium eine stärkere biologisch-ökologische (z. B. Waldbau, Naturschutz, Landbau) oder eine stärker ingenieurtechnische Ausrichtung (z. B. Energietechnik, Sicherheitstechnik, Umwelttechnik). Angeboten werden ferner Verwaltungsrecht sowie Raumordnung und Landesplanung. Nach einer Absolventenbefragung aus dem Jahre 1991 sind 50 % der Bingener Umweltingenieure im öffentlichen Dienst beschäftigt. 20 % waren in Ingenieur- und Beratungsbüros tätig, überwiegend als Angestellte und nur in wenigen Fällen selbständig. 15 % arbeiteten in der Industrie. Im Beruf dominierte bei der Hälfte der Umweltingenieure der technische Umweltschutz, während der ökologische Umweltschutz bei rund 15 % im Vordergrund stand. Rund 15 % der Absolventen gingen keiner umweltfachlichen Tätigkeit nach.

Angewandte Bodenwissenschaft (FH)

Abschluß:	Diplom-Ingenieurin (FH), Diplom-Ingenieur (FH).
Regelstudienzeit:	8 Semester.
Vorpraktikum:	An der FH Osnabrück Praktikum oder einschlägige Berufsausbildung (gilt als erstes Praxissemester), an der FH Weihenstephan 6 Wochen.
Zulassungsbeschränkungen:	Ja. Auswahlverfahren.
Bewerbungen:	Direkt an die Hochschulen.
Grenznoten:	FH Weihenstephan: 1,6.

Die agrarwissenschaftlichen Fachbereiche der FH Osnabrück und der FH Weihenstephan, die beide auf eine lange Tradition als Lehr- und Forschungsanstalten für Land- und Gartenbau zurückblicken können, haben ihr Studienangebot um einen neuen anwendungsorientierten Studiengang auf dem Gebiet der Bodenwissenschaft erweitert. An der FH Weihenstephan kann man den Studiengang »Umweltsicherung: Boden und Wasser« seit 1993 studieren. Ziel des achtsemestrigen Studiums ist der anwendungsorientierte Ingenieur für Planung, Durchführung und Überwachung von Maßnahmen in Boden- und Gewässerschutz einschließlich der dazu erforderlichen Sanierungsmaßnahmen. Im Grundstudium (2 Semester) werden naturwissenschaftliche Grundlagen (Mathematik, Statistik, Informatik, Physik, Chemie, Biologie sowie Geowissenschaften) und Grundlagen des Rechts gelehrt. Im Hauptstudium (2 Semester) geht es um anwendungsorientierte Fächer (Ökologie, ökologische Chemie, Mikrobiologie, Hydrogeologie, Boden- und Gewässerkunde) sowie um Umweltrecht und Betriebswirtschaft. Im Schwerpunktstudium (2 Semester) sind es Biomonitoring, Umweltanalytik, Landesplanung und Umweltverträglichkeitsprüfung. Hinzu kommt eine Vertiefung in Gewässerschutz und -sanierung oder Bodenschutz und -sanierung.

An der FH Osnabrück hat der Studienbetrieb des neuen Studiengangs Bodenwissenschaften im Sommersemester 1995 begonnen. Dazu die Informations-Broschüre der FH: »Das achtsemestrige Studium zielt sowohl auf den präventiven Natur- und Umweltschutz, in dem es auf die vielfältigen Aufgaben in der Boden- und Umweltanalytik sowie der allgemeinen Bodenkunde vorbereitet, als auch auf den reparierenden Umweltschutz, bei dem es um Methoden und Verfahren in der Bodensanierung / Verfahrenstechnik geht. ... Die angehenden Bodenwissenschaftler sollen Böden als ein sensibles ökologisches System begreifen. Die Studierenden erhalten ein breites naturwissenschaftliches Grundwissen, umfassende Kenntnisse auf dem Gebiet der chemischen, physikalischen und biologischen Bodenkunde sowie der Ökologie. Sanierungstechniken und Kenntnisse in der Bodenanalytik sowie der Landschaftsanalyse, um tragfähige Bodenerhaltungs- und Sanierungskonzepte erarbeiten zu können, gehören ebenso zum Studienprogramm wie der Naturschutz und die Landschaftsökologie.« Im sechsten und siebten Semester wählt der Studierende eine der drei Studienrichtungen:

1. Allgemeine Bodenkunde
2. Boden- und Umweltanalytik
3. Bodensanierung / Verfahrenstechnik

Das achte Semester ist als Praxissemester vorgesehen, in dem zugleich die Diplomarbeit geschrieben wird.

Geographie (Uni)

Abschluß:	Diplom-Geographin, Diplom-Geograph. An einigen Hochschulen Magister Artium (M.A.)
Regelstudienzeit:	9 Semester.
Studiendauer:	Tatsächlich dauert das Studium 12 – 14 Semester.
Promotion:	8 – 10 % der Diplom-Geographinnen und Diplom-Geographen promovieren im Anschluß an das Diplomstudium.
Vorpraktikum:	Nicht erforderlich.
Bewerbungen:	Direkt an die Hochschulen.
Zulassungsbeschränkungen:	Nur an wenigen Hochschulen. Wer mobil ist, findet problemlos einen Studienplatz.
Absolventen:	Jährlich 400 Diplom-Geographinnen und 550 Diplom-Geographen.

Das Geographiestudium wird in Deutschland an über 50 Unis angeboten.[25] Geographie, früher sagte man Erdkunde, war ursprünglich

---

[25] Studien- und Berufswahl, S. 138.

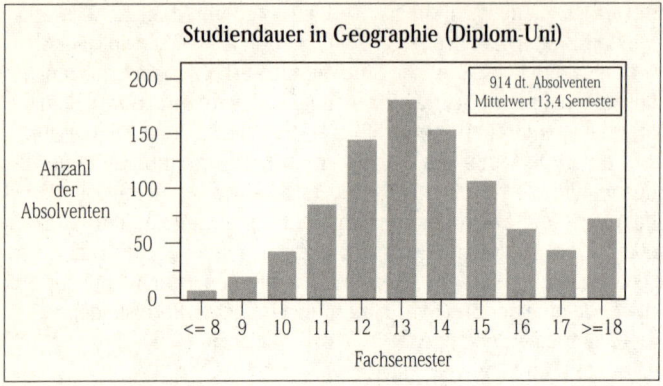

Quelle: Wissenschaftsrat, Daten der amtlichen Hochschulstatistik für Hochschulen im früheren Bundesgebiet, Prüfungsjahrgang 1991.

ein Lehramtsfach. Erst in den 60er und 70er Jahren wurde der Diplomstudiengang eingeführt. Inzwischen gibt es mehr Diplom-Studentinnen und -Studenten als Studierende, die den Lehrerberuf anstreben und das Staatsexamen ablegen wollen. Das Geographiestudium hat an den einzelnen Unis unterschiedliche Schwerpunkte. Es ist entweder naturwissenschaftlich ausgerichtet (Physische Geographie) oder wirtschafts- und sozialwissenschaftlich (Wirtschafts- und Sozialgeographie).

Dem Studiengang und ihren Absolventinnen und Absolventen haftet noch immer das überholte Leitbild des »Länderkundlers« an, der nach Art des »Stadt-Land-Fluß«-Spiels topographische Einzelheiten studiert und auswendig lernt. Heute liegt das Schwergewicht auf den methodischen und politisch-planerischen Inhalten der »raumrelevanten« Themenfelder. Dies sind auf der physisch-geographischen Seite Geologie, Bodenkunde, Klimatologie, Pflanzen- und Gewässerkunde, Ökologie/Umweltschutz sowie auf der sozialgeographischen Seite Teilgebiete der Volkswirtschaftslehre und Soziologie, Stadt- und Verkehrsplanung, Bevölkerungswissenschaften, Landesplanung und regionale Wirtschaftspolitik. Statistik, Kartographie und Luftbildauswertung kommen hinzu.

Geographie – und zwar sowohl der Schwerpunkt Physische Geographie als auch der Schwerpunkt Wirtschafts- und Sozialgeographie – ist ein interdisziplinäres Studium. Die Breite der Ausbildung geht dabei notwendigerweise zu Lasten der Tiefe. Der Geograph ist ein Generalist.

Wichtige Arbeitsgebiete sind Raumplanung, Umweltschutz und Naturschutz. Hier konkurrieren die Geographen mit Absolventen vieler anderer Disziplinen. Dieser Arbeitsmarkt kann in keiner Weise die jährlich größer werdende Zahl neu ausgebildeter Geographen aufnehmen. Diese sind deswegen vermehrt »fachfremd« beschäftigt. Mehr über den Arbeitsmarkt in Kapitel 3 Grüne Berufsfelder, insbesondere Seite 172, 176 und 190.

Naturwissenschaften / Ökologie (Uni Lüneburg)

An der Universität Lüneburg wird im Rahmen des Studiengangs Angewandte Kulturwissenschaften ein Teilstudiengang Naturwissenschaften / Ökologie angeboten, der mit dem Magister abschließt. Dieser Studiengang ist entgegen der Bezeichnung nicht naturwissenschaftlich-analytisch ausgerichtet. Vielmehr soll eine Verbindung kulturwissenschaftlicher, ökologischer und wirtschaftswissenschaftlicher Inhalte erreicht werden. Der Studiengang besteht aus einem Hauptfach (u. a. Ökologie und Umweltbildung) und zwei Nebenfächern (u. a. Naturschutz und Umweltschutz), von denen eines Grundlagen der Rechts- und Wirtschaftswissenschaften ist. Die außergewöhnliche Breite dieses ungewöhnlichen Magister-Studiengangs muß notwendigerweise zu Lasten der wissenschaftlichen Vertiefung gehen. Für den auf 9 Semester angelegten Studiengang ist kein Vorpraktikum erforderlich. Bewerbungen sind direkt an die Hochschule zu richten. 1994/95 lag die Grenznote im Auswahlverfahren bei 2,3.

2.3 Typ B: Umweltstudiengänge mit bodenkundlich-pflanzenbaulicher Ausrichtung (Landnutzungsdisziplinen)

Sie finden in diesem Kapitel Beschreibungen über acht Studiengänge an Universitäten und fünf Studiengänge an Fachhochschulen. Umwelt-Spezialstudiengänge und Spezial-Fachrichtungen sind in Übersicht 5 mit einem * gekennzeichnet.

Übersicht 5: Umweltstudiengänge mit bodenkundlich-pflanzenbaulicher Ausrichtung

Universitäten	Fachhochschulen

Agrarwissenschaften
  Fachrichtung Umwelt u. ä.*
  Fachrichtung Naturschutz*
Agrarwirtschaft
  Schwerpunkt Ökologischer Landbau*
Ökologische Umweltsicherung*
Agrarökologie*
Agrarbiologie
Gartenbauwissenschaften
Fischwirtschaft und Gewässerbewirtschaftung
Forstwissenschaft
	Agrarwissenschaft
	  Fachrichtung Umwelt u. ä.*
	Agrarhandel / Agrarmarketing
	Oenologie / Weinbau
	Gartenbau
	Forstwissenschaft

Während die Naturwissenschaften vor allem nach den Naturgesetzen fragen, beschäftigen sich die Landnutzungsdisziplinen mit der Nutzung der Natur durch den Menschen. Im Vordergrund stehen Züchtung, Anbau und Verwertung von Kulturpflanzen in Feld und Wald. Die interdisziplinären (von verschiedenen Fachdisziplinen getragenen) Studiengänge der Landnutzungsdisziplinen beginnen mit einem naturwissenschaftlichen Grundstudium. Hinzu kommen Grundkenntnisse der Wirtschaftswissenschaften (Volks- und Betriebswirtschaftslehre) sowie der Produktionstechnik. In den Fachrichtungen des Hauptstudiums ist die Ausbildung je nach Wahl des Studierenden entweder betriebswirtschaftlich-ökonomisch oder naturwissenschaftlich-produktionstechnisch geprägt. Das Studium der Landnutzungsdisziplinen hat damit Parallelen zum Studium des Wirtschaftsingenieurwesens. Die in den Landnutzungsdisziplinen ausgebildeten Diplom-Ingenieure können daher als »Diplom-Wirtschaftsingenieure für Landnutzung« bezeichnet werden.

Umwelt ist für die Landnutzungsdisziplinen kein neues Thema. Das Konzept des nachhaltigen Wirtschaftens, das heute zum Prinzip für die ökologische Wirtschaftsweise schlechthin gemacht wird (sustainable development), stammt aus der Forstwirtschaft. Dort wurde es bereits im 18. Jahrhundert entwickelt als Antwort auf Erosionsschäden und Verkarstung von Landschaften, die durch großflächige Abholzungen entstanden waren. In den letzten Jahrzehnten dieses Jahrhunderts gerieten die Grundsätze der nachhaltigen, umweltverträglichen Bewirtschaftung in Land- und Forstwirtschaft allerdings vielfach in Vergessenheit. Die Anwendung des raschen chemischen, biologischen und technischen Fortschritts machte die moderne Forst- und Agrarwirtschaft zu einer der Verursacherinnen von Umweltschäden. Dies ist eine Folge der Erkenntnisfortschritte der Landnutzungsdisziplinen, die ihre grüne Unschuld längst verloren haben.

Seit dem Ende der 70er Jahre beschäftigten sich die Landnutzungsdisziplinen verstärkt mit der natürlichen Umwelt in der Kulturlandschaft. Die Forstwissenschaften beteiligen sich maßgeblich an großen Forschungsprojekten zur Waldschadensforschung, und auch in den Agrarwissenschaften befassen sich Wissenschaftler verstärkt mit den Umweltschäden moderner Produktionsmethoden. In Kooperation mit den Naturwissenschaften engagieren sich die Landnutzungsdisziplinen in der modernen interdisziplinären Ökosystemforschung. Und auch in der Lehre rücken Umweltthemen rasch nach vorne. Die Wechselbeziehungen zwischen Landnutzung und Umwelt, umweltverträgliche Produktionsverfahren und die Ökonomie der Nutzung natürlicher Ressourcen gehören inzwischen zum Standardlehrprogramm der Landnutzungsdisziplinen.

Agrarwissenschaft (Uni)

Abschluß:	Diplom-Agraringenieurin, Diplom-Agraringenieur (Dipl. Ing. agr.).
Regelstudienzeit:	9 Semester.
Studiendauer:	Tatsächlich benötigen die meisten Absolventen 10 – 11 Semester.
Promotion:	20 – 30 % der Dipl. Ing. agr. promovieren im Anschluß an die Diplomprüfung.
Vorpraktikum:	6 Monate in einem anerkannten landwirtschaftlichen Betrieb; in Hohenheim und München 12 Monate. Interessenten erkundigen sich bei den in Frage kommenden Hochschulen nach den aktuellen Regelungen.
Bewerbungen:	Direkt an die Hochschulen.
Zulassungsbeschränkungen:	Seit mehreren Semestern nicht mehr wirksam. Ein deutlicher Rückgang der Anfängerzahlen hat gute Studienbedingungen für die Studierenden zur Folge.
Studienmöglichkeiten:	Unis Berlin (HU), Gießen, Göttingen, Halle-Wittenberg, Hohenheim, Kassel (Standort Witzenhausen), Kiel, Rostock, TU München (Standort Weihenstephan).
Absolventen:	Jährlich 400 Diplom-Agraringenieurinnen und 700 Diplom-Agraringenieure.

Die Agrarwissenschaften beschäftigen sich mit der wirtschaftlichen Nutzung und Pflege des Bodens durch Pflanzenbau und Tierhaltung. Im Grundstudium (4 Semester) werden naturwissenschaftliche Grundlagen (Mathematik, Physik, Statistik, Chemie, Botanik und Zoologie) sowie Volkswirtschaftslehre gelehrt. Im zweiten Jahr des Grundstudiums folgen Einführungen in Pflanzenproduktion, Bodenkunde, Tierproduktion, Landtechnik sowie Agrarökonomie. Im Hauptstudium (einschließlich Diplomarbeit 5 Semester) ist eine von vier (an einigen Hochschulen fünf) Fachrichtungen zu wählen:

Pflanzenproduktion
Tierproduktion
Agrarökonomie
Landnutzung und Umwelt
Landtechnik (nur Hohenheim)
Tropische Agrarwissenschaft (nur Hohenheim)

In der Fachrichtung Pflanzenproduktion werden Veranstaltungen zum Thema ökologischer Landbau angeboten, ebenso gehören Themen wie Düngung und Nährstoffhaushalt, Naturschutz und Bodenbewirtschaftung, Bodenökologie sowie Umweltökonomie zum Lehrangebot der Agrarwissenschaftlichen Fakultäten.

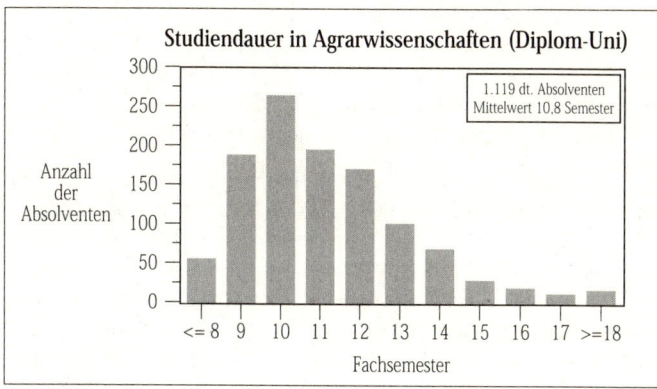

Quelle: Wissenschaftsrat, Daten der amtlichen Hochschulstatistik für Hochschulen im früheren Bundesgebiet, Prüfungsjahrgang 1991.

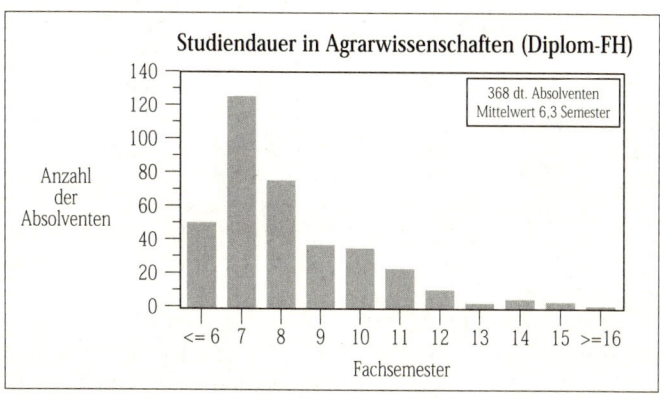

Quelle: Wissenschaftsrat, Daten der amtlichen Hochschulstatistik für Hochschulen im früheren Bundesgebiet, Prüfungsjahrgang 1992.

Inhalte und Bezeichnung der vierten Fachrichtung Landnutzung und Umwelt sind an den einzelnen Hochschulen unterschiedlich. Die offiziellen Bezeichnungen lauten:

Uni Bonn: Naturschutz und Landschaftsökologie
Uni Gießen: Umweltsicherung und Entwicklung ländlicher Räume
Uni Göttingen: Landwirtschaft und Umwelt
Uni Halle-Wittenberg: Bodenschutz und Umweltgestaltung
Uni Kiel: Landschaftsentwicklung
Uni Rostock: Agrarökologie (grundständiger Studiengang)
TU München: Landbewirtschaftung und Umwelt

An der Landwirtschaftlich-Gärtnerischen Fakultät der Humboldt-Universität Berlin (HU Berlin), die 1992 durch Fusion aus den agrarwissenschaftlichen Instituten der TU Berlin mit der Fakultät für Land- und Gartenbau der HU Berlin entstanden ist, wird keine eigenständige Fachrichtung »Landnutzung und Umwelt« angeboten. Vielmehr gehören Fachgebiete wie Grundlagen der Ökologie, Ökologie der Ressourcennutzung, Gartenbau- und Agrarökologie, Nutztierökologie, Ressourcenökonomie und Ökologie der Agrarlandschaften zum Ausbildungsprogramm der drei klassischen Fachrichtungen Pflanzenproduktion, Tierproduktion und Agrarökonomie.

An der Uni Hohenheim wird ebenfalls keine eigenständige Fachrichtung »Landnutzung und Umwelt« angeboten. Vielmehr werden Lehrveranstaltungen zum Thema Grundzüge der Ökologie, Agrarökologie, Ökologische Bodenkunde, Ökologie der Tropen und Subtropen, Ökologischer Landbau und Ökonomik natürlicher Ressourcen als Pflicht- oder Wahlfächer für alle Studienrichtungen angeboten. Bei entsprechender Schwerpunktsetzung wird der Zusatz »Vertiefungsrichtung Umwelt« im Diplomzeugnis der Dipl.-Ing. agr. ausgewiesen. In Hohenheim kann ferner das Fach »Umwelttechnik im Agrar- und Kommunalbereich« als Schwerpunkt der Fachrichtung Agrartechnik gewählt werden.

Die erste spezifisch auf Umwelt ausgerichtete Fachrichtung des Agrarstudiums wurde bereits 1975 an der Uni Gießen eingerichtet. Das Interesse der Studenten an dieser neuen Fachrichtung ist groß. Seit mehreren Jahren hat diese Fachrichtung mehr Absolventen als jede andere. Hier sind die Fachgebiete Landschaftsökologie, Landeskultur, Landschaftsentwicklung, Bodennutzung und -erhaltung, Umweltanalytik, Abfallwirtschaft und Abfallbiologie sowie Regional- und Projektplanung als Haupt- oder Wahlpflichtfächer vertreten.

Ziel der seit 1989 von der Uni Kiel angebotenen Fachrichtung Landschaftsentwicklung ist die Ausbildung eines Dipl.-Ing. agr. mit den Schwerpunkten Landschaftsökologie, Boden- und Umweltschutz sowie Landschaftsplanung. Die spezifischen Inhalte dieser bei den Studierenden stark gefragen neuen Fachrichtung werden in den drei Kernfächern Ökosystemanalyse, Landschaftsbelastung und -schutz sowie Landschaftsplanung angeboten.

Mit der Fachrichtung Ökologie und Naturschutz an der Uni Bonn wurde erstmals eine Naturschutzausbildung als Schwerpunkt des agrarwissenschaftlichen Studiums eingerichtet. Die Bonner Fachrichtung integriert Landnutzung und Landnaturschutz. Sie besteht aus den Fächern Naturschutz und Landschaftspflege (Vegetationskunde, Tierökologie und Limnologie, Artenschutz, Biotopkartierung und -bewertung), Landschaftsökologie (Meteorologie und Hydrologie, Bodenkunde und Geoökologie, Ökosysteme und ihre Belastung), Pflanzenproduktion, Tierproduktion, Landschaftsplanung und Landeskultur sowie Agrar- und Umweltökonomie.

Aquakultur (Fischwirtschaft) ist ein Arbeitsschwerpunkt an der Agrarwissenschaftlichen Fakultät der Uni Göttingen und kann dort in der Fachrichtung Tierproduktion gewählt werden. Themen von Forschung und Lehre sind a) marktbezogene Produktionssysteme von der Teichwirtschaft bis zur Kreislauftechnologie, b) Fisch als Nutztier von der Züchtungsforschung bis zur Qualitätssicherung und c) Pflege der Gewässer in Systemen ökologisch ausgewogener Landnutzung. Eine weitergehende Spezialisierung auf Fischwirtschaft und Gewässerbewirtschaftung ist an der Landwirtschaftlich-Gärtnerischen Fakultät der HU Berlin möglich. Dort wird Fischwirtschaft und Gewässerbewirtschaftung als eigenständiger Diplomstudiengang angeboten (siehe Stichwort Fischwirtschaft).

Das Berufsfeld der Dipl.-Ing. agr. war früher durch Tätigkeiten in der Agrar- und Kulturverwaltung (Landwirtschaftskammern, Landwirtschafts- und Kulturämter, Pflanzenschutz- und Tierzuchtämter), in der Beratung (staatlich oder firmengebunden), in der Berufsausbildung (Berufsschulen), in der Weiterbildung (Fachschulen für Landwirtschaft und Gartenbau) und in der Forschung (Hochschulen, Forschungsanstalten sowie Forschungs- und Untersuchungsstellen der Industrie) bestimmt. Der weitaus wichtigste Arbeitgeber war der öffentliche Dienst. In der landwirtschaftlichen Produktion (landwirtschaftliche Großbetriebe und industriell organisierte Tierzuchtunternehmen) waren und sind höchstens 10 – 15 % der an den Universitäten ausgebildeten Dipl.-Ing. agr. tätig. Der Strukturwandel in der Landwirtschaft führt seit den 70er Jahren zu einem noch nicht abgeschlossenen Rückgang der Beschäftigungsmöglichkeiten für Dipl.-Ing. agr. im öffentlichen Dienst.

Aufgrund ihrer breiten naturwissenschaftlich-ökonomischen Ausbildung haben Dipl.-Ing. agr. ihr Berufsfeld zunehmend in Richtung Industrie- und Dienstleistungsfirmen, die mehr oder weniger eng auf den Agrarsektor ausgerichtet sind, erweitern können – ebenso in Richtung Umwelt- und Naturschutz. Eine aktuelle Untersuchung über das Berufsfeld der Hohenheimer Diplom-Agraringenieure ergibt, daß nur noch 49 % der Absolventen der Jahrgänge 1984 – 1993 ihre berufliche Tätigkeit der Agrar- und Ernährungswirtschaft zuordnen, 11 % dem Umweltschutz und 25 % beide Stichworte nennen. 15 % haben ihren Beruf außerhalb des agrar- oder umweltbezogenen Tätigkeitsfeldes gefunden.[26] Es zeigt sich, daß der »klassische« Aufgabenbereich im öffentlichen Dienst rasch an Bedeutung verliert, während umgekehrt der Umweltsektor sowie insbesondere der Industrie- und Dienstleistungsbereich mit vielfach nur noch geringem Bezug zur Agrarproduktion an Bedeutung gewinnt.

Erwartungsgemäß sind die Absolventen der auf Umwelt ausgerichteten Fachrichtungen besonders häufig in Berufen des Umwelt- und Naturschutzes tätig. Eine Untersuchung über den Berufsverbleib der Gießener Absolventen ergab, daß rund 50 % im öffentlichen Dienst untergekommen waren.[27] Nach Unternehmensbereichen ergab sich folgende Reihenfolge (in abnehmender Bedeutung):

---

[26] Wolfgang Bischoff: Berufliche Tätigkeiten der Diplom-Agraringenieure und Diplom-Agrarbiologen. Hohenheim 1994.
[27] Thomas Heyer: Berufsfeld und Studieneinschätzung von AbsolventInnen der Fachrichtung Umweltsicherung und Entwicklung ländlicher Räume. Diplomarbeit, Gießen 1993.

- Planungsbüros für Landschaftsplanung und Umwelt
- Behörden für Natur- und Umweltschutz
- Behörden für Abfallwirtschaft
- Hochschulen, Forschungsinstitute
- Altlastensanierung (Behörden, Ingenieurbüros)
- Landwirtschaftsbehörden.

Diese Ergebnisse verdeutlichen, daß Absolventen der »klassischen« Landnutzungsdisziplinen bei entsprechender Schwerpunktsetzung Berufsfelder im Umwelt- und Naturschutz erschließen und dort als »Umweltingenieur« tätig werden können.

Agrarwirtschaft (UGH Kassel, Standort Witzenhausen)

Der Diplomstudiengang Agrarwirtschaft in Witzenhausen ist ein Unikat. Es handelt sich um einen universitären Kurzstudiengang, der – vergleichbar mit einem FH-Studium – auf die Berufspraxis in der Landwirtschaft (einschließlich vor- und nachgelagerter Sektoren) orientiert ist. Der Studiengang setzt, wie bei integrierten Studiengängen von Gesamthochschulen üblich, Abitur oder FH-Reife voraus und führt zum Abschluß Diplom-Ingenieurin, Diplom-Ingenieur der Fachrichtung Agrarwirtschaft. Dieser Abschluß berechtigt nicht zur Promotion (siehe unten »Ökologische Umweltsicherung«). Der Studiengang besteht aus sechs Theoriesemestern und einem integrierten Praxissemester (in Witzenhausen »II. Berufspraktische Studien« genannt), das zwischen dem vierten und dem fünften Theoriesemester liegt. Das Studium beginnt mit den I. Berufspraktischen Studien, die über ein volles Jahr laufen. Als Besonderheit ist zu beachten, daß – anders als beim Vorpraktikum – die Teilnehmer der I. Berufspraktischen Studien bereits als Studierende an der UGH immatrikuliert sind. Die I. Berufspraktischen Studien werden erlassen, wenn der Bewerber bereits eine einschlägige Berufsausbildung hat.

Der Studiengang beginnt mit zwei Semestern Grundstudium, in dem vorwiegend die naturwissenschaftlichen Grundlagen gelehrt werden. Im anschließenden zweisemestrigen Kernstudium werden Ackerbau, Pflanzenproduktion, Tierproduktion, Agrartechnik, Betriebswirtschaft und Agrarpolitik gelehrt. Im abschließenden Schwerpunktstudium werden als Alternativen angeboten:

• Schwerpunkt Betriebswirtschaft
• Schwerpunkt Pflanzenproduktion
• Schwerpunkt Tierproduktion
• Schwerpunkt Ökologischer Landbau
• Schwerpunkt Internationale Agrarwirtschaft

Der Schwerpunkt »Ökologischer Landbau« wird seit 1993 angeboten. Er gibt dem Standort Witzenhausen und dem Studiengang Agrarwirtschaft ein besonderes Profil. Das Fachgebiet »Ökologischer Landbau« ist überregional bekannt geworden durch Arbeiten über Bioabfallkompostierung, Umstellung von konventionellem auf ökologischen Landbau, Eignung von Getreide- und Kartoffelsorten für den ökologischen Landbau und zur Nutztierethologie (Verhaltensforschung bei Nutztieren).

Für den Studiengang gelten seit mehreren Jahren keine Zulassungsbeschränkungen. Bewerbungen richten Sie direkt an die Hochschule.

Ökologische Umweltsicherung (UGH Kassel, Standort Witzenhausen)

Nach dem Kasseler Konzept für integrierte Studiengänge, das den konsekutiven Aufbau der Diplomstudiengänge mit Diplom I (nach 6 Theoriesemestern) und die Möglichkeit eines anschließenden Weiterstudiums zum Diplom II vorsieht, wird in Witzenhausen ein Aufbaustudium angeboten. Der viersemestrige Aufbaustudiengang »Ökologische Umweltsicherung« steht Absolventen des Witzenhausener Agrarstudiums und ebenso Absolventen anderer Hochschulen offen. Absolventen von FH-Studiengängen der Landnutzungsdisziplinen haben vor Aufnahme in das Aufbaustudium ein in der Regel zweisemestriges Qualifikationsstudium zu absolvieren. Der Aufbaustudiengang befaßt sich mit Methoden des ökologischen Landbaus, der Agrarchemie/Ökochemie, der Humus- und Abfallwirtschaft und der umweltgerechten Tierhaltung. Der Aufbaustudiengang führt zum »Diplom-

Ingenieur für Umweltsicherung«. Der erfolgreiche Abschluß ermöglicht die direkte Zulassung zur Promotion an der UGH Kassel. Das Studium beginnt jeweils zum Sommersemester. Zulassungsbeschränkungen bestehen nicht. Bewerbungen sind direkt an die Hochschule zu richten.

Agrarbiologie (Uni Hohenheim)

Abschluß:	Diplom-Agrarbiologin, Diplom-Agrarbiologe (Dipl.-Agr. Biol.)
Regelstudienzeit:	9 Semester.
Promotion:	In den Angaben für Agrarwissenschaften enthalten.
Studiendauer:	Die tatsächliche Studienzeit liegt bei 10 – 11 Semestern.
Vorpraktikum:	3 Monate.
Bewerbungen:	Direkt an die Hochschule.
Zulassungsbeschränkungen:	Ja. WS 94/95 wurden erstmals alle Bewerber zugelassen.
Absolventen:	In den Angaben für Agrarwissenschaften enthalten.

Der Studiengang Agrarbiologie mit den beiden Fachrichtungen Pflanzenproduktion und Tierproduktion kann nur an der Uni Hohenheim studiert werden. Er konzentriert sich stärker als das übliche Agrarstudium auf die biologischen Grundlagen, die zu Lasten der produktionstechnischen und wirtschaftswissenschaftlichen Inhalte des klassischen Agrarstudiums betont werden. Als Vertiefungsrichtung wird Ökotoxikologie und Umweltanalytik angeboten.

In der bereits erwähnten Untersuchung über die beruflichen Tätigkeiten der von 1984 bis 1993 in Hohenheim ausgebildeten Agrarbiologen ordneten 59 % der Absolventen ihren Arbeitsplatz dem Bereich Umweltschutz zu (Behörden, Entsorgungsunternehmen, Consulting- und Ingenieurbüros, Untersuchungs- und Forschungseinrichtungen, Garten- und Landschaftsbau). Die Studie kommt zu dem Schluß: »Die Agrarbiologen sind aufgrund des stärkeren naturwissenschaftlichen Bezugs häufiger in der Forschung tätig und arbeiten auch häufiger für Institutionen im Umwelt- und Naturschutz als die Diplom-Agraringenieure«.

Agrarwissenschaft / Landwirtschaft (FH)

Abschluß:	Diplom-Ingenieurin (FH), Diplom-Ingenieur (FH).
Regelstudienzeit:	8 Semester, darunter 1 – 2 Praxissemester.
Studiendauer:	Die tatsächliche Studienzeit liegt zwischen 8 und 9 Semestern.
Vorpraktikum:	FH Weihenstephan 6 Wochen, FH Anhalt 13 Wochen, FH Kiel und FH Osnabrück 12 Monate in einem anerkannten landwirtschaftlichen Betrieb. Interessenten sollten sich bei den in Frage kommenden FHs nach den dortigen aktuellen Regeln erkundigen.
Bewerbungen:	Direkt an die Hochschulen.
Zulassungsbeschränkungen:	Überwiegend nein. Der Rückgang der Anfängerzahlen hat zu guten Studienbedingungen geführt.
Grenznoten:	Alle Bewerber haben einen Studienplatz erhalten.
Absolventen:	Jährlich knapp 100 Frauen und 300 Männer.

Der Studiengang wird an zehn Hochschulen angeboten:

- FH Anhalt (Standort Bernburg)
- FH Dresden (Standort Pillnitz)
- FH Kiel (Standort Rendsburg)
- FH Neubrandenburg
- FH Nürtingen
- FH Osnabrück
- UGH Paderborn (Standort Soest)
- FH Rheinland-Pfalz (Standort Bingen)
- FH Weihenstephan (Standort Weihenstephan)
- FH Weihenstephan (Standort Triesdorf)

Der FH-Studiengang hat einen stärkeren Praxisbezug als der Uni-Studiengang. Im Grundstudium (2 Semester) werden naturwissenschaftliche Grundlagen (Mathematik, Physik, Chemie, Biologie und Bodenkunde) sowie Volkswirtschaftslehre gelehrt. Im Hauptstudium (2 Semester) beschäftigen sich die Studierenden mit den Grundlagen der Pflanzenproduktion, der Tierproduktion, der Agrarökonomie und der Landtechnik. Im abschließenden Schwerpunktstudium (2 Semester, Diplomarbeit) spezialisieren sich die Studierenden auf einen von drei bis vier Schwerpunkten:

Pflanzenproduktion
Tierproduktion
Wirtschaftslehre des Landbaus / Agrarökonomie
Agrarmanagement (nur FH Osnabrück)
Ökologischer Landbau (nur FH Anhalt, Standort Bernburg)
Landtechnik und Bauwesen (nur FH Weihenstephan, Standort Weihenstephan)
Vieh- und Fleischwirtschaft (nur FH Weihenstephan, Standort Triesdorf)

An allen agrarwissenschaftlichen Fachbereichen werden Veranstaltungen in den umweltbezogenen Fächern Ökologischer Landbau, Landnutzung und Bodenschutz und Ressourcenökonomie angeboten.

Die Absolventen des FH-Agrarstudiums haben ein breites Berufsfeld, das von der Leitung größerer Agrarbetriebe über den Agrarhandel, die Nahrungsmittel- und die Zulieferindustrie bis in die Agrarverwaltung und die staatliche oder private Beratung reicht. Im Vergleich zu den Dipl.-Ing. agr. von den Unis haben betriebswirtschaftlich-produktionstechnisch ausgerichtete Tätigkeiten im Agrarsektor und in den eng mit der Landwirtschaft verbundenen Branchen eine deutlich größere Bedeutung. Da der Strukturwandel im Agrarsektor zu weniger Beschäftigten, gleichzeitig aber zu einem höheren Qualifikationsbedarf führt, ist der Arbeitsmarkt für die FH-Absolventen mit praxisorientierter Ausbildung relativ freundlich geblieben. In diesem wie in den anderen Studiengängen haben FH-Absolventen weniger Probleme beim Übergang in den Beruf als Uni-Absolventen.

Der Fachbereich Landbau der FH Kiel (Standort Rendsburg) führt regelmäßig Befragungen über den Berufsverbleib der Absolventen durch. Von den Absolventen der Jahrgänge 1988 – 1993 wurden rund 40 % als landwirtschaftliche Unternehmer tätig, jeweils rund 5 % in der Beratung, bei Maschinenringen, in der Agrarverwaltung, im Landhandel, bei Genossenschaften, in der Tier- und Pflanzenzucht sowie bei Verbänden. Trotz des Strukturwandels in der Landwirtschaft und der gesamtwirtschaftlichen Rezession sind die praxisorientierten Dipl.-Ing. agr. (FH) vom Arbeitsmarkt gut aufgenommen worden.

Agrarhandel / Agrarmarketing (FH)

In Hinblick auf den wachsenden Bedarf an qualifizierten betriebs-
wirtschaftlich ausgebildeten Mitarbeitern im Agrarhandel und in der
Ernährungswirtschaft hat die FH Rheinland-Pfalz, Abteilung Bingen,
1992 einen neuen agrarökonomischen Studiengang entwickelt. Der
Studiengang »Internationaler Agrarhandel« kombiniert betriebswirtschaftliche und produktionstechnische Inhalte und führt nach acht Semestern zum Diplom-Wirtschaftsingenieur (FH). Der Schwerpunkt
des Studiums liegt im betriebswirtschaftlichen Bereich.

Die FH Weihenstephan (Standort Weihenstephan) bietet seit 1993
Agrarmarketing und Agrarmanagement als neuen Studiengang an.
Die Verbindung von Lehrinhalten aus der landwirtschaftlichen Pro-
duktionstechnik mit denen aus der Betriebswirtschaft, insbesondere
Marketing und Management soll den Diplom-Wirtschaftsingenieuren
(FH) neue Berufschancen eröffnen.

An der FH Anhalt (Standort Bernburg) wird Agrarhandel als Fachrichtung des Agrarstudiums angeboten. Das Studium schließt mit dem
Dipl.-Ingenieur agr. (FH) ab.

In allen drei Studiengängen wurden die Zulassungsbeschränkungen
nicht wirksam. Richten Sie Ihre Bewerbung direkt an die jeweilige
Hochschule.

Oenologie / Weinbau

Oenologie bedeutet die Kunde vom Wein und hat mit Ökologie nichts
zu tun. Dieses Fach wird an der Uni Gießen in Zusammenarbeit mit
Wissenschaftlern der Weinbauforschungsanstalt Geisenheim als zwei-
semestriger Aufbaustudiengang für Absolventen des FH-Studiengangs
Weinbau angeboten. Der Studiengang führt zum Dipl.-Ing. agr. (Uni).

Den grundständigen Spezialstudiengang Weinbau kann man an der
FH Wiesbaden (Standort Geisenheim) sowie an der FH Heilbronn stu-
dieren. Der Studiengang schließt mit dem Dipl.-Ing. agr. (FH) ab. In
Geisenheim und ebenso in Heilbronn werden die fachspezifischen
Lehrgebiete über den Anbau und die Verarbeitung einschließlich der
Kellerwirtschaft von Wissenschaftlern der örtlichen, eng mit den

Fachhochschulen kooperierenden Forschungsanstalten für Weinbau vertreten. Die Beziehungen zwischen dem Anbau von Wein und der Umwelt im Weinberg werden zunehmend beachtet. So ist es auch kein Widerspruch, wenn Oenologie und Ökologie zusammenfinden.

An der FH Heilbronn lag die Grenznote im WS 94/95 bei 2,9. An der FH Wiesbaden wurden alle Bewerberinnen und Bewerber zugelassen. Richten Sie Ihre Bewerbungen direkt an die Hochschulen.

Angewandte Bodenwissenschaft, Umweltsicherung: Boden und Wasser (FH)

Drei bodenkundliche Studiengänge mit Inhalten aus den angewandten Naturwissenschaften, den Landnutzungsdisziplinen und den Ingenieurwissenschaften sind bereits in Kapitel 2.2 behandelt worden:

- Umweltschutz (FH Rheinland-Pfalz, Abt. Bingen)
- Bodenwissenschaften (FH Osnabrück)
- Umweltsicherung: Boden und Wasser (FH Weihenstephan)

Gartenbauwissenschaften (Uni)

Abschluß:	Diplom-Agraringenieurin, Diplom-Agraringenieur (Dipl.-Ing. agr.).
Regelstudienzeit:	9 Semester.
Studiendauer:	Tatsächlich benötigen die meisten Absolventen 10 – 11 Semester.
Promotion:	10 – 15 % der Dipl.-Ing. agr. promovieren im Anschluß an das Diplomstudium.
Vorpraktikum:	6 Monate.
Bewerbungen:	Direkt an die Hochschulen.
Zulassungsbeschränkungen:	Seit einigen Jahren bestehen keine Zulassungsbeschränkungen mehr.
Absolventen:	Jährlich rund 200 Absolventinnen und Absolventen. Der Frauenanteil liegt bei 50 – 60 %.
Studienmöglichkeiten:	HU Berlin
	Uni Hannover
	TU München (Standort Weihenstephan)

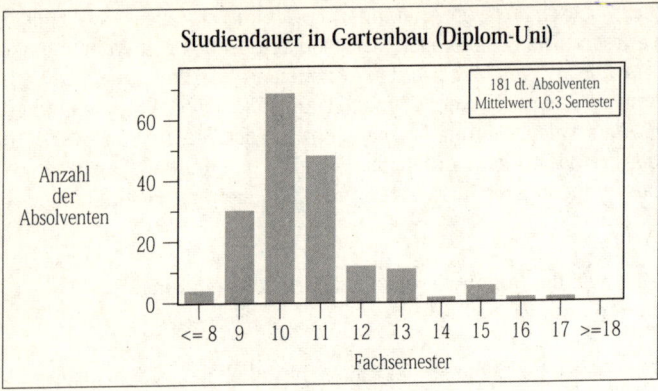

Quelle: Wissenschaftsrat, Daten der amtlichen Hochschulstatistik für Hochschulen im früheren Bundesgebiet, Prüfungsjahrgang 1991.

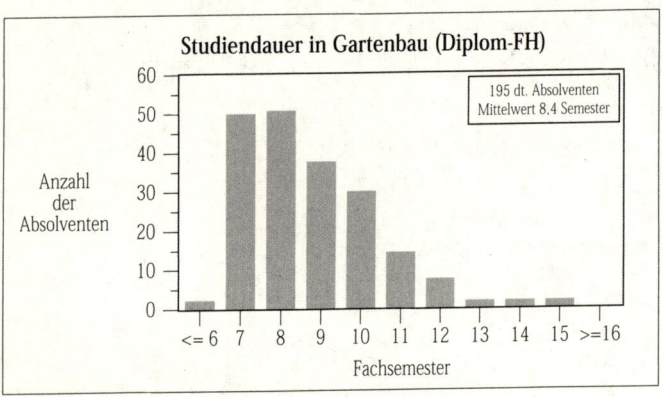

Quelle: Wissenschaftsrat, Daten der amtlichen Hochschulstatistik für Hochschulen im früheren Bundesgebiet, Prüfungsjahrgang 1992.

Das Studium der Gartenbauwissenschaften ist ein agrarwissenschaftlicher Spezialstudiengang mit naturwissenschaftlichen, technischen und ökonomischen Grundlagen. In dem anwendungsorientierten Studium erhalten die Studierenden wissenschaftliche Grundlagen und berufsbezogene Kenntnisse für die Anzucht, Züchtung, Nutzung, Vermarktung, Pflege und Erhaltung vieler Pflanzenarten. Im Mittelpunkt stehen einmal eßbare Pflanzenorgane (Obst und Gemüse), zum anderen Pflanzen, die zur Kultur der Industrie- und Dienstleistungsgesellschaft gehören (Zierpflanzen, Stauden und Gehölze). Hierbei spielen sowohl der Schutz einheimischer Pflanzen als auch die Einbürgerung von Arten aus aller Welt eine Rolle.

In der Informationsbroschüre über das Gartenbaustudium an der TU München (Standort Weihenstephan) lesen wir: »In interdisziplinärer Zusammenarbeit mit den Nachbardisziplinen Biologie, Agrar- und Forstwissenschaften, Landespflege, Ernährungswissenschaften und Lebensmitteltechnologie entstehen umweltschonende und ressourcensparende Kulturverfahren, Methoden zur Anzucht und Pflege von Pflanzen für die Entwicklung heimischer Ökosysteme, Beiträge zur gesunden Ernährung, zur Züchtung neuer und krankheitsresistenter Sorten sowie Grundlagen der Unternehmensführung und der Organisation der Gartenbauwissenschaft. Durch die Wahl unterschiedlicher Fächerkombinationen können Schwerpunkte gebildet werden, z. B. pflanzenbaulich-züchterisch-naturwissenschaftliche oder pflanzenbaulich-technisch-ökonomische Ausrichtungen.«

Das Studium gliedert sich in zwei viersemestrige Abschnitte mit dem Vordiplom nach dem vierten Semester. Im ersten Jahr des Grundstudiums sind die Grundlagenfächer Biologie, Chemie, Physik, Mathematik und Statistik, Ökonomie (Volkswirtschaftslehre und Umweltökonomie), Ökologie, Meteorologie und Gärtnerischer Pflanzenbau zu studieren. Im zweiten Jahr gibt es Pflicht- und Wahlpflichtfächer, die aus einer Fächerliste gewählt werden, die von den Naturwissenschaften (Biochemie, Bodenkunde etc.) über Gartenbauökonomie (Betriebswirtschaftslehre, Rechnungswesen, Marktlehre und Marketing) bis zum Gärtnerischen Pflanzenbau (Gemüsebau, Obstbau, Zierpflanzenbau, Baumschule und Freipflanzenkunde) reicht. Im Hauptstudium werden Schwerpunkte gesetzt, die auf einer vom Studierenden getroffenen Auswahl der Fächer des zweiten Studienjahres aufbauen und diese vertiefen. Die Fakultäten setzen für das Hauptstudium unterschiedliche Schwerpunkte. An der Uni Hannover wird ein expliziter Schwerpunkt Ökologie und Umweltschutz angeboten.

Der Arbeitsmarkt für Absolventen des Gartenbaustudiums hat sich im Vergleich mit dem Arbeitsmarkt für Naturwissenschaftler (insbesondere Biologen, Geowissenschaftler, Geographen) auch in konjunkturell schwierigen Zeiten noch als aufnahmefähig erwiesen. Dies gilt für Uni- und FH-Absolventen gleichermaßen. Anders als die Absolventen des Agrar- und Forststudium sind die Gartenbauingenieure weniger vom Strukturwandel des Agrarsektors und von rückläufigen Einstellungen für den Staatsdienst betroffen.

Gartenbau (FH)

Abschluß:	Diplom-Ingenieurinnen (FH), Diplom-Ingenieur (FH).
Regelstudienzeit:	8 Semester, davon 1 – 2 Praxissemester.
Studiendauer:	Die tatsächliche Studienzeit liegt bis zu einem Semester über der Regelstudienzeit.
Vorpraktikum:	Von FH zu FH unterschiedlich, zum Beispiel an der FH Osnabrück 12 Monate. Interessenten wird empfohlen, sich an der FH ihrer Wahl nach den aktuellen Regeln zu erkundigen.
Bewerbungen:	Direkt an die Hochschulen
Zulassungsbeschränkungen:	Ja, aber meist nicht wirksam.
Grenznoten:	FH Weihenstephan: 2,4. An den anderen FHs wurden alle Bewerber zugelassen.
Absolventen:	Jährlich rund 250. Der Frauenanteil liegt bei 50 %.

Der Studiengang wird an sechs Hochschulen angeboten:

- TFH Berlin
- FH Dresden (Standort Pillnitz)
- FH Erfurt
- FH Osnabrück
- FH Wiesbaden (Standort Geisenheim)
- FH Weihenstephan (Standort Weihenstephan)

Der FH-Studiengang Gartenbau betont die Produktionstechnik und das betriebliche Management und ist mehr als der Uni-Studiengang auf Führungsaufgaben in Gartenbaubetrieben ausgerichtet. Im Grundstudium (2 Semester) werden die naturwissenschaftlichen Grundlagen (Mathematik, Statistik, Physik, Chemie, Bodenkunde,

Botanik), angewandte Fächer wie Agrarmeteorologie, Versuchswesen und gärtnerischer Pflanzenbau sowie Volkswirtschaftslehre gelehrt. Im dritten und vierten Studiensemester sind es die Fächer Baumschulwesen, Gemüsebau, Pflanzenernährung, Pflanzenschutz, Obstbau, Pflanzenzüchtung, Zierpflanzenbau sowie Betriebswirtschaft und Gartenbautechnik. Im fünften und sechsten Studiensemester setzen die Studierenden Schwerpunkte, z. B. im Baumschulen- und Staudenbau, Obstbau, Zierpflanzenbau, Gemüsebau oder Betriebswirtschaft. Die Regelungen über die Schwerpunktbildungen unterscheiden sich von Hochschule zu Hochschule. Die FH Osnabrück bietet einen Schwerpunkt in Umweltschutz an.

Fischwirtschaft und Gewässerbewirtschaftung (HU Berlin)

An der Humboldt-Universität Berlin (Landwirtschaftlich-Gärtnerische Fakultät) kann der grundständige Diplom-Studiengang Fischwirtschaft und Gewässerbewirtschaftung studiert werden. Im Hauptstudium werden unter anderem Gewässer- und Fischkunde, Seen- und Flußfischerei, Fischzucht und Fischkrankheiten, Fischernährung und -genetik, Biotop- und Artenschutz sowie Wasserchemie und Hydrobotanik angeboten. Der Studiengang befaßt sich vorrangig mit Süßwasserfischwirtschaft. Für den Studiengang bestehen keine Zulassungsbeschränkungen. Interessenten bewerben sich direkt an der Hochschule.

Forstwissenschaft

Die Forstwissenschaft befaßt sich mit der pfleglichen, planmäßigen und sachkundigen Nutzung des Waldes. Dabei geht es nicht nur um seinen wirtschaftlichen Nutzen, sondern auch um seine Bedeutung für die Umwelt, insbesondere für die dauerhafte Leistungsfähigkeit des Naturhaushalts, das Klima, den Wasserhaushalt, die Reinhaltung der Luft, das Landschaftsbild und die Erholung der Bevölkerung. Die Forstwirtschaft strebt auf ökologischer Grundlage eine optimale Holzproduktion bei gleichzeitiger Gewährleistung der Schutz- und Erholungsfunktion des Waldes an.

Das Forststudium ist traditionell auf eine Beschäftigung im staatlichen Forstdienst ausgerichtet und fachlich sehr breit angelegt. Nach einer Studie der Forstwissenschaftlichen Fakultät an der Uni Freiburg spielten bis vor wenigen Jahren Privatwaldbesitzer, Verbände oder Unternehmen der holzbearbeitenden und holzverarbeitenden Industrie als Arbeitgeber gegenüber »Vater Staat« nur eine untergeordnete Rolle. Aufgrund rückläufiger Einstellungszahlen des staatlichen Forstdienstes gewinnen neuerdings solche Beschäftigungen aber zwangsläufig an Bedeutung. Weil das Forststudium traditionell auf die Anforderungen des früher als Monopolarbeitgeber auftretenden öffentlichen Dienstes ausgerichtet ist, gestaltet es sich für die Absolventen heute nicht einfach, das Berufsfeld zu erweitern. Das Klischee vom Förster im grünen Rock mit Hut und Jagdgewehr, das sich hartnäckig hält, ist dabei eher von Nachteil. Wie eine Analyse über den Berufsverbleib der Freiburger Diplom-Forstwirte ergab, haben die meisten Absolventen aber trotz pessimistischer Prognosen eine berufliche Position entweder im eigentlichen forstlichen Berufsfeld oder – mit wachsender Tendenz – außerhalb des traditionellen Berufsfeldes gefunden. Dort »gibt es eine Vielzahl bereits vorhandener und vor allem potentieller Arbeitsfelder, in denen eine Konkurrenz hauptsächlich mit Biologen und Absolventen kaufmännischer Berufe besteht. Es ist von starken und schnell erfolgenden Veränderungen auszugehen«, schreibt Siegfried Lewark, Professor an der Forstfakultät der Uni Freiburg (UNI, Heft 5/1994). Mehr über den Arbeitsmarkt in Kapitel 3 Grüne Berufsfelder, insbesondere Seite 174 und 176.

Die vom Staatsdienst geforderte Breite des Studiengangs ist ein zweischneidiges Schwert: »Einerseits liefert das Studium wichtige Grundlagen, andererseits bedingt diese Breite häufig den Mangel einer zu geringen Eindringtiefe in Spezialwissen, wodurch die Konkurrenzkraft der Diplom-Forstwirte am allgemeinen Arbeitsmarkt eingeschränkt wird. So entscheiden sich zum Beispiel Umweltschutzvereine häufiger für Chemiker, Biologen oder Ingenieure. Potentielle Arbeitgeber vermissen bei den Forstleuten oft Kenntnisse in Betriebswirtschaftslehre, Controlling, Marketing, EDV, Jura und Ökologie« (UNI Heft 5/94).

Forstwissenschaft (Uni)

Abschluß:	Diplom-Forstwirtin, Diplom-Forstwirt.
Regelstudienzeit:	9 Semester.
Studiendauer:	Die tatsächliche Studiendauer liegt bei durchschnittlich 10 Semestern.
Promotion:	Rund 20 % der Diplom-Forstwirte promovieren.
Vorpraktikum:	Kein Vorpraktikum, jedoch direkt nach der Einschreibung 6 Monate Praktikum. Dieses Praktikum zählt als erstes Studiensemester.
Bewerbungen:	Über die ZVS.
Zulassungsbeschränkungen:	Auswahlverfahren. Im Wintersemester 94/95 erhielten erstmals seit Jahrzehnten alle Bewerber einen Studienplatz.
Besonderheit:	Traditionell setzt die Mehrheit der Absolventen die Ausbildung nach dem Universitätsstudium mit dem zweijährigen Referendariat fort, das zur 2. Staatsprüfung führt, die für den Eintritt in die Beamtenlaufbahn des höheren Dienstes unverzichtbar ist.
Absolventen:	Jährlich rund 200 Absolventen. Der Frauenanteil liegt bei 15 %.

Das Forststudium ist an der TU Dresden (Standort Tharandt) und an den Unis Freiburg, Göttingen und München (Standort Weihenstephan) möglich. Im Grundstudium (4 Semester) werden die Fächer Botanik, Zoologie, Bodenkunde, Chemie, Geologie, Meteorologie und Klimatologie, Jagdkunde, Standortlehre, Wirtschafts- und Sozialwissenschaften, Biometrie und Informatik sowie Vermessung gelehrt. Im Hauptstudium (4 Semester) sind es forstliche Produktion, Forstnutzung, Landespflege, Waldbautechnik, Betriebswirtschaftslehre, Verwaltungskunde, Forstpolitik, Holzmarktlehre und Recht. In den letzten Semestern wird ein Schwerpunkt gewählt, in Göttingen z. B. in einem der drei Bereiche:

Biologie und Ökologie,
Wirtschaft und Planung oder
Forstnutzung und Forsttechnik.

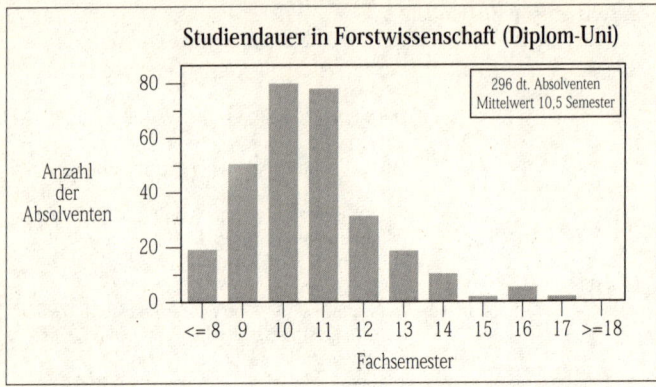

Quelle: Wissenschaftsrat, Daten der amtlichen Hochschulstatistik für Hochschulen im früheren Bundesgebiet, Prüfungsjahrgang 1991.

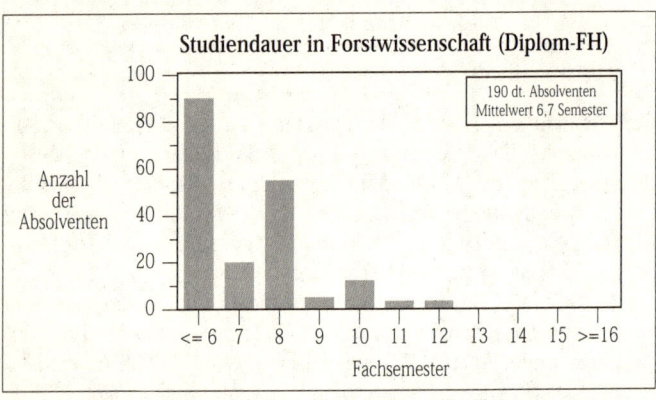

Quelle: Wissenschaftsrat, Daten der amtlichen Hochschulstatistik für Hochschulen im früheren Bundesgebiet, Prüfungsjahrgang 1992.

Der Schwerpunkt Biologie und Ökologie enthält u. a. die Fächer Bodenkunde und Waldernährung, Meteorologie und Klimatologie, Wildbiologie und Jagdkunde, Forstbotanik, Forstpathologie, Waldbau und Landespflege. In den Forstwissenschaftlichen Fakultäten haben Um-

weltthemen traditionell eine hohe Bedeutung. Die Waldschadens-
und Ökosystemforschung beruht wesentlich auf den Forschungsarbeiten der an den Forstfakultäten tätigen Wissenschaftler. Das Konzept einer »nachhaltigen Wirtschaftsweise« (sustainable development), das heute als Leitlinie für eine ökologisch orientierte Wirtschaftspolitik gefordert wird, geht auf Prinzipien der naturgemäß auf
Langfristigkeit angelegten Forstwirtschaft zurück.

Forstwissenschaft (FH)

Abschluß:	Diplom-Ingenieurin (FH), Diplom-Ingenieur (FH).
Regelstudienzeit:	8 Semester, davon 2 Praxissemester.
Studiendauer:	8 – 9 Semester.
Vorpraktikum:	Nicht erforderlich.
Bewerbungen:	Direkt an die Hochschulen.
Zulassungsbeschränkungen:	Ja. Auswahlverfahren.
Grenznoten:	FH Eberswalde: 1,9;
	FH Hildesheim (in Göttingen): 2,5;
	FH Weihenstephan: 1,8.
Besonderheit:	Traditionell setzt die Mehrheit der Absolventen die Ausbildung nach dem Diplom mit dem Vor-bereitungsdienst fort, der zur Laufbahnprüfung führt, die für den Eintritt in die Beamtenlauf-bahn des Gehobenen Dienstes unverzichtbar ist.
Absolventen:	Jährlich 200 Absolventen. Der Frauenanteil beträgt 5 %.

Das Forststudium an einer Fachhochschule ist vor allem auf die praktische Waldbewirtschaftung und die betriebstechnische Durchführung forstlicher Maßnahmen als Aufgabe der Revierleiter orientiert.

Im Grundstudium werden die Fächer angewandte Botanik, Zoologie, Pflanzensoziologie und Geologie, Bodenkunde und Standortlehre, Meteorologie, Chemie, Physik, Mathematik, Vermessungslehre,
Betriebswirtschaftlehre und Verwaltungslehre angeboten. Im Hauptstudium sind es Waldbau, Ökologie der Waldbäume, Anzucht von
Waldbäumen, Waldertragslehre, Waldschutz, Waldarbeitslehre, Wald-
erschließung, Jagdlehre, Wegebau, Landespflege und Umweltschutz.
Eine Spezialisierung auf einen Schwerpunkt ist nicht üblich.

Bis vor wenigen Jahren waren die Berufsaussichten gut. Eine Beamtenkarriere im Gehobenen Dienst war allen FH-Forststudenten schon zu Beginn des Studiums sicher. Doch seit mehreren Jahren ist dieses eng kommunizierende System zwischen Forstverwaltungen und den Forstfachbereichen an den Fachhochschulen nicht mehr intakt: Im Herbst 1993 wurden erstmals selbst von den verwaltungsinternen Fachhochschulen nicht mehr alle Absolventen übernommen. Die für andere Hochschulabsolventen längst bekannten Realitäten eines launigen Arbeitsmarktes ohne Sicherheiten für Diplominhaber hatten damit auch die Forstfachbereiche erreicht. Fazit: Der für Absolventen aller anderen Fachrichtungen übliche Wettbewerb um Positionen in der Privatwirtschaft, die längst nicht alle notwendigerweise nach einem Studium verlangen, gilt uneingeschränkt und mit voller Härte auch für Diplom-Forstwirte (FH).

Der Studiengang wird von den FHs Eberswalde, Hildesheim-Holzminden (Standort Göttingen) und Weihenstephan angeboten. Hinzu kommen die verwaltungsinternen FH Rottenburg am Neckar, Raben-Steinfeld (Mecklenburg-Vorpommern) und Schwarzburg (Thüringen)[28]. An der FH Rottenburg wurde 1994 der zuvor nur Beamtenanwärtern zugängliche Studiengang für alle Bewerber mit FH-Reife geöffnet. Nur ein Teil der Absolventen wird künftig die Möglichkeit haben, im Anschluß an das Studium den Vorbereitungsdienst zu durchlaufen und nach bestandener Laufbahnprüfung als Beamter tätig zu werden. Um den Absolventen bessere Chancen außerhalb des traditionellen Berufsfeldes zu ermöglichen, hat die FH Rottenburg den Studiengang reformiert. Die Wahl einer der drei Vertiefungsrichtungen ermöglicht eine gezielte Spezialisierung zum Beispiel für den Natur- und Umweltschutz:

- Vertiefungsrichtung »Allgemeine Forstwirtschaft« mit den klassischen Fächern, die auf Tätigkeiten im öffentlich-rechtlichen Forstbetrieb vorbereiten.
- Vertiefungsrichtung »Betriebswirtschaft/Holzwirtschaft« mit Betriebswirtschaft, Managementtechniken und Holzmarktlehre.

---

[28] An verwaltungsinternen Fachhochschulen können nur Anwärter für die Beamtenlaufbahn des »Gehobenen Dienstes« studieren. Veraussetzung ist die Anstellung als Beamtenanwärter.

• Vertiefungsrichtung »Ökologie, Natur- und Umweltschutz« mit Natur- und Artenschutz, Waldökologie, Natur- und Umweltrecht und Landesplanung.

Holzwirtschaft

Holzwirtschaft ist ein mit der Forstwirtschaft verwandter, jedoch stärker technisch (Verarbeitung von Holz) sowie ökonomisch (Handel mit Holz) ausgerichteter Studiengang. Er kann an der Uni Hamburg grundständig (Abschluß: Diplom-Holzwirtin, Diplom-Holzwirt) und an der TU Dresden als Schwerpunkt des Forstwissenschaftsstudiums (Abschluß: Diplom-Ingenieurin, Diplom-Ingenieur) studiert werden. Für beide Studiengänge gibt es keine Zulassungsbeschränkungen. Interessenten bewerben sich direkt an den Hochschulen.

Das FH-Studium der Holzwirtschaft ist gleichfalls technisch ausgerichtet und dient der Ausbildung von Betriebs- und Fertigungsingenieuren für holzverarbeitende Betriebe. Das Studium (Abschluß: Diplom-Ingenieurin (FH), Diplom-Ingenieur (FH)) ist an den FHs Eberswalde, Hildesheim-Holzminden und Rosenheim möglich. Für diese Studiengänge gelten Zulassungsbeschränkungen. Die Hochschulen führen ein Auswahlverfahren durch. Interessenten bewerben sich direkt an den Hochschulen. 1994/95 lag die Grenznote an der FH Hildesheim-Holzminden bei 2,6. An der FH Eberswalde und an der FH Rosenheim wurden alle Bewerber zugelassen.

Ökotrophologie (Haushalts- und Ernährungswissenschaften)

Mit Ökologie hat dieser an Universitäten und Fachhochschulen angebotene Studiengang nichts zu tun – es geht vielmehr um das Studium der Haushalts- und Ernährungswissenschaften. Zwar wird der Studiengang von Agrarfakultäten angeboten, inhaltlich gehört er jedoch nicht zu den grünen Studiengängen. Deswegen wird er hier nicht weiter behandelt. Interessenten werden auf »Studien- und Berufswahl«, S. 147 – 148, verwiesen.

2.4 Typ C: Umweltstudiengänge mit planerisch-gestalterischer Ausrichtung (Planungsdisziplinen)

Sie finden in diesem Kapitel Beschreibungen über sechs Studiengänge an Universitäten und drei Studiengänge an Fachhochschulen. Auf die Kennzeichnung einzelner Studiengänge als Umwelt-Spezialstudiengang wird hier verzichtet, weil sich alle hier genannten Studiengänge mit der Gestaltung der Umwelt beschäftigen.

Übersicht 6: Umweltstudiengänge mit planerisch-gestalterischer Ausrichtung

Universitäten	Fachhochschulen
Landschaftsplanung	Landespflege
Landschaftsarchitektur	Landespflege / Landschaftsarchitektur
Landschafts- und Freiraumplanung	Landschaftsnutzung und Naturschutz
Landespflege	
Schwerpunkt Landschaftsökologie	
Landeskultur und Umweltschutz	
Raumplanung / Regionalplanung	

Die planerisch-gestalterischen Studiengänge beschäftigen sich mit der Entwicklung und Gestaltung von Natur und Landschaft in besiedelten und unbesiedelten Räumen. Viele der heute mit Aufgaben des Naturschutzes, der Grünordnung und der Landschaftsplanung befaßten Experten haben einen planerisch-gestalterischen Studiengang hinter sich. In diesen Studiengängen kommen Inhalte aus den Naturwissenschaften und den Agrar- und Gartenbauwissenschaften mit planerisch-gestaltenden Fachgebieten zusammen. Um den gestaltenden Aufgaben gerecht werden zu können, ist eine künstlerische Begabung wichtig.

Freiraumplanung, Landschaftspflege und Naturschutz sind die Hauptthemen der Landespflege. Die Landespflege betont stärker die biologisch-ökologischen Sachverhalte, während die Landschaftsplanung den Planungsinstrumenten größeren Raum gibt. In der Landschaftsarchitektur stehen die planerisch-gestaltenden Arbeiten eines Architekturstudiums im Vordergrund. Die einzelnen Hochschulen setzen in ihren Studiengängen unterschiedliche Schwerpunkte. Ein Hochschulwechsel ist dadurch erschwert.

Landespflege, Landschaftsplanung, Landschaftsarchitektur (Uni)

Abschluß:	Diplom-Ingenieurin, Diplom-Ingenieur.
Regelstudienzeit:	9 Semester.
Studiendauer:	Tatsächlich benötigen die meisten Absolventen zwischen 11 und 15 Semestern.
Promotion:	Rund 15 % der Absolventen promovieren.
Vorpraktikum:	Nicht erforderlich.
Bewerbungen:	Direkt an die Hochschulen.
Zulassungsbeschränkungen:	Ja. Örtliches Auswahlverfahren. Die Zahl der Bewerber übersteigt die Zahl der Plätze um ein Mehrfaches.
Grenznoten:	TU Berlin: 2,1; TU Dresden: 1,8; Uni Hannover: 2,0; UGH Kassel: 2,2;[29] TU München: 1,9.
Studienmöglichkeiten:	TU Berlin: Landschaftsplanung, TU Dresden: Landschaftsarchitektur (Ökologie), Uni Hannover: Landschafts- und Freiraumplanung, UGH Kassel: Architektur, Stadt- und Landschaftsplanung, TU München (Standort Weihenstephan): Landespflege.
Absolventen:	Jährlich 250 Absolventen. Frauenanteil 45 %.

Der Studienplan der Landespflege (hier am Beispiel der TU München dargestellt) sieht im Grundstudium (1. – 4. Semester) als Pflichtfächer naturwissenschaftliche Grundlagen (Botanik, Chemie, Meteorologie und Klimatologie sowie Bodenkunde) und Grundlagen von Gartenbauwissenschaft und Landespflege vor (Landschaftsökologie, Vegetationskunde, Pflanzenverwendung, Landschaftsarchitektur, Grundlagen der Gestaltung sowie Vermessungskunde). Im Hauptstudium (5. – 8. Semester) werden als Pflichtfächer Landschaftsökologie, Vegetationskunde, Ökonomie der Landesplanung, Landschafts- und Bauleitplanung sowie Technik des Landschaftsbaus gelehrt. Studierende mit Schwerpunkt Landschaftsökologie haben als weitere Pflichtfächer Kulturtechnik (Wasserbau), Waldbau – und Forstwirtschaft sowie Land-

---

[29] Integrierter Studiengang Landschaftsplanung. Zulassungsvoraussetzung: Allgemeine Hochschulreife oder FH-Reife. Studienabschluß: Diplom I und im Anschluß daran Diplom II. Vergleiche Kapitel 1.2.

schaftsökologie. Studierende mit Schwerpunkt Landschaftsarchitektur haben als Pflichtfächer Entwerfen von Hochbauten, Grünplanung und Landschaftsarchitektur. Hinzu kommt ein Wahlpflichtfach aus einem breiten Fächerkanon. Nach der Diplom-Hauptprüfung (frühestens nach dem 8. Semester) ist eine sechsmonatige Diplom-Arbeit vorgesehen.

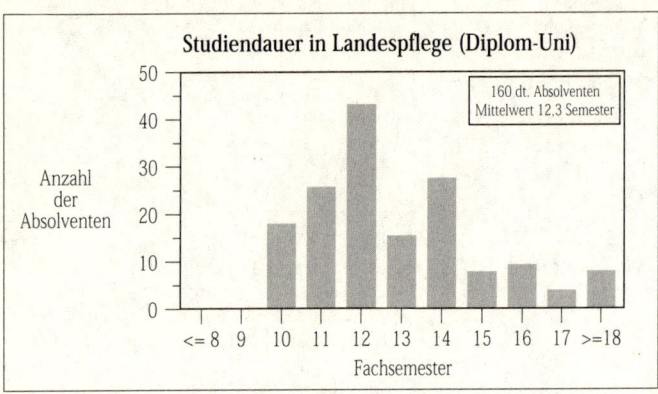

Quelle: Wissenschaftsrat, Daten der amtlichen Hochschulstatistik für Hochschulen im früheren Bundesgebiet, Prüfungsjahrgang 1991.

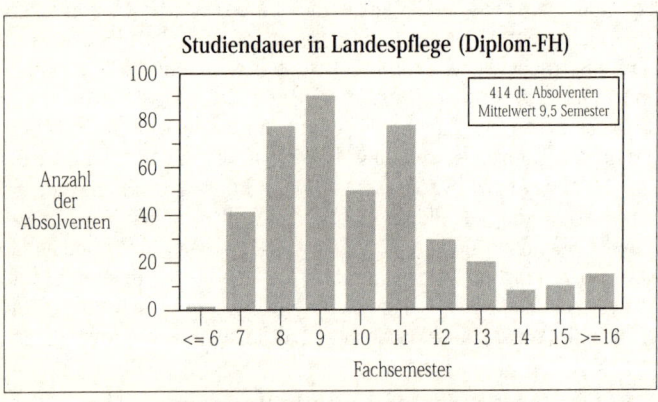

Quelle: Wissenschaftsrat, Daten der amtlichen Hochschulstatistik für Hochschulen im früheren Bundesgebiet, Prüfungsjahrgang 1992.

Die Informationsbroschüre der TU Berlin schreibt zum Studiengang Landschaftsplanung: »Die Landschaftsplanung ist das Planungsinstrument der Landschaftsentwicklung. Im Laufe der gesellschaftlichen Entwicklung haben sich dabei die Aufgabenschwerpunkte verlagert. An die Stelle der ausschließlich ästhetisch-künstlerischen Landschaftsgestaltung treten mehr und mehr Planungskonzepte, die ebenso den ökonomischen, technischen, ökologischen und gesellschaftlichen Problemen Rechnung tragen. Es lassen sich zwei große Aufgabengebiete für die Landschaftsentwicklung formulieren, die für die spätere Tätigkeit als Landschaftsplaner charakteristisch sind:

1. Die Erhaltung und Entwicklung eines funktionsfähigen Landschaftshaushaltes einschließlich der Sicherung der natürlichen Ressourcen ... Hierzu gehören z. B. Landschaftsprogramme, Landschaftsrahmenplanungen, Naturschutzplanungen, ökologische Standortplanungen.
2. Planungen, die der Erhaltung und Entwicklung der Umweltqualität, vor allem in städtischen Bereich, dienen. Hier werden z. B. Grünordnungspläne, Planungen und Gestaltungen von Freiflächen für Freizeit und Erholung durchgeführt ...«

Das Studium der Landschaftsplanung teilt sich in ein viersemestriges Grundstudium und ein ebenfalls viersemestriges Hauptstudium. Es besteht einerseits aus Projekten, die im Grundstudium weitgehend vorstrukturiert sind. Im Hauptstudium sind die Projekte dagegen weitgehend selbstbestimmt und durch forschendes Lernen gekennzeichnet. Andererseits gibt es Vorlesungen und Übungen, in denen die notwendigen fachlichen Grundlagen vermittelt und Fachinhalte vertieft werden.

Zu den Berufsaussichten bemerkt die Informationsschrift: »Verläßliche Aussagen ... sind nicht zu machen. Einmal wegen der allgemeinen Unsicherheitsfaktoren des Arbeitsmarktes für Akademiker, zum anderen wegen des relativ »kleinen« Arbeitsmarktes und schließlich wegen der Unsicherheit, ob die landschaftsplanerischen Aufgaben tatsächlich die Aufmerksamkeit – auch durch die Bereitstellung von Stellen und die Zuweisung von Haushaltsmitteln – erfahren, die bei der gegebenen Umweltkrise notwendig wären«.

Diese Aussagen gelten keineswegs nur für Landschaftsplaner. Sie lassen sich für alle in Natur- und Umweltschutz tätigen Berufe und die dazugehörigen Studiengänge machen. Letztendlich kommt es auf gesetzliche Regelungen und Vorschriften des Umweltschutzes an sowie auf Etatmittel und Stellen! Die TU Berlin ist optimistisch: »Trotzdem wird vermutet, daß die Berufsaussichten für Landschaftsplanerinnen und -planer mittel- bis langfristig im Vergleich zu anderen planerischen Tätigkeiten nicht ungünstig sind.« Zu einer ähnlichen Einschätzung kommt auch Professor Dr. Werner Rothenburger, der an der TU München die Ökonomie von Gartenbau und Landespflege lehrt.[30] Zugleich weist er auf das Ungleichgewicht zwischen einem zu kleinen Angebot an Facharbeitern in der Landespflege und einem ausreichenden Angebot an Hochschulabsolventen hin. Weil dies eine Folge des wachsenden Anteils der Hochschulabsolventen unter den in den Arbeitsmarkt eintretenden Absolventen des Bildungs- und Ausbildungssystems ist, handelt es sich aber nicht um ein spezifisches Problem der Landespflege und der grünen Berufe.

Landespflege (FH)

Abschluß:	Diplom-Ingenieurin (FH), Diplom-Ingenieur (FH).
Regelstudienzeit:	7 Semester, wenn kein Praxissemester vorgesehen ist, 8 Semester, wenn zwei Praxissemester vorgeschrieben werden.
Studiendauer:	Die tatsächliche Studienzeit liegt ein bis drei Semester über der Regelstudienzeit.
Vorpraktikum:	3 – 12 Monate. Studieninteressenten erkundigen sich bei der FH ihrer Wahl nach den aktuellen Regelungen.
Bewerbungen:	Bewerbungen direkt an die Hochschulen.
Zulassungsbeschränkungen:	Ja. Die Zahl der Bewerbungen überschreitet die Zahl der Studienplätze um ein Vielfaches.
Grenznoten:	Im WS 94/95 lagen die Grenznoten zwischen 2,0 und 2,2.
Studienmöglichkeiten:	FH Anhalt (in Bernburg): Landespflege TFH Berlin: Landespflege FH Dresden: Landespflege

---

[30] Werner Rothenburger: Ökonomie der Landespflege. Ulmer Verlag, Stuttgart, 1993.

Studienmöglichkeiten: (Fortsetzung)	FH Eberswalde: Landschaftsnutzung und Naturschutz UGH Essen: Landespflege FH Erfurt: Landespflege / Landschaftsarchitektur FH Neu-Brandenburg: Landespflege FH Nürtingen: Landespflege FH Osnabrück: Landschaftsentwicklung FH Osnabrück: Freiraumplanung und Bauwesen UGH Paderborn (in Höxter): Landespflege FH Weihenstephan: Landespflege FH Wiesbaden (in Geisenheim): Landespflege / Landschaftsarchitektur.

Die Studiengänge unterscheiden sich vor allem in den Schwerpunkten des Hauptstudiums, z. B. bietet die FH Nürtingen den Schwerpunkt Umweltmanagement, Landschaftspflege an. Er beinhaltet neben Natur- und Umweltschutz auch Planungs- und Umweltrecht, Umweltpolitik und -ökonomie sowie Landschaftsökologie.

An der FH Weihenstephan gliedert sich das Studium der Landespflege in Grundstudium (2 Semester), zwei praktische Studiensemester (4. und 5. Semester) und vier Semester Hauptstudium. Im Grundstudium geht es um naturwissenschaftliche Grundlagen unter besonderer Berücksichtigung der pflanzenkundlichen Fächer und um gestalterische und planerische Grundlagen. Im Hauptstudium gibt es die drei Studienrichtungen Freiraumplanung, Landschaftsplanung und Landschaftsbau. Angeboten werden die Fächergruppen:

Freiraumplanung
Landschaftsplanung
Bauabwicklung und Ökonomie
Vegetationsplanung und Pflanzenverwendung
Landschaftsökologie, Natur-, Umweltschutz
Gartenkunst und Denkmalpflege
Bau-, Siedlungs-, Regionalplanung
Landnutzungsplanung

Seit 1994 gibt es am Fachbereich Landespflege der FH Osnabrück zwei getrennte Studiengänge: Freiraumplanung und Bauwesen sowie Landschaftsentwicklung. Der Studiengang Landschaftsentwicklung setzt zwölf Monate Vorpraktikum voraus. Er ist in ein viersemestriges Grundlagenstudium, dem ersten Praxissemester und dem dann folgenden zweisemestrigen Projektstudium unterteilt. Das zweite Praxissemester, das der Anfertigung der Diplomarbeit dient, folgt am Schluß.

Der Studiengang Landschaftsnutzung und Naturschutz an der durch die Forstwissenschaft geprägten FH Eberswalde ist ein Unikat, das sich durch eine Betonung ökologischer Fächer (Pflanzen-, Tier-, Landschafts- und Stadtökologie) sowie durch eine breite Behandlung des Naturschutzes heraushebt. Dadurch entstehen Parallelen zu den Uni-Studiengängen Biologie mit Hauptfach Naturschutz. Der neuentwickelte Eberswalder Studiengang ist jedoch stärker praxisbezogen und behandelt u. a. land- und forstwirtschaftliche Nutzungen.

Landeskultur und Umweltschutz (Uni Rostock)

Dieser Studiengang mit dem Abschluß Diplom-Ingenieurin, Diplom-Ingenieur ist ein Unikat. Er verbindet naturwissenschaftliche Inhalte (Biologie, Geologie) mit Inhalten des Bau-Ingenieurwesens (Tiefbau, Wasserbau, Kulturbau, Abfallwirtschaft) und der Planungsdisziplinen (Raumplanung, Landentwicklung).

Im WS 94/95 konnten alle Bewerber für diesen neunsemestrigen Studiengang zugelassen werden. Ein Vorpraktikum wird nicht gefordert. Interessenten bewerben sich direkt an der Hochschule.

Raumplanung / Regionalplanung (Uni)

Abschluß:	Diplom-Ingenieurin, Diplom-Ingenieur.
Regelstudienzeit:	9 Semester.
Studiendauer:	Tatsächlich liegen die mittleren Studienzeiten zwischen 12 und 13 Semestern.
Promotion:	Unüblich. Lediglich 5 – 10 % der Raumplanerinnen und Raumplaner promovieren.
Vorpraktikum:	Nicht erforderlich.
Bewerbungen:	Direkt an die Hochschulen.
Zulassungsbeschränkungen:	Ja. Örtliches Auswahlverfahren.
Grenznoten:	Die Grenznoten lagen im WS 94/95 zwischen 2,0 und 2,5.
Studienmöglichkeiten:	RTWH Aachen (Schwerpunkt im Architekturstudium), TU Berlin (Raumplanung), Uni Dortmund (Regionalplanung), Uni Kaiserslautern (Raum- und Umweltplanung), Uni Oldenburg (nur Hauptstudium ab 5. Semester) HAB Weimar[31] (Stadt- und Regionalplanung)
Absolventen:	Jährlich 250 Absolventen, Frauenanteil 35 %.

Die Raumplanung (Stadt-, Regional- und Landesplanung) befaßt sich mit der Gestaltung des menschlichen Lebensraumes bei gleichzeitiger Erhaltung der Funktionsfähigkeit der natürlichen Umwelt. Unter dem Primat einer stark städtebaulich-stadtbautechnisch ausgerichteten Planungspraxis wurden die angehenden Planer früher in Vertiefungsrichtungen der Studiengänge Architektur, Bau-Ingenieurwesen oder Vermessungswesen ausgebildet. Seit den 70er Jahren sind aufgrund einer gewandelten, nunmehr auch die sozialen, ökonomischen, ökologischen, rechtlichen und politischen Aspekte gleichrangig einbeziehenden Planungsauffassung eigenständige interdisziplinäre Planerstudiengänge eingerichtet worden. Deren Lehrpläne weisen allerdings starke Unterschiede auf. Ein reibungsloser Studienortwechsel ist erst nach Abschluß des Grundstudiums möglich.

Die Uni Kaiserslautern schreibt über ihren Studiengang: »Das Studium der Raum- und Umweltplanung ist ein eigenständiger Studien-

---

[31] Die Hochschule für Architektur und Bauwesen Weimar ist eine Spezialhochschule mit dem Rechtsstatus einer Universität.

gang mit den Schwerpunkten in den Bereichen Stadt- und Regionalplanung, Planungsrecht und Umweltschutz. Dabei wird eine enge
Verflechtung mit sozioökonomischen und technischen Disziplinen angestrebt. Das Studium ist praxisbezogen, wobei die Gestaltung der
›gebauten Umwelt‹ und ihre Bezüge zur Architektur besonders betont werden. Das Studium gliedert sich in ein Grundstudium und in
ein Hauptstudium von jeweils vier Semestern Dauer.«

An Fachhochschulen gibt es keine eigenständigen Studiengänge für
Raumplanung.

2.5 Typ D: Umweltstudiengänge mit technischer Ausrichtung (Ingenieurwissenschaften)

Sie finden in diesem Kapitel Beschreibungen von acht Studiengängen
an Universitäten und fünfzehn Studiengängen an Fachhochschulen.
Umwelt-Spezialstudiengänge und Spezial-Fachrichtungen sind in
Übersicht 7 mit einem * gekennzeichnet.

Übersicht 7: Umweltstudiengänge mit technischer Ausrichtung

Universitäten	Fachhochschulen
Technischer Umweltschutz / Umwelttechnik*	Technischer Umweltschutz / Umwelttechnik*
Abfallentsorgung*	Umwelt- und Hygienetechnik*
Umweltverfahrenstechnik*	Umweltverfahrenstechnik*
Bau-Ingenieurwesen	Bau-Ingenieurwesen
Schwerpunkt Umwelttechnik*	Schwerpunkt Umwelttechnik*
Schwerpunkt Abfallwirtschaft	Schwerpunkt Abfallwirtschaft
Schwerpunkt Abwasserentsorgung	
Geotechnik und Bergbau	Recycling*
Schwerpunkt Umwelttechnik*	Maschinenbau
Maschinenbau / Verfahrenstechnik	Schwerpunkt Umwelttechnik*
Schwerpunkt Umweltverfahrenstechnik*	Schwerpunkt Energie- und Umwelttechnik
Schwerpunkt Umwelttechnik*	Verfahrenstechnik
Schwerpunkt Bioverfahrenstechnik	Schwerpunkt Umweltverfahrens- technik*
Schwerpunkt Umweltanlagenbau*	Schwerpunkt Bioverfahrenstechnik
Chemie-Ingenieurwesen	Feinwerktechnik
Schwerpunkt Umweltverfahrenstechnik*	

Universitäten	Fachhochschulen
Schwerpunkt Umwelttechnik*	Schwerpunkt Umwelttechnik
Elektrotechnik	Physiktechnik
	Schwerpunkt Umwelttechnik
	Ver- und Entsorgungstechnik
	Entsorgungstechnik
	Versorgungstechnik
	Chemie-Ingenieurwesen
	Schwerpunkt Umwelttechnologie*
	Schwerpunkt Umweltanalytik*
	Schwerpunkt Ökologische Chemie*
	Technische Chemie
	Schwerpunkt Technischer Umwelt-schutz*
	Schwerpunkt Ökologie und Analytik*
	Elektrotechnik

Belastungen der Umwelt durch Zivilisation und Wohlstand sind zugleich Herausforderungen an die Technik. Die Verschmutzung von Wasser, Boden und Luft sind Anlässe, neue Produkte und Herstellungsverfahren zu entwickeln, die umweltschädliche Emissionen vermeiden oder bereits aufgetretene Schäden sanieren. Dies sind Aufgaben des technischen Umweltschutzes, der in den Ingenieur-Fachbereichen der Universitäten und Fachhochschulen gelehrt wird. Hauptthemen des technischen Umweltschutzes sind Abfallwirtschaft (Abfallvermeidung, -verwertung, -entsorgung), Altlastensanierung, Bodenschutz, Lärmschutz, Luftreinhaltung (Abluftreinigung, Emissionsminderung), Gewässerschutz, Wasserversorgung, Abwasserentsorgung, Recycling sowie umweltgerechtes Konstruieren und Fertigen von Maschinen, Gebäuden und Verkehrsanlagen.

Diese Aufzählung macht es auch dem Laien verständlich, daß Aufgaben des technischen Umweltschutzes in allen Ingenieurstudiengängen anfallen. Ebensowenig wie es die Umwelttechnik gibt, kann es deswegen den Umwelttechnikstudiengang geben. Tatsächlich gibt es unterschiedliche technische Studiengänge, die sich mit unterschiedlichen Gebieten des technischen Umweltschutzes befassen. Geht es um den Bau von Kläranlagen oder den Schallschutz an Autobahnen, dann ist in erster Linie der Bauingenieur gefragt. Beim Entwurf energiesparender Raumlufttechnik und der dazugehörigen automatischen Leittechnik sind vor allem Elektro-Ingenieure engagiert. Dem geräusch- und schadstoffarmen Verbrennungsmotor widmet sich insbesondere der Maschinenbauingenieur. Und besteht die Aufgabe darin, in einer Raffinerie umweltschädliche Emissionen zu vermindern oder geschlossene Stoffkreisläufe zu realisieren, dann sind dies vor allem Aufgaben von Verfahrens- und Chemie-Ingenieuren.

Im Prinzip führen zwei grundlegend unterschiedliche Wege zum Ingenieur für technischen Umweltschutz. Entweder man studiert eine traditionelle Fachrichtung, die zum Bau-, Elektrotechnik-, Maschinenbau- oder Verfahrenstechnik-Ingenieur führt, und spezialisiert sich im Hauptstudium auf eine Studienrichtung mit einem Umweltthema. Oder man wählt von vornherein einen der noch wenigen spezialisierten Studiengänge Technischer Umweltschutz, die schon im Grundstudium neben den auch dort im Vordergrund stehenden Grundlagen eine Einführung in umwelttechnische Themen enthalten. An den deutschen Hochschulen dominiert der erstgenannte, klassische Weg. Umweltthemen werden hier im Rahmen einer Studienrichtung, eines Haupt- oder Nebenfaches behandelt oder sind Gegenstand der Diplomarbeit. Diesen klassischen Weg zum Ingenieur mit Umwelttechnikkenntnissen bieten inzwischen viele Universitäten und Fachhochschulen an. Die nachfolgenden Listen dieses Kapitels zeigen, welche Studiengänge sich besonders in der Umwelttechnik engagieren.

Auch bei den spezialisierten Studiengängen für Umwelttechnik unterscheidet sich das Grundstudium wenig oder gar nicht vom Grundstudium der »klassischen Ingenieurfächer«. Die Uni Stuttgart z. B. gibt an, daß im Grundstudium des dortigen Studiengangs Umweltschutztechnik 90 % der Veranstaltungen aus dem üblichen ingenieurwissenschaftlichen Grundstudium stammen. Anstelle der Grundlagen des Konstruierens, die in den klassischen konstruierenden Studiengängen Maschinenbau und Bauingenieurwesen erforderlich sind, werden im Grundstudium des Studiengangs Umweltschutztechnik die naturwissenschaftlichen Grundlagen verstärkt. Im Hauptstudium erhält der angehende Umweltingenieur Einblick in verschiedene Teilbereiche des technischen Umweltschutzes, wie z. B. Luftreinhaltung, Lärmbekämpfung, Abfall- oder Wasserwirtschaft. Darüber hinaus werden Kenntnisse über ökologische Grundlagen, Umweltgesetze und Genehmigungsverfahren vermittelt. Das Profil des so ausgebildeten Umweltingenieurs wird also durch seine disziplinübergreifenden breiten Kenntnisse verschiedener Umweltschutztechniken bestimmt. Zusätzlich erhält er Kenntnisse im Umwelt- und Planungsrecht. Damit ist der in den speziellen Umweltstudiengängen ausgebildete Ingenieur mehr ein »Umweltgeneralist« als der Ingenieur des Maschinenbaus oder des Bauingenieurwesens, der in seinem Hauptstudium einen Schwerpunkt in Umwelttechnik gesetzt hat. Damit die Breite der Ausbildung im Studiengang Umwelttechnik nicht allzusehr zu Lasten der Tiefe geht, sehen die Prüfungsordnungen vor, daß die Studenten im Hauptstudium Schwerpunkte setzen und im Vertiefungsfach umfassende Kenntnisse erwerben. Schließlich soll am Ende ein Ingenieur, kein technischer Dilettant herauskommen.

Spezialisierte Studiengänge für Umwelttechnik gibt es an den Technischen Universitäten Berlin, Clausthal, Cottbus und Stuttgart sowie an rund einem Dutzend Fachhochschulen. Die große Zahl von FH-Studiengängen für technischen Umweltschutz ist kein Zufall. Hier spiegelt sich die Tatsache wider, daß in Deutschland zwei von drei Ingenieuren an einer FH ausgebildet werden.

Technischer Umweltschutz (Uni)

Abschluß:	Diplom-Ingenieurin, Diplom-Ingenieur.
Regelstudienzeit:	10 Semester.
Studiendauer:	Tatsächlich benötigen die Absolventen an der TU Berlin im Mittel 14 – 15 Semester. An den anderen Hochschulen gibt es noch keine Absolventen dieses Spezialstudiengangs.
Promotion:	Rund 20 % der Dipl.-Ing. promovieren.
Vorpraktikum:	Wird empfohlen, ist aber nicht Voraussetzung.
Bewerbungen:	Direkt an die Hochschulen.
Zulassungsbeschränkungen:	Ja, aber nicht überall wirksam.
Studienmöglichkeiten:	TU Berlin seit 1975
	TU Clausthal seit 1995
	TU Cottbus seit 1990
	Uni Stuttgart seit 1993
	IHI Zittau seit 1994
Grenznoten:	TU Berlin: 1,8;
	TU Cottbus: alle Bewerber zugelassen;
	Uni Stuttgart: 1,9.

Den ersten spezialisierten Umwelttechnikstudiengang hat die TU Berlin 1975 eingeführt. Die Hochschule verlangt insgesamt 26 Wochen Industriepraktikum. Davon sollen 13 Wochen bis zum Vordiplom abgeleistet werden. Die Hochschule empfiehlt dringend, Teile, nach Möglichkeit jedoch das gesamte Grundpraktikum, vor Aufnahme des Studiums abzuleisten. Die zweiten 13 Wochen, das sogenannte Fachpraktikum nach dem Vordiplom, soll dazu dienen, im Studium erworbene Grundlagen- und Fachkenntnisse des technischen Umweltschutzes in der Praxis anzuwenden. Es soll in einem Betrieb oder in einer Umweltbehörde durchgeführt werden. Das Grundstudium soll nach dem fünften Semester mit der Diplom-Vorprüfung abgeschlossen werden. Prüfungsfächer der Diplom-Vorprüfung sind

Mathematik Umweltökonomie
Physik Umweltrecht
Chemie Umwelttechnik
Ökologie
Impuls-, Energie- und Stofftransport

Das Hauptstudium soll nach dem zehnten Semester mit der Diplomprüfung abgeschlossen werden. Umweltanalytik ist Pflichtfach. Als Vertiefungsfach ist Abfallwirtschaft, Luftreinhaltung, Schallschutz oder Wasserreinhaltung zu wählen. Hinzu kommen zwei Hauptfächer, zwei Wahlpflichtfächer, eine Projektarbeit und die Diplomarbeit. Der Student kann die Wahlmöglichkeiten nutzen, um sich in dem als Vertiefungsfach gewählten Gebiet zusätzliche Kenntnisse anzueignen. Auf diesem Wege wird er zu einem Fachmann z. B. für Abfallwirtschaft. Der Student kann die Wahlmöglichkeiten aber auch für eine Verbreiterung seiner Ausbildung nutzen, um sich so neben dem Vertiefungsfach weitere Standbeine zu verschaffen.

Eine Besonderheit ist der neue Studiengang Umwelttechnik am Internationalen Hochschulinstitut (IHI) in Zittau/Sachsen. Das IHI wurde 1993 im Drei-Länder-Eck der Euro-Region Neiße zur Ausbildung deutscher, polnischer und tschechischer Studenten gegründet. Es wird getragen von den TUs Liberec (Reichenberg) und Gliwice (Gleiwitz), der Ökonomischen Akademie Wroclaw (Breslau) und der FH Zittau/Görlitz. Auch die benachbarte TU Bergakademie Freiberg ist an der Lehre beteiligt. Neben Betriebswirtschaftslehre und Wirtschafts-Ingenieurwesen wird in Zittau der Studiengang Umwelttechnik angeboten, der zum Diplom-Ingenieur (Uni) führt. Im Studiengang Umwelttechnik lernen die Studierenden die wichtigsten ingenieurtechnischen Grundlagen des Umweltschutzes in den Schwerpunkten Umweltanalytik und Umweltverfahrenstechnik kennen. Die Ausbildungsschwerpunkte sind:

• Gesellschaftliche Probleme des Umweltschutzes
• Grundlagen der Umweltwissenschaften
• Umweltanalytik (Umweltmeßtechnik)
• Umweltverfahrenstechnik
• Umweltinformatik
• Einführung in die Systemwissenschaft

Breiten Raum nimmt auch die sprachliche und interkulturelle Ausbildung ein. Am IHI kann nur studieren, wer bereits das Grundstudium in einem naturwissenschaftlichen oder ingenieurwissenschaftlichen Studiengang an einer Universität mit dem Vordiplom abgeschlossen hat. Für Studenten mit einem FH-Vordiplom ist das Studium nach einem Brückenkurs möglich. Das Hauptstudium am IHI dauert sechs Semester, darunter sind ein Praxissemester im Ausland und ein Semester für die Diplomarbeit.

Der 1995 an der TU Clausthal neu eingeführte Studiengang Umweltschutztechnik bietet die beiden Vertiefungsrichtungen Entsorgungstechnik und Umweltprozeßtechnik an. Schwerpunkte sind möglich in Deponietechnik, Entsorgungsbergbau, Rekultivierung und Abfallwirtschaft sowie auf dem Gebiet des industriellen Umweltschutzes.

Abfallentsorgung (RWTH Aachen)

Seit 1994 bieten die Fakultät für Bergbau, Hüttenwesen und Geowissenschaften sowie die Fakultät für Bauingenieurwesen der Rheinisch-Westfälischen Technischen Hochschule Aachen (RWTH) gemeinsam den Studiengang »Abfallentsorgung« an. Das Studium hat eine Regelstudienzeit von neun Semestern und gliedert sich in ein viersemestriges Grundstudium, ein viersemestriges Hauptstudium und in ein Prüfungssemester. Bei erfolgreichem Abschluß wird der Titel Diplom-Ingenieur / Diplom-Ingenieurin verliehen.

Das naturwissenschaftlich-ingenieurwissenschaftliche Grundstudium bildet die Basis für die umwelt- und abfalltechnischen Lehrinhalte des Hauptstudiums, die von den Fakultäten für Bauingenieurwesen und Bergbau gelehrt werden. Die Hochschule verlangt ein Praktikum von insgesamt 80 Arbeitstagen in mindestens zwei verschiedenen Betrieben der Abfall- und Entsorgungswirtschaft. Das Praktikum kann in den Semesterferien abgeleistet werden.

Zulassungsbeschränkungen bestehen nicht. Interessenten bewerben sich direkt an der Hochschule.

Abfallentsorgung (FH)

An einer Reihe von Fachhochschulen wird der Studiengang Ver- und Entsorgung angeboten, der sich unter anderem mit der Abfallentsorgung befaßt. Weiterführende Informationen finden Sie auf Seite 132f.

Technischer Umweltschutz / Umwelttechnik (FH)

An den Fachhochschulen gibt es mittlerweile ein großes Angebot an spezialisierten Ingenieurstudiengängen auf dem Gebiet des Technischen Umweltschutzes / der Umwelttechnik. Je nach dem, aus welcher »Mutterdisziplin« (Basisstudiengang) sich der spezialisierte Studiengang entwickelt hat, konzentriert sich dieser auf:

Technischer Umweltschutz – Bauwesen
Technischer Umweltschutz – Verfahrenstechnik
Technischer Umweltschutz – Maschinenbau, Konstruktion
Technischer Umweltschutz – Betriebs- und Anlagentechnik
Technischer Umweltschutz – Physiktechnik / Gerätetechnik
Technischer Umweltschutz – Elektrotechnik / Energietechnik

Die gängigen Bezeichnungen Technischer Umweltschutz und Umwelttechnik lassen noch nicht erkennen, welche Mutterdisziplin dahintersteckt und wo deswegen der Spezialstudiengang seine Basis hat. Die nachfolgende Übersicht 8 ordnet 21 Studiengänge, die die Bezeichnung »Umwelttechnik« tragen oder nach ihren Inhalten tragen könnten, ihrer ingenieurwissenschaftlichen Mutterdisziplin zu.

Die ersten Studiengänge für Technischen Umweltschutz haben sich an den Fachhochschulen Gießen, Hamburg und Lübeck aus den dortigen Studiengängen für Technisches Gesundheitswesen entwickelt. Im Vordergrund standen zu Beginn Fragen der Betriebs- und Anlagentechnik in Krankenhäusern, es ging (und geht noch heute) um Installation, Betrieb und Überwachung medizinischer Geräte, betriebstechnischer Anlagen, um Strahlenschutz und Fragen der Hygiene. Das Studienangebot ist im Laufe der Jahre diversifiziert worden; heute gibt es zum Beispiel an der FH Gießen unter dem Dach des Fachbereichs Technisches Gesundheitswesen die Studiengänge Biomedizintechnik, Krankenhausbetriebstechnik sowie Umwelt- und Hygienetechnik. An der FH Hamburg wurden 1992 drei eigenständige Studiengänge aus dem früheren Studiengang Bio-Ingenieurwesen heraus entwickelt: Biotechnologie, Medizintechnik und Umwelttechnik.

Übersicht 8: Eigenständige Umwelttechnikstudiengänge an FHs (ohne Ver- und Entsorgungstechnik)

Mutterdisziplin / Basisstudiengang	Umweltstudiengang
Physikalische Technik	FH Mittweida (Umwelttechnik)
	FH Wiesbaden (Umwelttechnik / Umweltmeßtechnik)
Technisches Gesundheitswesen (Betriebs- und Anlagentechnik):	FH Braunschweig-Wolfenbüttel (Umwelt- und Hygiene-Technik)
	FH Gießen (Umwelt- und Hygienetechnik)
	FH Jena (Umwelt- und Hygienetechnik)
	FH Lübeck (Umwelt- und Hygienetechnik)
	FH Wilhelmshaven (Umwelttechnik)
	FH Hamburg (Umwelttechnik)
Elektrotechnik:	FH Aachen (Umweltschutztechnik)
	FH Zittau / Görlitz (Energie- und Umwelttechnik)
Bauwesen:	FH Bremen (Umwelttechnik: Wasser- und Abwassertechnik, Abfalltechnik)
	FH Nordostniedersachsen in Suderburg (Bauingenieurwesen: Umwelttechnik)

Mutterdisziplin / Basisstudiengang	Umweltstudiengang
Bauwesen:	UGH Paderborn in Höxter (Technischer Umweltschutz, Wasser- und Abfallwesen)
Maschinenbau / Verfahrenstechnik:	FH Anhalt in Köthen (Recycling, Umwelttechnik)
	FHTW Berlin (Umweltverfahrenstechnik)
	FH Furtwangen (Umwelttechnik)
	FH Jena (Umwelttechnik)
	FH Offenburg (Verfahrens- und Umwelt technik, auch als europäischer Studiengang)
	FH Villingen-Schwenningen (Schwerpunkt Umwelttechnik)
	FH Wilhelmshaven (Umweltverfahrenstechnik)
	FH Wismar (Verfahrens- und Umwelttechnik)

Die spezialisierten Umwelttechnikstudiengänge folgen in ihrem Aufbau dem der klassischen Ingenieurstudiengänge. Am Ende steht auch hier der Abschlußgrad Diplom-Ingenieur. Für die Umweltstudiengänge an FHs gelten überwiegend auch die gleichen Grunddaten:

Abschluß:	Diplom-Ingenieurin (FH), Diplom-Ingenieur (FH)
Regelstudienzeit:	8 Semester, darunter bis zu 2 Praxissemester.
Studiendauer:	Die tatsächliche Studienzeit liegt zwischen 8 und 10 Semestern.
Vorpraktikum:	Unterschiedliche Regelungen für das Vorpraktikum von 6 bis 26 Wochen.
Bewerbungen:	Direkt an die Hochschulen
Zulassungsbeschränkungen:	Überwiegend. Die Zahl der Bewerber überschreitet mit Ausnahme der Umweltverfahrenstechnik zumeist die Aufnahmekapazitäten erheblich.
Grenznoten (Auswahl):	FH Bremen, Umwelttechnik: 1,9;
	FH Gießen, Umwelt- und Hygienetechnik: 2,5;
	FH Hamburg, Umwelttechnik: 1,9;
	FH Lübeck, Umwelt- und Hygienetechnik: 2,0;
	FH Offenburg, Verfahrens- und Umwelttechnik: 1,9;
	UGH Paderborn in Höxter, Umwelttechnik: 2,3;
	FH Weihenstephan, Umweltschutz: 2,0;
	FH Wilhelmshaven, Umweltverfahrenstechnik: 3,6;
	FH Braunschweig-Wolfenbüttel, Recycling: 3,5.

Nachfolgend werden einige dieser Umwelt-Spezialstudiengänge näher beschrieben.

Internationaler Studiengang Umwelttechnik (FH Bremen)

Die Hochschule Bremen (FH des Landes Bremen) bietet seit 1992 im Fachbereich Bau-Ingenieurwesen in Kooperation mit englischen und irischen Hochschulen den achtsemestrigen Studiengang Umwelttechnik an. Das Studium gliedert sich in ein Grundstudium von zwei Semestern, das mit der Diplomvorprüfung abschließt, und in ein Hauptstudium, das mit der Diplomprüfung abschließt. Im ersten Jahr (Semester 3 und 4) des Hauptstudiums werden natur- und ingenieurwissenschaftliche Vertiefungsfächer vermittelt. Im zweiten Jahr (Semester 5 und 6) des Hauptstudiums liegt der Auslandsaufenthalt mit einem theoretischen Semester an der Partnerhochschule und einem Praxissemester in einem ausländischen Betrieb. Im dritten Studienjahr des Hauptstudiums (Semester 7 und 8) wählen die Studierenden zwischen Wasser- und Abwassertechnik oder Abfall- und Recyclingtechnik.

Die Hochschule verlangt ein Vorpraktikum von 26 Wochen. Es bestehen Zulassungsbeschränkungen. Bewerbungen sind direkt an die Hochschule zu richten. Die Grenznote für die Zulassung im WS 94/95 betrug 1,9.

Recycling (FH Braunschweig-Wolfenbüttel)

Der Studiengang Recycling an der FH Braunschweig-Wolfenbüttel (Standort Wolfenbüttel) besteht seit 1991. Die Regelstudienzeit beträgt acht Semester einschließlich zweier Praxissemester, wobei das letzte im achten Semester der Anfertigung der Diplomarbeit und dem Abschluß der Prüfungen dient. Im Studiengang gibt es die Wahlmöglichkeit zwischen den Fachrichtungen externes Recycling (Produktrecycling) und internes Recycling (Ver- und Entsorgungstechnik). Beim externen Recycling geht es darum, Konstruktion und Stoffauswahl im Hinblick auf einen einfachen Austausch und die Wiederverwendung von Teilen vorzunehmen. Zielsetzung beim internen Recycling ist die Minimierung des Ausstoßes von Abfall und Reststoffen bei der Produktion durch Verfahrensoptimierung und Veränderung der Einsatzstoffe.

Das Grundstudium (3 Semester) entspricht weitgehend dem Grundstudium der Versorgungstechnik, jedoch werden verstärkt maschinenbaulich orientierte Fächer wie Fertigung und Werkstofftechnik gelehrt. Das Hauptstudium externes Recycling (5 Semester einschließlich 2 Praxissemester) mit dem Schwerpunkt Recycling-Technologie und Umweltverfahrenstechnik wird am Institut für Recycling am Standort Wolfsburg durchgeführt. Das Hauptstudium internes Recycling am Standort Wolfenbüttel hat den Schwerpunkt Umwelt- und Entsorgungstechnik. Für den Studiengang bestehen Zulassungsbeschränkungen. Die Grenznote für die Zulassung lag im WS 94/95 bei 3,5.

Technischer Umweltschutz (UGH Paderborn)

Die Abteilung Höxter der UGH Paderborn bietet einen achtsemestrigen FH-Studiengang Technischer Umweltschutz mit der Studienrichtung Wasser- und Abfallwesen an. Im Hauptstudium werden alternativ die Studienschwerpunkte Abfallwesen oder Wasser- und Abwassertechnologie gewählt. Verlangt werden 13 Wochen Vorpraktikum vor Studienbeginn und 13 Wochen Fachpraktikum, die spätestens zum Beginn des Hauptstudiums nachgewiesen werden müssen. Das sechste Semester ist ein Praxissemester.

Im dreisemestrigen Grundstudium werden die für eine Ingenieurtätigkeit erforderlichen naturwissenschaftlichen und technischen Kenntnisse vermittelt. Das Hauptstudium bietet ein ausgewogenes Verhältnis von bau- und verfahrenstechnischen Lehrinhalten, die auf umwelttechnische Erfordernisse des Wasser- und Abfallwesens ausgerichtet sind.

Für den Studiengang bestehen Zulassungsbeschränkungen. Im WS 94/95 betrug die Grenznote für die Zulassung 2,3. Bewerbungen sind direkt an die Hochschule zu richten.

Umweltverfahrenstechnik (FH Wilhelmshaven)

Der Studiengang Umweltverfahrenstechnik an der FH Wilhelmshaven wurde 1994 eingerichtet. Als Vorpraktikum werden 13 Wochen verlangt. Die Regelstudienzeit beträgt acht Semester einschließlich

zweier Praxissemester im fünften und achten Semester. Im dreisemestrigen Grundstudium werden vorwiegend naturwissenschaftliche
und maschinenbauliche Grundlagen mit verfahrenstechnischer Bedeutung gelehrt, im Hauptstudium setzen prozeßtechnische, chemische und verfahrenstechnische Inhalte die Akzente.

Fächer des Grundstudiums:	Mathematik; Datenverarbeitung; Physik; Technische Mechanik; Konstruktionselemente; Chemie; Werkstoffkunde; Wärmelehre; Meßtechnik; Ökologie
Fächer des Hauptstudiums (Auswahl):	Wärmetechnik und Regelungstechnik; Physikalische Chemie und Analytik; Mechanische und thermische Verfahrenstechnik; Biotechnologie; Reinhaltung von Luft, Wasser, Boden; Energietechnik und elektrische Maschinen; Umweltverfahrenstechnik; Umwelttechnologie; Angewandte Informatik; Prozeßrechentechnik
Zwei Wahlpflichtfächer:	Wasseraufbereitung, Abfallwirtschaft, Recycling; Luftreinhaltung, Gewerbe- und Umweltrecht

An das Hauptstudium schließt sich das zweite Praxissemester an, das
der Anfertigung der Diplomarbeit (3 Monate) und den Prüfungen
dient.

Für den Studiengang bestehen Zulassungsbeschränkungen. Im WS
94/95 betrug die Grenznote für die Zulassung 3,6. Bewerbungen sind
direkt an die Hochschule zu richten.

Verfahrens- und Umwelttechnik (FH Anhalt)

Im Studiengang Verfahrens- und Umwelttechnik der FH Anhalt
(Standort Köthen) werden physikalische, chemische und ingenieurtechnische Kenntnisse vermittelt. Das Studium teilt sich in ein dreisemestriges Grund- und ein fünfsemestriges Hauptstudium. Das Praxissemester liegt im fünften Semester. Im Hauptstudium entscheiden

sich die Studierenden für eine der drei Studienrichtungen Recycling, Umwelttechnik oder Verfahrenstechnik.

Die Hochschule verlangt 13 Wochen Vorpraktikum. Zulassungsbeschränkungen waren im WS 94/95 nicht wirksam. Bewerbungen sind direkt an die Hochschule zu richten.

Bauingenieurwesen mit Schwerpunkt Umwelttechnik [32]

Das Bauingenieurwesen deckt mit Wasser-, Abwasser- und Abfalltechnik, die meist innerhalb ähnlich bezeichneter Fachrichtungen (zum Beispiel Wasserwirtschaft, Siedlungswasserwirtschaft) studiert werden können, zentrale Gebiete der Umwelttechnik ab. Aber auch die planerisch- konstruktiven Fächer des Bauingenieurwesens haben Bezüge zum Technischen Umweltschutz. In einigen Fachbereichen werden die einschlägigen Lehrangebote als Vertiefungs- oder Aufbaustudiengänge Umwelttechnik zusammengefaßt.

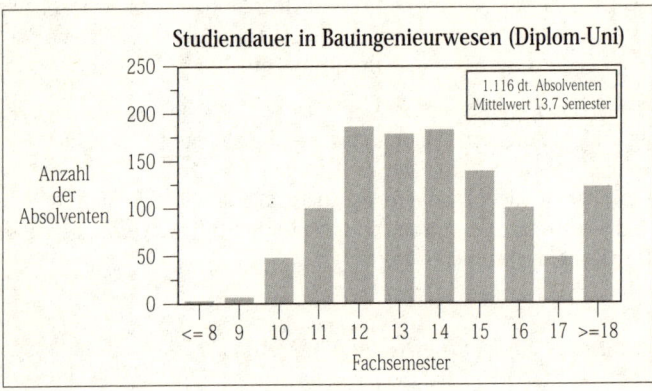

Quelle: Wissenschaftsrat, Daten der amtlichen Hochschulstatistik für Hochschulen im früheren Bundesgebiet, Prüfungsjahrgang 1991.

---

[32] Teile des Abschnitts wurden, zum Teil gekürzt, übernommen aus: Bundesanstalt für Arbeit (Hrsg.): Blätter zur Berufskunde, Berufe im Umweltschutz, Gütersloh 1994.

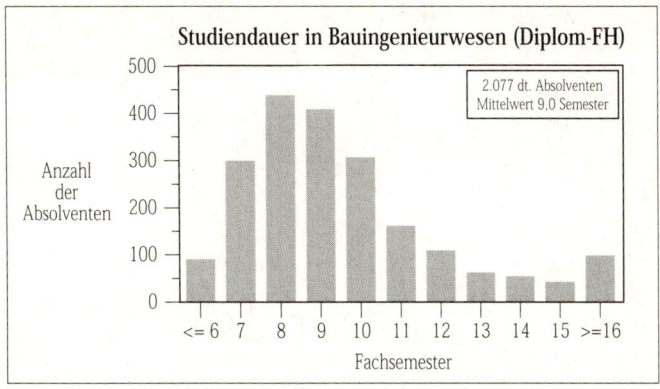

Quelle: Wissenschaftsrat, Daten der amtlichen Hochschulstatistik für Hochschulen im früheren Bundesgebiet, Prüfungsjahrgang 1992.

Die Siedlungswasserwirtschaft beschäftigt sich mit technischen Anlagen zur Wassergewinnung und -verteilung, zur Auslegung der Kanalisation und zur Abwasserbehandlung. Probleme sind zum Beispiel Stickstoff-, Phosphor-, Schwermetall- oder Halogenelimination aus kommunalen oder industriellen Abwässern oder die Sickerwasserreinigung aus Mülldeponien. Die Abfallwirtschaft behandelt, teilweise in enger Verknüpfung mit der Verfahrenstechnik, die unterschiedlichen Systeme der Abfallentsorgung, wie Deponieren, Müllverbrennung, Kompostierung und Recycling. In der planerischen Vertiefungsrichtung nimmt das Verkehrswesen den bedeutendsten Teil ein. Es ergeben sich umweltrelevante Aufgaben, zum Beispiel Weiterentwicklung der Schienenverkehrsnetze, Verkehrsberuhigung, Schall- und Emissionsschutz.

Bauingenieurwesen kann an Universitäten und Fachhochschulen studiert werden. Die Fächerkataloge stimmen weitgehend überein. Im zehnsemestrigen Uni-Studium werden die naturwissenschaftlich-mathematischen Grundlagen stärker betont als im achtsemestrigen FH-Studium.

Bauingenieurwesen (TU)

Abschluß:	Diplom-Ingenieurin, Diplom-Ingenieur.
Regelstudienzeit:	10 Semester.
Studiendauer:	13 – 14 Semester. Das Bauingenieurstudium dauert besonders lange.
Promotion:	10 – 12 % der Bauingenieure promovieren.
Praktikum:	Vielfach werden 3 – 6 Monate verlangt, die in Teilen (6 – 8 Wochen) vor Studienbeginn abgeleistet sein sollen.
Bewerbungen:	Direkt an die Hochschulen.
Zulassungsbeschränkungen:	Bestehen nicht.
Absolventen:	Jährlich rund 1.100 – 1.200 Männer und 150 – 180 Frauen (Frauenanteil 10 – 12 %).
Studienbedingungen:	Seit mehreren Jahren gehört das Bauingenieurwesen zu den am stärksten überlasteten Studiengängen. Der in anderen Ingenieurstudiengängen zu beobachtende Rückgang der Anfängerzahlen ist hier bislang nicht eingetreten.

Im ersten Studienabschnitt liegt die Betonung auf den mathematisch-naturwissenschaftlichen und ingenieurwissenschaftlichen Grundlagenfächern wie Mathematik, Technische Mechanik, Baustofftechnologie, Vermessungskunde, Technisches Darstellen, Grundzüge der Ingenieurinformatik sowie Grundzüge des Planens, Entwerfens und Konstruierens. Das anschließende Grundfachstudium gibt einen Überblick über alle wesentlichen Fächer des Bauingenieurswesens. Schließlich wählt man als Vertiefungsrichtung entweder Konstruktiven Ingenieurbau, Wasserwesen oder Verkehrswesen. Einige Hochschulen bieten als zusätzliche Vertiefungsrichtungen (oder als Schwerpunkte im Rahmen der oben genannten Fachrichtungen) Baubetrieb, Bauinformatik oder Umwelttechnik an. An der TU Braunschweig setzen sich die Vertiefungsrichtungen aus Dreierkombinationen von insgesamt 14 Teilfächern zusammen, so daß eine Vielzahl unterschiedlicher Studienvarianten möglich ist.

Bauingenieurwesen wird an 20 Universitäten angeboten,[33] die fast alle einen umwelttechnischen Schwerpunkt haben. Nach dem Gutachten des Wissenschaftsrates ergibt sich die nachfolgende Liste:

---

[33] Studien- und Berufswahl, S. 116f.

Universität	Bauingenieurwesen mit Umweltschwerpunkt
RWTH Aachen	Umwelttechnik
Uni Bochum	Umwelttechnik
TU Braunschweig	Abfallwirtschaft
TU Cottbus	Umwelttechnik
TH Darmstadt	Bauingenieurwesen
UGH Essen	Siedlungswesen/Umwelttechnik
TU Hamburg-Harburg	Bauingenieurwesen und Umwelt
Uni Hannover	Bauingenieurwesen
Uni Kaiserslautern	Bauingenieurwesen
Uni Karlsruhe	Abwasserentsorgung, Abfallwirtschaft
UGH Kassel	Bauingenieurwesen und Umwelttechnik
Uni der Bundeswehr München	Umweltschutz und Infrastrukturplanung
TU München	Wassergüte und Abfallwirtschaft
UGH Siegen	Wasserwirtschaft
Uni Stuttgart	Verkehrswesen und Wasserwesen
HAB Weimar	Umwelttechnik
UGH Wuppertal	Bauingenieurwesen

Bauingenieurwesen (FH)

In Deutschland werden zwei von drei Bauingenieuren an Fachhochschulen ausgebildet. Der Studiengang Bauingenieurwesen wird an 48 Fachhochschulen angeboten.[34]

Abschluß:	Diplom-Ingenieurin (FH), Diplom-Ingenieur (FH).
Regelstudienzeit:	8 Semester, darunter 1 – 2 Praxissemester.
Studiendauer:	8 – 10 Semester.
Vorpraktikum:	In der Regel werden 12 – 20 Wochen Grundpraktikum verlangt, von denen 8 – 12 vor Studienbeginn absolviert sein sollen. Interessenten erkundigen sich bei den Praktikantenämtern der Hochschulen.
Bewerbungen:	Direkt an die Hochschulen. In Nordrhein-Westfalen an die ZVS.
Zulassungsbeschränkungen:	Bestehen an fast allen Hochschulen.
Grenznoten (Auswahl):	FH Anhalt (in Dessau): 1,9; FH Hamburg: 2,1; FH Konstanz: 2,2;

---

[34] Studien- und Berufswahl, S. 116f.

Grenznoten	FH Leipzig: 2,3;
(Fortsetzung)	FH Lübeck: 2,9;
	FH München: 2,9;
	FH in Nordrhein-Westfalen: 3,0;
	FH Saarbrücken: 2,7;
	FH Oldenburg: 2,5;
	FH Würzburg: 2,4;
	FH Zittau / Görlitz: 2,6.
Absolventen:	Jährlich 3.000 Männer und 250 – 300 Frauen.
	Der Frauenanteil liegt zwischen 9 und 10 %.

Fast alle Bauwesen-Fachbereiche bieten einen umwelttechnischen Schwerpunkt oder eine entsprechende Studienrichtung an. Nach dem Gutachten des Wissenschaftsrats ergibt sich die nachfolgende Liste:

Fachhochschule	Bau-Studiengang mit Umweltschwerpunkt
FH Aachen	Bau-Ingenieurwesen (Wasser- und Abfallwirtschaft)
FH Biberach	Bau-Ingenieurwesen / Projektmanagement (Wasser/Abfall/Boden)
FH Bielefeld (in Minden)	Bau-Ingenieurwesen (Wasser- und Abfallwirtschaft)
FH Bremen	Internationaler Studiengang Umwelttechnik
FH Bochum	Bau-Ingenieurwesen (Wasserwirtschaft)
FH Darmstadt	Bau-Ingenieurwesen (Wasserwesen, Abfallwirtschaft)
FH Erfurt	Bau-Ingenieurwesen (Verkehr, Wasser, Umwelt)
FH Frankfurt/Main	Bau-Ingenieurwesen (Wasserwesen)
FH Gießen-Friedberg	Bau-Ingenieurwesen (Verkehr, Wasser, Umwelt)
FH Hildesheim/Holzminden	Bau-Ingenieurwesen (Wasser- und Abfallwirtschaft)
FH Karlsruhe	Bau-Ingenieurwesen (Wasserwirtschaft und Umwelttechnik)
FH Kiel (in Eckernförde)	Bau-Ingenieurwesen (Wasserwirtschaft und Umwelttechnik)
FH Köln	Bau-Ingenieurwesen / Bautechnik
FH Konstanz	Bau-Ingenieurwesen (Umwelttechnik, Verkehrs- und Wassertechnik)
FH Lausitz (in Cottbus)	Bau-Ingenieurwesen (Deponietechnik)
FH Magdeburg	Bauwesen / Allgem. Ingenieurbau (Sanierung)
FH Magdeburg	Wasserwirtschaft (Siedlungswasserwirtschaft, Abfallwirtschaft)

Fachhochschule	Bau-Studiengang mit Umweltschwerpunkt
FH München	Bau-Ingenieurwesen (Wasserwirtschaft)
FH Münster	Bau-Ingenieurwesen (Wasser- und Abfallwirtschaft)
FH Neubrandenburg	Bau-Ingenieurwesen
FH Nordostniedersachsen (in Suderburg)	Bau-Ingenieurwesen (Umwelttechnik)
FH Oldenburg	Bau-Ingenieurwesen (Wasserwesen)
FH Regensburg	Bau-Ingenieurwesen
FH Rheinland-Pfalz (in Kaiserslautern)	Bau-Ingenieurwesen (Umwelttechnik, Verkehrswesen und Wasserwirtschaft)
FH Rheinland-Pfalz (in Mainz)	Bau-Ingenieurwesen (Wasser und Abfallwirtschaft)
FH Rheinland-Pfalz (in Trier)	Bau-Ingenieurwesen (Wasserwesen und Umweltschutz; Bauphysik; Schallschutz; Immissionsschutz)
FHT Stuttgart	Bau-Ingenieurwesen (Verkehrswesen und Wasserbau)
UGH Wuppertal	Bau-Ingenieurwesen (Wasserwesen, Umwelttechnik)

Geotechnik und Bergbau (TU Freiberg)

An der TU Bergakademie Freiberg in Sachsen ist der traditionelle Studiengang Bergbau reformiert worden. Der neue Studiengang Geotechnik und Bergbau bietet im Hauptstudium (5. – 9. Semester) unter anderem die Studienrichtungen Geotechnik und Umwelttechnik an. Die Studienrichtung Umwelttechnik mit dem Schwerpunkt »Boden- und Gewässerschutz« gliedert sich in Ingenieurgeologie, Geochemie, Geobotanik und Deponietechnik. Der Studiengang schließt mit dem akademischen Grad des Diplom-Ingenieurs / der Diplom-Ingenieurin ab. Zum Studiengang Geotechnik und Bergbau gehört ein Praktikum, das vor Beginn des Studiums oder studienbegleitend während der vorlesungsfreien Zeit absolviert werden kann. Für den Studiengang bestehen keine Zulassungsbeschränkungen. Bewerbungen sind direkt an die Hochschule zu richten.

Maschinenbau / Verfahrenstechnik [35]

Der Maschinenbauingenieur befaßt sich nicht nur mit der Konstruktion, der Fertigung und dem Einsatz von Maschinen. Die englische Berufsbezeichnung »mechanical engineer« macht deutlicher, daß für den mechanisch orientierten Ingenieur alle Arten von mechanischen Funktionen und Systemen im Vordergrund stehen. Im Unterschied dazu beschäftigt sich der Verfahrensingenieur (englisch »chemical engineer«) speziell mit den Techniken der Stoffumwandlung. Von allen Schwerpunkten des Maschinenbaustudiums lassen sich mehr oder minder direkte Beziehungen zur Umwelttechnik herstellen. Besonders deutlich wird dies bei der Energie- und Verfahrenstechnik. Beispiele für Themen mit Umweltrelevanz:

• Werkstoffe: Entwicklung von Werkstoffen für Anlagen mit hoher Beanspruchung (zum Beispiel Abfallbeseitigungsanlagen) und zur Energie-Einsparung.
• Verfahrenstechnik: Strömungstrenntechnik für Abfallbehandlung (Trennung von Flüssigkeiten und Brennstoffen).
• Verfahrenstechnik (Energietechnik): Steigerung der Wirkungsgrade konventioneller Kraftwerke, Verminderung der Kohlendioxidemissionen.
• Verfahrenstechnik (Bioverfahrenstechnik): Mikrobakterieller Abbau industrieller chemischer Schadstoffe.
• Mechanik: Untersuchung der Stabilität der Antriebsflügel von Windkraftanlagen.
• Verbrennungskraftmaschinen: Weiterentwicklung von Motoren zur Verringerung des Energieverbrauchs und ihrer Schadstoffemissionen.

Das Studium des Maschinenbaus und der Verfahrenstechnik ist an Universitäten und Fachhochschulen möglich. An beiden Hochschultypen gibt es zwei Varianten: Variante A baut auf dem Grundstudium Maschinenbau auf. Die Verfahrenstechnik wird nach dem Vordiplom als einer von mehreren Schwerpunkten des Maschinenbaustudiums

---

[35] Teile des Abschnitts wurden, zum Teil gekürzt, übernommen aus: Bundesanstalt für Arbeit (Hrsg.): Blätter zur Berufskunde, Berufe im Umweltschutz.

angeboten. Variante B ist ein eigenständiger Studiengang für Chemie-Ingenieurwesen oder für Verfahrenstechnik und unterscheidet sich von Variante A unter anderem durch einen größeren Anteil einschlägiger Lehrinhalte (auch aus der Chemie) im Grundstudium.

Maschinenbau / Verfahrenstechnik (Uni)

Abschluß:	Diplom-Ingenieurin, Diplom-Ingenieur.
Regelstudienzeit:	10 Semester.
Studiendauer:	12 – 13 Semester.
Promotion:	Rund 20 % der Maschinenbauingenieure promovieren.
Praktikum:	Vielfach werden 6 Monate verlangt, davon 2 – 3 vor Studienbeginn.
Bewerbungen:	Direkt an die Hochschulen.
Zulassungsbeschränkungen:	Bestehen nicht.
Studienbedingungen:	Nach dem deutlichen Rückgang der Anfänger-zahlen sind die Studienbedingungen gut.
Absolventen:	Jährlich 4.700 – 4.800 Mäner und 250 – 300 Frauen (Frauenanteil 5 – 6 %).

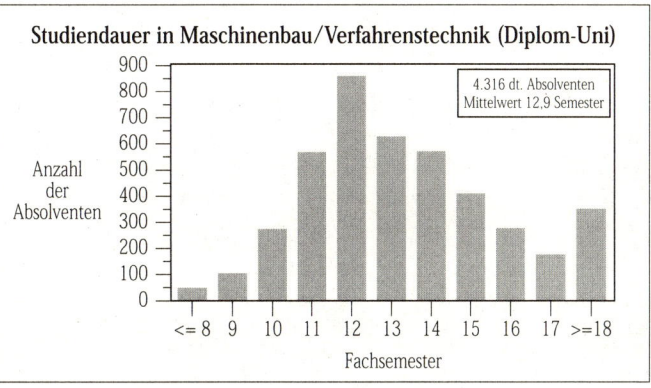

Quelle: Wissenschaftsrat, Daten der amtlichen Hochschulstatistik für Hochschulen im früheren Bundesgebiet, Prüfungsjahrgang 1991.

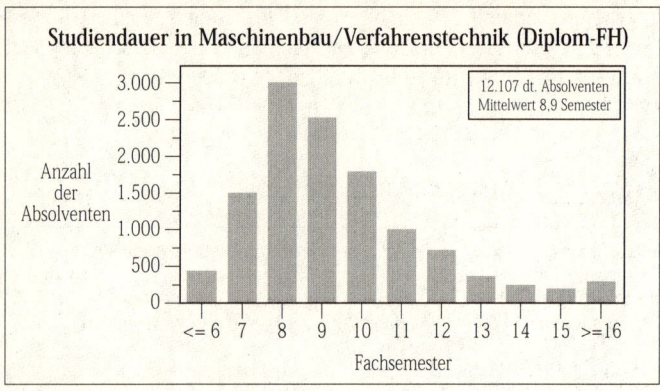

Studiendauer in Maschinenbau/Verfahrenstechnik (Diplom-FH)

12.107 dt. Absolventen
Mittelwert 8,9 Semester

Anzahl der Absolventen

Fachsemester

Quelle: Wissenschaftsrat, Daten der amtlichen Hochschulstatistik für Hochschulen im früheren Bundesgebiet, Prüfungsjahrgang 1992.

Das Grundstudium des Maschinenbaus beinhaltet die Fächer Mathematik, Technische Mechanik, Werkstoffkunde, Chemie, Physik, Maschinenelemente/Technisches Zeichnen, Strömungsmechanik, Thermodynamik, Wärme- und Stoffübertragung sowie Grundlagen der Elektrotechnik. An der TU Braunschweig muß nach dem Vordiplom ein verpflichtender Katalog von Grundfächern in den Bereichen Theorie, Konstruktion, Fertigungs-, Anlagen- und Betriebstechnik absolviert werden. Danach erfolgt das vertiefte Studium in der gewählten Studienrichtung.

An vielen der 28 Universitäten, die das Maschinenbaustudium anbieten,[36] ist die Wahl einer umweltbezogenen Studienrichtung oder eines entsprechenden Schwerpunktes möglich. Nach dem Gutachten des Wissenschaftsrats ergibt sich die nachfolgende Liste:

Universität	Maschinenbau/Verfahrenstechnik mit Umweltschwerpunkt
RWTH Aachen	Maschinenbau
TU Berlin	Umweltverfahrenstechnik
Uni Bochum	Umweltverfahrenstechnik
TU Braunschweig	Bioverfahrenstechnik

[36] Studien- und Berufswahl, S. 167f.

Universität	Maschinenbau/Verfahrenstechnik mit Umweltschwerpunkt
TU Claustal	Umwelttechnik
UGH Duisburg	Umwelttechnik
UGH Duisburg	Wasserchemie/Wassertechnologie
TU Bergakademie Freiberg	Umweltanlagenbau
TU Bergakademie Freiberg	Umweltverfahrenstechnik
Uni Halle-Wittenberg	Umweltschutztechnik
Uni der Bundeswehr Hamburg	Umwelttechnik
TU Hamburg-Harburg	Umweltverfahrenstechnik
TU Ilmenau	Umwelttechnik
Uni Kaiserslautern	Umweltverfahrenstechnik
TU Magdeburg	Umwelttechnik
Uni Rostock	Maschinen und Anlagen der Umwelttechnik
UGH Siegen	Umwelttechnik
Uni Stuttgart	Umweltverfahrenstechnik
Uni Stuttgart	Umweltschutz- und Sicherheitstechnik

Darüber hinaus gibt es weitere Universitäten mit Maschinenbau-Studiengängen, in denen Themen des technischen Umweltschutzes gelehrt werden, ohne daß deswegen explizit ein Schwerpunkt oder eine Fachrichtung Umwelttechnik ausgewiesen wird. Interessenten sollten sich direkt bei den für sie in Frage kommenden Hochschulen über die Schwerpunkte informieren.

Maschinenbau / Verfahrenstechnik (FH), Feinwerktechnik (FH), Physiktechnik (FH)

Abschluß:	Diplom-Ingenieurin (FH), Diplom-Ingenieur (FH).
Regelstudienzeit:	8 Semester, darunter 1 – 2 Praxissemester.
Studiendauer:	9 – 10 Semester.
Praktikum:	Vielfach werden 12 – 20 Wochen verlangt, von denen 8 – 12 Wochen vor Studienbeginn abgeleistet werden müssen.
Bewerbungen:	Direkt an die Hochschulen.
Zulassungsbeschränkungen:	Überwiegend keine oder nicht wirksame Zulassungsbeschränkungen.
Absolventen:	Jährlich rund 10.000 Männer und 1.200 Frauen. Der Frauenanteil beträgt 10 %.

An vielen der Fachbereiche, die Maschinenbau/Verfahrenstechnik anbieten, ist die Wahl einer umweltbezogenen Studienrichtung oder eines entsprechenden Schwerpunktes möglich. Dies gilt ebenso für die Studiengänge Feinwerktechnik und Physiktechnik, die vielfach einen Schwerpunkt Umwelttechnik haben. Nach dem Gutachten des Wissenschaftsrates ergibt sich die nachfolgende Liste:

Fachhochschule	Maschinenbau mit Umweltschwerpunkt
FH Aachen (in Jülich)	Maschinenbau (Energie- und Umweltschutztechnik)
FH Brandenburg	Maschinenbau (Umweltsystemtechnik)
FH Bremen	Maschinenbau (Energie- und Umwelttechnik)
FH Coburg	Maschinenbau (Umwelttechnik)
FH Karlsruhe	Maschinenbau (Kälte-, Klima- und Umweltverfahrenstechnik)
FH Kempten	Maschinenbau (Umwelttechnik)
FH Köln	Maschinenbau (Kraft- und Arbeitsmaschinen / Kraftwerkstechnik)
FH Konstanz	Maschinenbau (Verfahrenstechnik und Umwelttechnik)
FHT Mannheim	Apparatebau (Umwelttechnik)
FH Merseburg	Maschinenbau (Umwelttechnik)
FH München	Maschinenbau (Verfahrenstechnik – Umweltschutz und Umwelttechnik)
FH Niederrhein (in Mönchengladbach)	Produktionstechnik
FH Osnabrück	Maschinenbau (Umweltschutztechnik)
FH Ravensburg-Weingarten	Maschinenbau
FH Regensburg	Maschinenbau
FH Schmalkalden	Maschinenbau (Sicherheitstechnik / Umwelttechnik)
FH Zwickau	Maschinenbau (Wärme- und Umwelttechnik)

Fachhochschule	Verfahrenstechnik mit Umwelttechnik
FH Anhalt (in Köthen)	Verfahrens- und Umwelttechnik
FH Augsburg	Energie- und Verfahrenstechnik
TFH Berlin	Verfahrenstechnik (Verfahrens- und Umwelttechnik, Bioverfahrenstechnik)
FHTW Berlin	Umweltverfahrenstechnik
FH Bergbau Bochum	Verfahrenstechnik (Umwelttechnik)
FH Bremerhaven	Verfahrenstechnik
FH Düsseldorf	Verfahrenstechnik

FH Frankfurt	Verfahrenstechnik (Bioverfahrenstechnik, Gasreinigung und Abwassertechnik)
FH Furtwangen	Verfahrenstechnik (Chemische Verfahrenstechnik, Bioverfahrenstechnik)
FH Hamburg	Verfahrenstechnik (Umwelttechnik)
FH Hannover	Verfahrens- und Umwelttechnik
FH Köln	Verfahrenstechnik
FH Lausitz (in Senftenberg)	Verfahrenstechnik (Umwelttechnik)
FHT Mannheim	Verfahrenstechnik (Umwelttechnik)
FH Merseburg	Verfahrenstechnik (Chemische Verfahrenstechnik, Bioverfahrenstechnik)
FH Niederrhein (in Krefeld)	Verfahrenstechnik (Verwertungs- und Umwelttechnik)
FH Nürnberg	Verfahrenstechnik
FH Offenburg	Verfahrens- und Umwelttechnik
FH Osnabrück	Verfahrenstechnik (Umweltschutztechnik)
FH Rheinland-Pfalz (in Bingen)	Verfahrenstechnik (Versorgungs- und Energietechnik / Umwelttechnik)
TFH Wildau	Verfahrenstechnik
FH Wilhelmshaven	Umweltverfahrenstechnik
FH Wismar	Verfahrens- und Umwelttechnik
FH Zittau (in Görlitz)	Verfahrenstechnik (Umweltverfahrenstechnik)

Fachhochschule	Feinwerktechnik mit Umwelttechnik
FH München	Feinwerk- und Mikrotechnik (Technischer Umweltschutz)
FH Wilhelmshaven	Feinwerktechnik (Umwelttechnik)

Fachhochschule	Physikalische Technik / Physiktechnik mit Umwelttechnik
FH Brandenburg	Physikalische Technik (Umwelttechnik)
Märkische FH (in Iserlohn)	Physikalische Technik (Umwelttechnik)
FH Jena	Physikalische Technik (Umweltmeßtechnik)
FH Mittweida	Physikalische Technik (Studienrichtung Umwelttechnik)
FH München	Physikalische Technik (Technischer Umweltschutz)
FH Ostfriesland (in Emden)	Physiktechnik (Energie- und Umwelttechnik)
FH Ravensburg-Weingarten	Physikalische Technik (Umwelt- und Verfahrenstechnik)
FH Wedel	Physikalische Technik (Betrieblicher Umweltschutz)
FH Wildau	Physikalische Technik (Umwelttechnologie)
FH Zwickau	Physikalische Technik (Umwelttechnik)

Ver- und Entsorgungstechnik (FH)

Abschluß:	Diplom-Ingenieurin (FH), Diplom-Ingenieur (FH).
Regelstudienzeit:	8 Semester, darunter 1 – 2 Praxissemester.
Studiendauer:	9 – 10 Semester.
Praktikum:	Siehe Maschinenbau (FH).
Bewerbungen:	Direkt an die Hochschulen. In Nordrhein-Westfalen an die ZVS.
Zulassungsbeschränkungen:	Ja, sind jedoch nicht an allen FH wirksam.
Grenznoten:	FH Esslingen: 2,3;
	FH Gelsenkirchen: 2,8;
	FH Köln: 2,8;
	FH München: 3,2;
	FH Münster: 2,8;
	FH Nürnberg: 2,8;
	FH Offenburg: 3,6.

Der Ingenieur der Versorgungtechnik plant, baut und betreibt Anlagen der Ver- und Entsorgung von Wohngebäuden, Werkstätten, Krankenhäusern, Schwimmbädern bis hin zu Stadtteilen und Städten. Dabei geht es um sämtliche Geräte und Anlagen der technischen Gebäudeausstattung wie Heizungs-, Klima- und Sanitäranlagen sowie Elektroinstallationen, Wärmerückgewinnungsanlagen und Wärmepumpen. Grundlagen dieses Faches sind in erster Linie Maschinenbau und Elektrotechnik. Die Beziehungen zum Technischen Umweltschutz liegen auf der Hand: Wasser- und Energieeinsparung sowie Lärm- und Emissionsschutz.

Entsorgungstechnik, gelegentlich auch Abfallwirtschaft genannt, wird zumeist als eine Fachrichtung des Studiengangs Ver- und Entsorgungstechnik angeboten, an einigen Fachhochschulen auch als eigenständiger spezialisierter Studiengang. Die FH Gelsenkirchen beschreibt diesen Studiengang folgendermaßen:

»Die umweltverträgliche Entsorgung von Abfällen setzt eine hochwertige Entsorgungstechnik voraus. Unterschiedlichste Abfälle, von der Altlast über den Siedlungsmüll bis hin zum Sondermüll, müssen bei bestmöglicher Schonung der Umwelt behandelt, verwertet oder abgelagert werden. Hinzu kommen Maßnahmen zur Abfallvermeidung. Hierzu benötigt die Entsorgungswirtschaft in zunehmendem Umfang entsprechend ausgebildete Ingenieurinnen und Ingenieure. Vor allem praxisorientierte Fachhochschulabsolventen sind auf dem

Arbeitsmarkt gefragt. Sie entwickeln Abfallbehandlungs- und -verwertungstechniken, sie verwirklichen Entsorgungskonzepte und wirken mit, Abfälle vorrangig zu vermeiden.

Nach einem dreisemestrigen Grundstudium folgt ein fünfsemestriges Hauptstudium. Dabei können die Studierenden neben den Pflichtveranstaltungen in zahlreichen Wahlfächern eigene Akzente für ihr Studium setzen. Berücksichtigt werden auch nichttechnische Fächer wie beispielsweise ausgewählte Kapitel der Arbeitshygiene, der Betriebswirtschaftslehre für Ingenieure sowie des Entsorgungsrechts, das für die Realisierung von Entsorgungstechnik in hohem Maße relevant ist. Als besondere Studienschwerpunkte werden Entsorgungswirtschaft, Abfallbehandlungstechnik und Recyclingtechnik angeboten.

Mit dem Beginn des Wintersemesters 1994/95 startet im Bereich der Entsorgungstechnik zusätzlich der deutsch-britische Studiengang »European Studies in Environmental Engineering and Entsorgungstechnik«. Dieser gemeinsam mit der britischen School of Engineering der Sheffield Hallam University entwickelte europäische Studiengang umfaßt acht Semester, von denen vier in Sheffield zu studieren sind. Als Abschluß werden gleichzeitig die akademischen Grade »Diplom-Ingenieur/Diplom-Ingenieurin (FH)« sowie der »Bachelor of Engineering (Honours)« verliehen.«

Fachhochschule	Ver- und Entsorgungstechnik mit Umwelttechnik
TFH Berlin	Versorgungs- und Energietechnik
FH Braunschweig-Wolfenbüttel	Ver- und Entsorgungstechnik
FH Braunschweig-Wolfenbüttel	Recycling
FH Bremen	Versorgungstechnik (Recycling)
FH Bremerhaven	Betriebs- und Versorgungstechnik (Umweltschutz und Umweltrecht)
FH Erfurt	Versorgungstechnik
FHT Esslingen	Versorgungstechnik (Umwelttechnik)
FH Gelsenkirchen	Entsorgungstechnik
FH Gelsenkirchen	Versorgungstechnik
FH Köln	Versorgungstechnik (Umwelttechnik)
FH Lausitz (in Cottbus)	Ver- und Entsorgungstechnik (Kommunal- und Umwelttechnik)
FH Leipzig	Versorgungs- und Energietechnik (Versorgungstechnik, Thermische Energietechnik, Energiewirtschaft und Umwelttechnik)

Fachhochschule	Ver- und Entsorgungstechnik mit Umwelttechnik
FH Merseburg	Ver- und Entsorgungstechnik
FH München	Versorgungstechnik
FH Münster	Versorgungstechnik (Kommunal- und Umwelttechnik)
FH Nürnberg	Versorgungstechnik
FH Offenburg	Versorgungstechnik (Energietechnik / Kraft- und Arbeitsmaschinen, Technische Gebäudeausrüstung)
FH Rheinland-Pfalz (in Trier)	Versorgungstechnik (Energie- und Umwelttechnik)
FH Zittau	Ver- und Entsorgungstechnik
FH Zwickau	Versorgungs- und Umwelttechnik

Chemie-Ingenieurwesen

Der Studiengang Chemie-Ingenieurwesen (chemical engineering) wird an mehreren Unis und an einer Reihe von FHs angeboten. Der Studiengang ist im Grenzbereich zwischen der Chemie (Technische Chemie) und dem Ingenieurwesen (Verfahrenstechnik) angesiedelt. Der Schwerpunkt liegt vor allem an den FHs eindeutig bei den Ingenieurwissenschaften. Der Studiengang soll die Qualifikation vermitteln, Synthesen aus dem Reagenzglasstadium, die in den Forschungslabors entwickelt werden, in technische Verfahren zu übertragen und chemische Anlagen im industriellen Maßstab zu betreiben.

Chemie-Ingenieurwesen (Uni)

Abschluß:	Diplom-Ingenieurin, Diplom-Ingenieur
Regelstudienzeit:	9 – 10 Semester.
Studiendauer:	Tatsächlich benötigen die Absolventen im Mittel 12 – 14 Semester.
Promotion:	Rund 20 % der Chemie-Ingenieure promovieren.
Praktikum:	Insgesamt 26 Wochen, davon nur ein Teil vor Studienbeginn.
Bewerbungen:	Direkt an die Hochschulen.
Zulassungsbeschränkungen:	Nein. Als Folge eines starken Rückgangs der Anfängerzahlen sind die Studienbedingungen für Anfänger gut.

Grundständig spezialisierte Studiengänge für Chemie-Ingenieurwesen gibt es an den Universitäten Clausthal, Erlangen-Nürnberg, Karlsruhe und Stuttgart. An anderen Technischen Universitäten ist Chemie-Ingenieurwesen eine Studienrichtung oder ein Schwerpunkt der Verfahrenstechnik (Stoffumwandlungstechnik). Nach der Liste des Wissenschaftsrats werden Umweltthemen an folgenden Hochschulen schwerpunktmäßig behandelt:

Uni Dortmund (Chemie-Technik)
TU Dresden (Umweltverfahrenstechnik)
Uni Erlangen-Nürnberg (Umweltverfahrenstechnik und Recycling)
Uni Karlsruhe (Wassertechnologie, Umwelttechnik).
Chemie-Ingenieurwesen (FH)[37]

Der Studiengang Chemie-Ingenieurwesen (oder Technische Chemie) wird in den alten Bundesländern an 15 FHs und in den neuen Bundesländern an fünf FHs (FH Anhalt in Köthen, FH Dresden, FH Lausitz in Senftenburg, FH Magdeburg und FH Merseburg) angeboten. An den fünf UGHs in Nordrhein-Westfalen (Duisburg, Essen, Paderborn, Siegen, Wuppertal) bieten die Fachbereiche für Chemie im Rahmen des integrierten Chemiestudiums den siebensemestrigen Studiengang zum Diplom I an, der zum Diplom-Chemie-Ingenieur führt und im wesentlichen dem FH-Studium entspricht. Für das Studium des Chemie-Ingenieurwesens gelten weitgehend die gleichen Grunddaten wie für andere Ingenieurstudiengänge an Fachhochschulen.

Zulassungsbeschränkungen bestehen nur an wenigen Hochschulen und sind überwiegend nicht wirksam. Ein Rückgang der Anfängerzahlen hat dazu geführt, daß die Studienbedingungen für Anfänger gut sind.

Alle Chemie-Fachbereiche an Fachhochschulen behandeln Umweltfragen. In der nachfolgenden Liste sind alle FHs mit entsprechenden Studienangeboten aufgeführt. Studienrichtungen oder Schwerpunkte mit speziellem Umweltbezug sind entsprechend erwähnt.

---

[37] Siehe hierzu: DECHEMA: Studienführer Chemiefachbereiche an den Fachhochschulen der Bundesrepublik Deutschland. Frankfurt 1994.

Fachhochschule	Studiengang Chemie/Chemie-Ingenieurwesen (Schwerpunkt)
FH Aachen	Chemie
FH Aachen	Chemie-Ingenieurwesen (Chemische Prozeß- und Umwelttechnologie)
FH Aachen (in Jülich)	Chemie-Ingenieurwesen (Ökologische Chemie)
TFH Berlin	Chemie
FH Darmstadt	Technische Chemie
FH Dresden	Chemie-Ingenieurwesen (Umwelttechnik)
FH Frankfurt	Verfahrenstechnik, Chemie-Ingenieurwesen
FH Fresenius (in Wiesbaden)	Chemie (Umweltschutz, Ökologie und instrumentelle Analytik)
FH Hamburg	Chemie-Ingenieurwesen
FH Isny	Chemie (Lebensmittelchemie und Umwelt-analytik)
FH Lausitz (in Senftenberg)	Chemie-Ingenieurwesen
FH Lübeck	Technische Chemie
FH Magdeburg	Chemie
FHT Mannheim	Chemie (Umwelttechnik)
FHT Mannheim	Chemische Technik (Umwelttechnik)
FH Merseburg	Technische Chemie (Umweltschutz-technologie)
FH Münster (in Steinfurt)	Chemie-Ingenieurwesen (Chemische Umwelt-technologien)
FH Niederrhein (in Krefeld)	Chemie-Ingenieurwesen (Umweltschutz-analytik)
FH Nürnberg	Technische Chemie (Technischer Umwelt-schutz)
FH Ostfriesland (in Emden)	Chemie-Ingenieurwesen (Umwelttechnik)
FH Reutlingen	Chemie (Umweltanalytik)
FH Rheinland-Pfalz (in Pirmasens)	Chemietechnik
FH Zittau/Görlitz (in Görlitz)	Chemie (Umweltchemie)

Elektrotechnik [38]

Der Bezug der elektrotechnischen Fachgebiete (Energietechnik, Informationsverarbeitung, Automatisierungstechnik) zum Technischen Umweltschutz ist oft nur indirekt. Am deutlichsten ist diese Bezie-

---

[38] Teile des Abschnitts wurden, zum Teil gekürzt, übernommen aus: Bundesanstalt für Arbeit (Hrsg.): Blätter zur Berufskunde, Berufe im Umweltschutz.

hung auf dem Gebiet der regenerativen (erneuerbaren) Energien: Elektroingenieure sind wesentlich an der Erforschung, Entwicklung und Projektierung von Solarenergieanlagen beteiligt. In der Windenergietechnik liegt der Beitrag der Elektrotechnik in der Entwicklung ausgeklügelter Meß- und Regelungssysteme sowie der darauf zugeschnittenen Computer-Soft- und -Hardware. In der elektrischen Energietechnik haben insbesondere die Technik der Energieerzeugung (zum Beispiel Transformatoren) und -übertragung (Leitungstechnik) einen Bezug zum Umweltschutz. Die elektrische Meßtechnik hat wichtige Berührungspunkte zur Umweltanalytik.

Elektrotechnik (Uni)

Elektrotechnik kann man an Universitäten und Fachhochschulen studieren.[39] Das Grundstudium ist an beiden Hochschultypen stark mathematisch-naturwissenschaftlich orientiert und umfaßt an Universitäten in der Regel die Fächer Mathematik, Mechanik, Grundlagen der Elektrotechnik, Informatik, Elektrische Meßtechnik, Maschinenelemente, Physik, Elektromagnetische Felder, Wechselströme und Netzwerke, Werkstoffe der Elektrotechnik und diverse Laborpraktika. Nach dem Vordiplom existieren Wahlmöglichkeiten zwischen mehreren Studienrichtungen, an der TU Braunschweig zum Beispiel zwischen Meß-, Regelungs- und Automatisierungstechnik, Halbleiter-Elektronik, Mikroelektronik, Elektrische Energietechnik, Hochfrequenztechnik, Nachrichtentechnik/Nachrichtensysteme, Rechnergesteuerte Vermittlungssysteme und Datentechnik.

Abschluß:	Diplom-Ingenieurin, Diplom-Ingenieur.
Regelstudienzeit:	10 Semester.
Studiendauer:	12 – 13 Semester.
Promotion:	10 – 12 % der Elektroingenieure promovieren.
Praktikum:	Vielfach werden 26 Wochen praktischer Tätigkeit verlangt, davon müssen 13 Wochen vor Studienbeginn absolviert werden.

---

[39] Studien- und Berufswahl, S. 130f.

Bewerbungen: Direkt an die Hochschulen.
Zulassungsbeschränkungen: Keine.
Absolventen: Jährlich 3.500 Männer und 100 Frauen
                                          (Frauenanteil 3 %).

Elektrotechnik (FH)

Nach dem Vordiplom bieten die Elektrotechnik-Fachbereiche an Fachhochschulen meist die Studienrichtungen Energie-, Nachrichten-, Automatisierungs- und Datentechnik an.

Abschluß: Diplom-Ingenieurin (FH), Diplom-Ingenieur (FH).
Regelstudienzeit: 8 Semester, darunter 1 – 2 Praxissemester.
Studiendauer: Rund 9 Semester.
Vorpraktikum: Vielfach werden 12 – 20 Wochen verlangt, von
                                          denen 8 – 12 vor Studienbeginn abgeleistet
                                          werden müssen.
Bewerbungen: Direkt an die Hochschulen.
Zulassungsbeschränkungen: An einigen Hochschulen, aber überwiegend
                                          nicht wirksam.
Absolventen: Jährlich 6.800 Männer und 200 Frauen
                                          (Frauenanteil 3 %).

Nach der Liste des Wissenschaftsrates haben vier Fachhochschulen elektrotechnische Studiengänge mit einer auf Umweltthemen ausgerichteten Studienrichtung oder einem entsprechenden Schwerpunkt.

FH Dortmund   Elektrotechnik (Umwelttechnik)
FH Gießen-Friedberg Energie- und Wärmetechnik
                              (Umwelttechnik)
FH Merseburg   Elektrotechnik (Automatisierungstechnik)
FH Stralsund   Elektrotechnik (Regenerative Energiequellen)

Für Elektrotechnik wie für die anderen Ingenieurstudiengänge gilt der Hinweis, daß Themen des technischen Umweltschutzes nicht nur in explizit so benannten Studienrichtungen oder Schwerpunkten behandelt werden.

2.6 Grünes Aufbaudiplom

Zu Beginn dieses Abschnittes müssen wir uns auf einige Begriffe verständigen. Ein Zweitstudium ist ein reguläres zweites Studium, z. B. ein Raumplanungsstudium nach einem abgeschlossenen Biologiestudium. Das Zweitstudium ist damit ein ganz normaler Studiengang von meist üblicher Dauer. Von den Zweitstudien sind die weiterführenden Studiengänge zu unterscheiden, die eigene Prüfungs- und Studienordnungen haben. »Weiterführende Studienangebote« ist hier der Oberbegriff, der synonym mit postgraduale Studien ist. Der Begriff postgradual hat mit der gelben Post nichts zu tun. Er stammt aus den englischen Hochschulen und steht dort für Studiengänge, die auf dem ersten Abschluß aufbauen.[40]

Zu den weiterführenden Studienangeboten gehören Aufbaustudiengänge, womit ein ein- oder zweijähriger Studiengang bezeichnet wird, der den Abschluß eines ersten berufsqualifizierenden Studiums mit Diplom, Magister oder Staatsexamen voraussetzt und nach ein oder zwei Jahren zum Diplom führt, in einigen Fällen auch zum Lizentiat,[41] Master oder zu einem schlichten Zertifikat. Aufbaustudiengänge setzen in der Regel keine Berufserfahrung voraus und sind meist als Vollzeitstudiengänge ausgelegt.

Anders bei den Weiterbildungsstudien, die auch Kontaktstudien genannt werden: Derartige Kurse bieten bereits im Beruf stehenden Hochschulabsolventen die Möglichkeit, sich neben der Berufstätigkeit weiterzubilden. Die Veranstaltungen liegen deshalb an Abenden, an Wochenenden oder werden zu mehrwöchigen Seminaren zusammengefaßt. Am Ende gibt es kein Diplom, sondern lediglich ein Zertifikat, wie dies in Weiterbildungsseminaren üblich ist.

Alles klar? Vielleicht hilft eine Auflistung:

---

[40] An englischen Hochschulen ist der erste Abschluß in den Geistes- und Sozialwissenschaften der bachelor of arts (b. a.) und in den Natur- und Ingenieurwissenschaften der bachelor of science (b. sc.). Der postgraduale Studiengang führt in der Regel zum master of arts (m. a.) oder master of science (m. sc.).

[41] Lizentiat ist lateinisch und heißt »mit Erlaubnis versehen«. Dieser akademische Grad ist wenig gebräuchlich.

- Zweitstudium: Üblicher Studiengang parallel zum oder nach dem Erststudium.
- Aufbaustudium: Spezieller Studiengang, meist Vollzeitstudium. Abschluß: Diplom, Magister oder Zertifikat. Voraussetzung: Abgeschlossenes Studium.
- Weiterbildungskurse, Kontaktstudium Spezielles Studienangebot für berufstätige Hochschulabsolventen. Teilzeitstudium. Abschluß: Zertifikat.

Als nächstes will ich der Frage nachgehen, welche Argumente für ein zweites Diplom sprechen und welche Argumente dagegen. In Gesprächen mit Studierenden, die bereits ein erstes Diplom haben, treten drei hauptsächliche Ziele für die Fortführung ihres Studiums zutage. Diese Ziele überlagern sich und treffen mal mehr und mal weniger zu. Die Systematisierung schafft aber Klarheit über die Motive, mit dem Diplom in der Tasche noch für einige Jahre an der Hochschule zu bleiben, anstatt in den Beruf zu gehen.

1. Im Erststudium wurde ein wissenschaftliches Erkenntnisinteresse geweckt, z. B. an der Ökologie von Böden, an den noch längst nicht im einzelnen bekannten Zusammenhängen von Umweltbelastungen und Klimaveränderungen oder an erneuerbaren Energien. Möglicherweise hat die Arbeit an der Diplomarbeit, dem Gesellenstück des Wissenschaftler-Lehrlings, gezeigt, welche spannenden Themen in der Wissenschaft auf Bearbeitung warten. Bei Begeisterung für die wissenschaftliche Arbeit und bei Zufriedenheit über die mit der Diplomarbeit dokumentierten ersten eigenen Beiträge zur Wissenschaft liegt es nahe, nach dem Diplom tiefer in die Wissenschaft einsteigen zu wollen. Manch einer überlegt, ob sich die Forschung nicht zum Beruf machen läßt, so wie es die Professoren und Assistenten vorleben, denen man täglich in der Hochschule begegnet.
2. Oder es ist das Ziel, nach einem disziplinorientierten Studium – z. B. der Chemie oder der Biologie – über ein umweltbezogenes Aufbaustudium zusätzliche berufsbezogene Kompetenzen zu erwerben, die – so die Hoffnung – auf dem Arbeitsmarkt von Vorteil sein könnten. Man investiert also noch einige Semester und erweitert seine fachlichen Qualifikationen.

3. Oder – auch das gibt es gar nicht so selten – es ist eher eine Verlegenheitslösung, die den in den heutigen Zeiten schwierigen Übergang von der Hochschule in die Arbeitswelt hinausschiebt. Wirtschaftlich kann man sich als Student über Wasser halten, wenn man nebenher eine Teilzeitbeschäftigung hat, die für die bescheidenen studentischen Ansprüche eben noch ausreicht. Da lassen sich einige Semester Teilzeitbeschäftigung und Teilzeitstudium miteinander arrangieren. Bevor man arbeitslos wird oder für einen Job mit ungewissen Perspektiven aus der Hochschulstadt mit ihrer liebgewordenen Studentenkultur fortzieht, studiert man noch für ein zweites Diplom.

Wenn Sie schon einmal ein zweites Diplom bedacht haben, überlegen Sie, welche Ziele Sie damit verbinden. Nur von Ihren persönlichen Zielen her können Sie zu einer Antwort kommen, ob ein zweites Diplom für Sie sinnvoll ist oder nicht. Bevor Sie sich diese Antwort geben, sollten Sie sich noch mit einigen Fakten vertraut machen:

1. Wenn Sie Wissenschaft betreiben wollen, dann ist das Aufbaustudium nicht der richtige Weg. An den deutschen Universitäten führt der klassische Weg zum Nachwuchswissenschaftler vielmehr über die Promotion (siehe Kapitel 2.8 »Grüner Doktor«). Anders ist es in England oder in den USA, wo Sie nach dem Diplom meist noch einen zweiten Abschluß als master of science benötigen, um als Doktorand mit einer eigenen anspruchsvollen Forschungsarbeit beginnen zu können. In Deutschland hingegen ist es üblich, nach dem Diplom direkt als Doktorand zu beginnen.

2. In manchen Fällen schließen sich ein Aufbaustudium und die gleichzeitige Zulassung als Doktorand nicht aus. Die Realität an den Hochschulen ist eben vielfältig. Manchmal erhöhen Sie damit ihre Chancen, als Doktorand angenommen zu werden. Aber täuschen Sie sich nicht: Es gibt keinen direkten Weg über das zweite Diplom zum Doktortitel!

3. Weder Zweit- noch Aufbaustudium gibt es zum Nulltarif, auch wenn staatliche Hochschulen in Deutschland keine Studiengebühren erheben. Da sind einmal die Kosten für Bücher und Studienmaterial, dann die Kosten für den Lebensunterhalt und schließ-

Übersicht 9: Grüne Aufbaustudiengänge an deutschen Hochschulen

Fachgebiet	Hochschule	Studiengang	Dauer
Umweltwissenschaften	UGH Essen	Ökologie	4 Semester
	Uni Jena	Umweltsicherung	4 Semester
	Uni Jena	Umweltanalytik/ Umwelttechnik	2 Semester
	Uni Kaiserslautern Uni Trier Uni Saarbrücken	Euro-Studiengang Umweltwissenschaften Umweltanalyse	4 Semester
	TU Dresden und Partner- hochschulen	Euro-Studiengang Umweltwissen- schaften	4 Semester
	UGH Kassel (Standort Witzenhausen)	Ökologische Umweltsicherung	4 Semester
	Uni Münster	Umwelt-Geologie	2 Semester
	Uni Leipzig	Toxikologie und Umweltschutz	4 Semester
	Uni Oldenburg	Renewable Resources	2 Semester

Abschluß	Voraussetzungen	Bemerkungen
Dipl.-Ökologe	Einschlägiges Diplom von Uni oder FH	Fachliche Basis sind Biologie, Landespflege, Geowissenschaften
Dipl.-Umweltwissenschaftler	Universitätsstudium	Umweltnaturwissenschaften
Zertifikat	Chemiker, Physiker, Ingenieure von Uni oder FH	Weiterbildungsstudium
Euro-Diplom Umweltwissenschaften	Uni-Diplom der Natur- oder Ingenieurwissenschaften	Studiengebühren; gemeinsames Programm deutscher und französischer Hochschulen
Euro-Diplom Umweltwissenschaften	Uni-Diplom der Natur-, Agrar-, Forst- oder Ingenieurwissenschaften. Für Schwerpunkt b) auch Sozial-, Wirtschafts- und Rechtswissenschaften.	Studiengebühren; gemeinsames Programm deutscher, österreichischer und osteuropäischer Hochschulen. Schwerpunkte: a) Umweltanalyse b) Umweltplanung und -management.
Uni-Diplom	Diplom (Uni oder FH) oder Staatsexamen Natur-, Ingenieur-, Agrarwissenschaften u. ä.	FH-Absolventen 2 Semester zusätzlich
Zertifikat	Geologiestudium an ausländischer Hochschule	Zielgruppe Geologen aus Entwicklungsländern. Unterrichtssprache Englisch
Zertifikat	Uni-Diplom Chemie, Biologie, Agrarwissenschaften, Medizin	Studiengebühren
Master of Science	Studium Natur- oder Ingenieurwissenschaften	Inhalt: Erneuerbare Energien f. Entwicklungsländer

Fachgebiet	Hochschule	Studiengang	Dauer
Umwelttechnik Bauwesen	RWTH Aachen	Angewandte Technologie, Umweltschutz und Sicherheitsingenieurwesen	4 Semester
	Uni Karlsruhe	Resources Engineering (Water Resources and Land Development)	4 Semester
	Uni Karlsruhe	Strömungsmechanik Umweltschutz und Wasserbau	2–4 Semest
	FH Nordostniedersachsen, Standort Suderburg	Abfallwirtschaft	3 Semester
	FH Nordostniedersachsen, Standort Suderburg	Tropenwasserwirtschaft	3 Semester
	FH Rheinland-Pfalz, Abteilung Mainz	Umweltschutz Bauwesen	2 Semester
	RWTH Aachen	Angewandte Technologie Umweltschutz und Sicherheitsingenieurwesen	4 Semester
Umwelttechnik	RWTH Aachen	Umweltwissenschaften	4 Semester
	Uni Karlsruhe	Chemieingenieurwesen Schwerpunkt: Umweltverfahrenstechnik	2–4 Semest
	FH Lübeck	Umwelt- und Hygienetechnik (Fachrichtung des technischen Gesundheitswesens)	4 Semester

Abschluß	Voraussetzungen	Bemerkungen
Magister	bachelor of science (engineering)	Zielgruppe Ausländer, Studiengebühren
master of science (resources engineering)	bachelor of science	Zielgruppe Ausländer, Unterrichtssprache Englisch
Zertifikat	Uni-Diplom in Ingenieurwissenschaften o. ä.	
Dipl.-Ing. (FH)	Diplom der Natur- oder Ingenieurwissenschaften	
Dipl.-Ing. (FH)	Diplom der Natur- oder Ingenieurwissenschaften	
Zertifikat	Diplom	
Zertifikat	Uni-Diplom Natur- oder Ingenieurwissenschaften	
Zertifikat	Uni-Diplom in Chemie, Physik, Ingenieurwissenschaften	
Dipl.-Ing. (FH)	Diplom der Natur- oder Ingenieurwissenschaften	Angebot auch grundständig

Fachgebiet	Hochschule	Studiengang	Dauer
	FH Nürtingen FH Esslingen FH Reutlingen FH Stuttgart	Umweltschutz a) Vertiefung biologisch-ökologisch b) Vertiefung technisch	3 Semester
	FH Offenburg	Euro-Umwelt- ingenieurwesen (Internationales Aufbaustudium)	2 Semester
	UGH Wuppertal	Sicherheitstechnik	4 Semester
Umwelt- Planungswissenschaften	TU Dresden	Umweltschutz und Raumordnung	4 Semester
	Uni Kaiserslautern Uni Trier Uni Saarbrücken	Euro-Studiengang: Umweltwissenschaften, Umweltplanung	4 Semester
	Uni Karlsruhe	Regionalwissen- schaften, -planung	4 Semester
	UGH Kassel	Landschaftsplanung	5 Semester
	Uni Saarbrücken	Biogeographie und Raumbewertung	2 Semester
	Uni Stuttgart	Infrastrukturplanung	4 Semester

Abschluß	Voraussetzungen	Bemerkungen
Dipl. (FH) Umweltschutz	Diplom der Natur- oder Ingenieurwissenschaften	Gemeinsames Programm
Euro-Master Umweltingenieurwesen	Diplom der Natur- oder Ingenieurwissenschaften	in Kooperation mit ausländischer Hochschule, Studiengebühren
Dipl.-Sicherheitsingenieur	Diplom in Chemie, Physik oder Ingenieurwissenschaften	auch als grundständiger Studiengang
Dipl.-Ing. Umweltschutz	Diplom relevanter Fächer	3 Alternativen: Ressourcenschutz Landschaftsplanung Regionalplanung
Euro-Diplom Umweltwissenschaften	Uni-Diplom diverser Fächer	Studiengebühren; gemeinsames Programm deutscher und französischer Hochschulen
Lizentiat Regionalwissenschaften	Uni-Diplom diverser Fächer	
Diplom	FH-Diplom Landschaftsplanung	Berufspraxis erforderlich
Zertifikat	Uni-Diplom in Biologie, Geowissenschaften u. ä.	
Master of Infrastructure Planning	Einschlägiges Studium an ausländischer Hochschule	Zielgruppe: Ausländische Absolventen mit Berufspraxis, Unterrichtssprache Englisch

Schneisen durch das Dickicht der grünen Studiengänge

Fachgebiet	Hochschule	Studiengang	Dauer
Agrarwissenschaften	HU Berlin	Internationale Agrarentwicklung	2 Semester
	Uni Bonn	Agrarwissenschaften und Ressourcen-management in Tropen und Subtropen	4 Semester davon 2 im Ausla
	Uni Gießen	Weinbau und Oenologie	4 Semester
	Uni Göttingen	Phytomedizin	4 Semester
	Uni Göttingen	Tropen und Subtropen	4 Semester
	Uni Göttingen	Biotechnologie in Agrarwissenschaften	4 Semester
	Uni Hohenheim	Phytomedizin	4 Semester
	UGH Kassel, Standort Witzenhausen	Ökologische Umweltsicherung	siehe Umw wissen-schaften
	FH Osnabrück	Landnutzung Tropen und Subtropen	2 Semester
	FH Weihenstephan, Standort Triesdorf	Vieh- und Fleisch-wirtschaft	3 Semester
	FH Weihenstephan, Standort Triesdorf	Agrarmanagement	2 Semester
Forstwirtschaft	Uni Göttingen	Tropen- und Subtropen	4 Semester
	FH Hildesheim-Holzminden (FB Forst in Göttingen)	Umwelt- und Naturschutz	2 Semester

Abschluß	Voraussetzungen	Bemerkungen
Zertifikat	Uni-Diplom in einschlägigen Fächern	bereitet auf Entwicklungshilfe vor
Magister	Uni-Diplom Agrarwissenschaften (FH-Diplom als Ausnahme)	2 Semester Forschungsprojekt
Dipl.-Oenologe	FH-Diplom Weinbau u. ä.	Kooperation mit FH Wiesbaden
M. sc. agr.	Dipl.-Ing. agr. u. ä.	2 Semester Forschungsprojekt
M. sc. agr.	Dipl.-Ing. agr. u. ä.	2 Semester Forschungsprojekt
M. sc. agr.	Dipl.-Ing. agr. u. ä.	2 Semester Forschungsprojekt
Zertifikat	Dipl.-Ing. agr. u. ä.	
Zertifikat	Dipl. (FH) oder Bachelor of Science	Zielgruppe: in- und ausländische Studenten
Zertifikat	Hochschulstudium Agrarwissenschaften	Zielgruppe: Berufspraktiker
Zertifikat	Landwirtschaftsstudium, deutsche Sprachkenntnisse	Zielgruppe: Hochschulabsolventen aus Mittel- und Osteuropa
M. sc. forst. trop.	Dipl.-Forstwirte (Uni) o. ä.	
Zertifikat	Dipl.-Forstwirte (FH) o. ä.	

Fachgebiet	Hochschule	Studiengang	Dauer
Sonstige umweltbezogene Angebote	BU Flensburg	ARTES - Appropriate Rural Technology and Extension Skills	2–4 Semes
	Uni Karlsruhe	Wirtschafts-Ingenieure Umwelttechnik	4 Semeste
	PH Ludwigsburg	Umwelterziehung	2–3 Semes
	Uni Osnabrück	Angewandte System-wissenschaft, Schwerpunkt Umweltschutz	4 Semeste
	HS Vechta	Umweltmonitoring	4 Semeste
	Uni Trier	Europäisches Umweltmanagement	2 Semeste
	Uni Tübingen	Hydrogeology and Engineering Geology of Tropical and Sub-tropical Regions	3 Semeste

Quellen: Hochschulrektorenkonferenz, Weiterführende Studienangebote, 10. Aufl., Bad Honnef, 1994.Wissenschaftsrat, Stellungnahme zur Umweltforschung in Deutschland, Köln, 1994, Bd. 1.

Abschluß	Voraussetzungen	Bemerkungen
Zertifikat (2 Semester) Master of Science (4 Semester)	Einschlägiges Studium Berufserfahrung	Zielgruppe: Ingenieure, Entwicklungsplaner, -berater, Techniklehrer. Unterrichtssprache Englisch
Dipl.-Wirtschaftsingenieur	Dipl.-Ing. (Uni)	
Erweiterungsprüfung Lehramt	1. Staatsprüfung Lehramt	Erweiterungsprüfung für Lehramt an Grund-, Haupt- und Realschulen
Dipl.-Systemwissenschaftler	Uni-Diplom in Naturwissenschaften, Wirtschaftswissenschaften, Geographie, Raumplanung	Wahlpflichtfächer nach Erststudium
Zertifikat	Naturwissenschaftliches Studium	Ziel: Ökodaten in geographischen Informationssystemen
Magister	Universitätsstudium, Berufserfahrung	Studiengebühren; in Kooperation mit ausländischen Hochschulen
Zertifikat	Uni-Diplom Geowissenschaften	Zielgruppe: Geowissenschaftler der III. Welt und deutsche Interessierte an III. Welt

lich die Kosten des fortgeschrittenen Lebensalters beim hinausge-
schobenen Berufseintritt. Diese Kostenposition läßt sich nicht in
Mark und Pfennig berechnen. Das Berufseintrittsalter ist aber ein
gewichtiges Argument gegen ein zweites Diplom, vielleicht das ge-
wichtigste. Dabei ist es naheliegend, daß dieses Argument ein um-
so größeres Gewicht bekommt, je länger bereits das Erststudium
gedauert hat und je länger das zweite Studium dauert. Mit dem Studium verhält es sich eben nicht so wie mit dem Sparbuch, bei dem
die Zinserträge um so größer sind, je mehr man draufpackt!

Wenn Sie Ihre persönlichen Ziele und die geschilderten Argumente
betrachten, werden Sie feststellen, daß es eine eindeutige Antwort pro
oder contra zweites Diplom nicht gibt. Es wäre grob fahrlässig, nur
die Pro-Argumente gelten zu lassen und in einem zweiten Diplom immer einen Vorteil zu sehen. Leider vergessen viele Hochschulen und
kommerzielle Anbieter von Weiterbildungskursen, auf die Kontra-Ar-
gumente hinzuweisen.

Vergessen Sie nicht: Praxiserfahrungen kann man nur in der Praxis
erwerben!

Das Angebot der deutschen Hochschulen an Aufbaustudiengängen
für die hier interessierenden Gebiete finden Sie in der nachfolgenden
Übersicht 9. Knapp 50 verschiedene Aufbaustudiengänge unterschiedlicher Zielsetzung, Fachgebiete und Dauer sind in dieser Übersicht dokumentiert. Einige richten sich speziell an ausländische Studierende,
andere an berufstätige Hochschulabsolventen. Nicht enthalten sind
Weiterbildungskurse oder Kontaktstudiengänge, die sich an Berufstätige wenden, welche sich neben dem Beruf weiterbilden wollen. Wer
sich für derartige Kurse interessiert, von denen einige auch als Fernstu-
dien angeboten werden, wird auf Spezialstudienführer verwiesen.[42]

Im Unterschied zu Studiengängen, die zu einem akademischen Abschlußgrad (Diplom, Magister oder Doktor) führen, haben die Hochschulen für Weiterbildungskurse kein entsprechendes Monopol. Es
gibt deswegen einen intensiven Wettbewerb zwischen Hochschulen,

---

[42] Rolf Gerhard: Studienführer Weiterführende Studienangebote der Hochschulen: Ökologie/
Umweltschutz. Materialien des Arbeitskreises Universitäre Erwachsenenbildung. Hannover
1994. Hochschulrektorenkonferenz: Weiterführende Studienangebote an den Hochschulen
der Bundesrepublik Deutschland. Verlag K. H. Bock, Bad Honnef 1994.

die heutzutage für Weiterbildungskurse vielfach auch Gebühren verlangen, und gewerblichen Weiterbildungsträgern, die sich über Gebühren finanzieren müssen.

2.7 Grüne Weiterbildungskurse

Weiterbildung ist ein blühender Markt, auf dem eine unübersehbare Vielfalt von vielversprechenden Kursen angeboten wird, zum Beispiel zum »Abfallberater«, »Umweltberater«, »Umweltbeauftragten«, »Umweltmanager« und »Betrieblichen Umweltschutz«. Diese Weiterbildungskurse werden gegen Gebühr von kommerziell arbeitenden Bildungsträgern durchgeführt. Sie dauern neun, zwölf oder achtzehn Monate und sind manchmal mit Praxisphasen in Betrieben verbunden. Manche Kurse richten sich speziell an arbeitslose Hochschulabsolventen und wollen ihnen den Berufsstart oder die Wiedereingliederung in einen Beruf erleichtern. In der Vergangenheit hat das Arbeitsamt häufig derartige Kurse finanziert. Da der Arbeitsmarkt für viele dieser Qualifikationen (zum Beispiel Umweltberater, Abfallberater) aber kaum noch aufnahmefähig ist, haben die Arbeitsämter die Förderung in den letzten Jahren eingeschränkt. Interessenten empfehle ich, rechtzeitig vor Vertragsabschluß mit dem zuständigen Arbeitsamt Kontakt aufzunehmen und nach Erfahrungen mit dem Veranstalter sowie nach dem Verbleib der Absolventen früherer Kurse zu fragen.

In größerer Zahl werden derzeit Kurse angeboten, die zum »Betrieblichen Umweltbeauftragten« qualifizieren (vgl. Stichwort Umweltbeauftragter in Kapitel 3.6). Die vom Gesetzgeber zum Beispiel für die Funktion des Immissionsschutzbeauftragten geforderte spezielle Fachkunde wird üblicherweise nach einigen Jahren Berufserfahrung auf dem Weg einer Weiterbildung in Form eines mehrtägigen Seminars erworben. Derartige Seminare werden unter anderem von den Technischen Akademien, den Bildungszentren der Industrie- und Handelskammern oder den TÜV-Akademien angeboten. In der Datenbank für Aus- und Weiterbildung KURS, die in allen Berufsinformationszentren (BIZ) der Bundesanstalt für Arbeit kostenlos zugänglich ist, bieten mehr als fünfundzwanzig verschiedene Weiterbildungsträger ihre Kurse zum Betriebsbeauftragten an. Sie dauern in der Regel drei bis fünf Tage und kosten kräftig Gebühren, die von 1.500 – 3.000 DM reichen. Eine Alternative ist das Fernstudieninstitut der TFH Berlin, das Fernstudienkurse für Immissionsschutzbeauftragte und für Störfallbeauftragte anbietet. Der Fernstudent erhält regelmäßig vom Postboten das schriftliche Lehrmaterial geliefert, das er am häuslichen Schreibtisch durcharbeiten muß. Bei Gebühren in Höhe von 1.300 DM bieten diese Fernstudienkurse einen kostengünstigen Weg, sich neben dem Beruf weiterzuqualifizieren.

Neuerdings bieten einzelne Anbieter, zum Beispiel die Umweltakademie Fresenius in Dortmund, Weiterbildungskurse zum »Betrieblichen Umweltbeauftragten« an, die die zuvor in einzelnen Blöcken angebotenen Lehrgänge zu einem integrierten Weiterbildungskurs zusammenfassen. Ob sich dieser mehrwöchige und mit Gebühren von 14.280 DM entsprechend teure Kurs, mit dem das Ziel eines ganzheitlichen Umweltschutzes verfolgt wird, auf dem Weiterbildungsmarkt durchsetzen wird, bleibt abzuwarten.

Diese Qualifikation wird auch in Aufbaustudiengängen vermittelt. So bietet die FH Wedel, eine staatlich anerkannte, private FH in Schleswig-Holstein, für Ingenieur-Absolventen einen berufsbegleitenden Aufbaustudiengang zum »Ingenieur für betrieblichen Umweltschutz« an, der zugleich den Fachkundenachweis für Betriebsbeauftragte vermittelt. Dieses berufsbegleitende kombinierte Fern- und Präsenzstudium erstreckt sich über vier bis fünf Semester. Auch andere Hochschulen ermöglichen es, den Fachkundenachweis parallel zum entsprechenden Studiengang durch den Besuch spezieller Lehrveranstaltungen zu erwerben. Dies ist zum Beispiel beim Aufbaustudiengang Umweltschutz möglich, der gemeinsam von den Fachhochschulen Esslingen, Nürtingen, Reutlingen und Stuttgart angeboten wird (vergleiche Übersicht 9). Dort kann – bei entsprechender Fächerkombination – der Fachkundenachweis erworben werden für den

• Immissionsschutzbeauftragten
• Gewässerschutzbeauftragten
• Abfallbeauftragten
• Strahlenschutzbeauftragten
• Lärmschutzbeauftragten.

An den FHs Regensburg und Würzburg-Schweinfurt (Standort Schweinfurt) wird eine studienbegleitende gebührenfreie Weiterbildung zum Immissionsschutzbeauftragten und ebenso zum Sicherheitsingenieur für alle Studierenden der Ingenieurwissenschaften angeboten. Ein entsprechendes gebührenfreies Zusatzangebot gibt es auch an der FH Furtwangen, wo das einsemestrige Weiterbildungsstudium zum Immissionsschutzbeauftragten den notwendigen Fachkundenachweis enthält. Wer neben dem Studium oder neben dem Beruf den Fachkundenachweis erwerben will, sollte sich an den nahegelegenen Fachhochschulen nach solchen Weiterbildungsangeboten erkundigen.

2.8 Grüner Doktor

Was die Meisterprüfung für den Handwerksgesellen ist, das ist die Promotion für den Diplom-Absolventen: Der geprüfte Ausweis für höchste berufliche Qualifikationen und selbständiges Arbeiten im Beruf des Wissenschaftlers. Vor der Promotion stehen eine Reihe von Hürden. Zuerst muß ein gutes Diplom erworben werden, in der Regel verlangen die Fakultäten ein Prädikatsexamen (Note gut oder sehr gut) als Voraussetzung für die Zulassung zum Promotionsverfahren. Dann muß für die wissenschaftliche Betreuung ein Professor oder eine Professorin aus der Fakultät gefunden werden – der Doktorvater bzw. (noch selten) die Doktormutter. Dabei muß man wissen, daß es keinen Rechtsanspruch auf die Zulassung zur Promotion und – hier liegt die größte Hürde – auf die Betreuung durch einen Doktorvater oder eine Doktormutter gibt. Ist diese Hürde genommen, dann geht es an die Dissertation, das ist die Doktorarbeit, die am Ende nach Prüfung durch die Fakultät gedruckt vorgelegt werden muß. Je nach Thema, eigener wissenschaftlicher Produktivität und – ganz wichtig – den vorherrschenden Standards und Ansprüchen in der Fakultät, an der man promovieren will, dauert die Arbeit erfahrungsgemäß drei bis vier Jahre. Selten geht es kürzer, häufig dauert es länger.

In den grünen Fächern sind experimentelle Arbeiten im Labor oder in Kombination von Feldversuch und Labor üblich. Mit reinen Literaturarbeiten, wie sie noch in manchen anderen Fächern möglich sind, kann man in den Agrar-, Natur- und Ingenieurwissenschaften nicht landen. Experimentelle Arbeiten sind zeitraubend und anspruchsvoll und lassen sich selten neben einer Berufstätigkeit durchführen. Deswegen sind Doktorandinnen und Doktoranden auf die Finanzierung der Forschungsarbeit und des Lebensunterhalts angewiesen. Auf diese Finanzierung gibt es keinen Anspruch, und manch einer, der sich auf eine Promotion einläßt, geht für kürzere oder längere Zeit leer aus. Doktorandinnen und Doktoranden können sich bei der Hochschule und bei verschiedenen Stiftungen um ein Graduiertenstipendium oder um eine meist bescheiden vergütete Stelle als wissenschaftliche Hilfskraft am Institut ihres Doktorvaters oder ihrer Doktormutter bewerben. Vielfach läuft dort ein größeres Forschungsprojekt, aus dem Doktorandinnen und Doktoranden für einige Zeit vergütet werden können. Stellen mit halbem Gehalt und vollem Arbeitseinsatz sind heutzutage die Regel, und auch diese sind knapp und nur befristet. An manchen Instituten sind selbst Halbtagsstellen noch Luxus, wodurch die Doktorandinnen und Dokoranden finanziell zeitweise völlig in der Luft hängen.

Die Arbeit an der Dissertation dient nicht nur der Wissenschaft, sondern vor allem der persönlichen Qualifikation. Deswegen auch Befristung und Vergütung mit monatlich maximal 1.500 – 1.800 DM – also deutlich über BAföG und ebenso deutlich unter den Tarifsätzen für berufstätige Hochschulabsolventen. Längst nicht alle Doktoranden können für die drei bis vier Jahre Arbeit an ihrer Dissertation mit Stipendium oder Teilzeitbeschäftigung rechnen, wenige erhalten mehr, viele weniger, und mancher muß vorzeitig aufgeben, weil er seinen Lebensunterhalt verdienen muß. In dem einen oder anderen Fall gelingt es, die Dissertation neben dem Beruf fortzuführen und dann doch noch bei der Fakultät einzureichen. Dazu gehört aber viel Energie und Verzicht auf Freizeit und Familienleben.

Die nächste Hürde nach dem Einreichen der Dissertation bei der Fakultät ist deren Prüfung durch den Doktorvater und einen weiteren Prüfer, der von der Fakultät bestimmt wird. Erkennen die Prüfer die Dissertation an, dann folgt die mündliche Prüfung in zwei oder drei Fachgebieten. Diese Prüfung wird Rigorosum genannt. Näheres regeln die Promotionsordnungen der Fakultäten, die vor allem bei der mündlichen Prüfung Unterschiede aufweisen. Am Ende promoviert die Fakultät die Kandidatin oder den Kandidaten zum Doktor. Die agrarwissenschaftlichen Fakultäten vergeben den Doktor agr., die gartenbaulichen Fakultäten den Doktor hort., die Forstfakultäten den Doktor forest., die Fakultäten für Naturwissenschaften den Doktor rer. nat. und die Ingenieurfakultäten den Doktor Ing. Einen Öko-Doktor gibt es also nicht, auch keinen Umwelt-Doktor. Sollten Sie einmal auf einer Visitenkarte den Dr. oec. sehen, dann haben Sie es mit einem Ökonomen zu tun und nicht mit einem Ökologen!

Seit dem Ende der 80er Jahre gibt es eine neue Form der Doktorandenförderung: die Graduierten-Kollegs. Ausschreibungen für die Bewerbung um Stipendien- und Arbeitsplätze in Graduierten-Kollegs erscheinen regelmäßig in der Wochenzeitung ›Die Zeit‹ und an den schwarzen Brettern der einschlägigen Universitätsinstitute. Graduierten-Kollegs sind eine spezielle Form der Doktorandenförderung, in die nur hineinkommt, wer zugleich als Doktorand angenommen wird. Sie bieten den Doktoranden einen Arbeitsplatz meist im Institut des Doktorvaters oder der Doktormutter. Durch forschungsbezogene Vorlesungen, Kurse und Praktika begleiten Graduiertenkollegs die Forschungsarbeit, die eindeutig im Mittelpunkt steht. Sie zahlen dem glücklichen Kollegiaten ein Stipendium und ermöglichen es ihnen, sich ganz auf die Wissenschaft zu konzentrieren. Anders als in den Graduate Schools an den englischen und amerikanischen Universitäten gibt es in den deutschen Graduiertenkollegs keine eigene Abschlußprüfung, sie verleihen auch keine eigenen akademischen Abschlüsse, sondern bereiten auf die Promotion an der Fakultät vor, an der das Graduierten-Kolleg eingerichtet wurde. Es gibt inzwischen in Deutschland über 200 Graduierten-Kollegs mit jeweils 15–20 Doktoranden. Diese Form der Doktorandenförderung hat sich sehr bewährt und bietet gute Voraussetzungen für interdisziplinäre Forschungsarbeiten, die in den Umweltwissenschaften weit verbreitet sind.

Eine Promotion verbessert nicht automatisch die Berufschancen. Wer mit dem Diplom in der Tasche in den Beruf geht, sammelt in den drei bis vier Jahren, in denen die Doktoranden an ihrer Dissertation arbeiten, schon viele Berufserfahrungen, die für die Berufskarriere vielfach wichtiger sind als die zusätzliche wissenschaftliche Qualifikation. Beinahe zwingende Voraussetzung ist die Promotion aber für diejenigen, die den Beruf des Wissenschaftlers anstreben. Doch längst nicht alle, die den Doktor erwerben, finden danach eine Stelle als Wissenschaftler.

Zwischen den Fakultäten gibt es Unterschiede im Hinblick auf den üblichen Abschluß, mit dem die Mehrheit der Absolventen die Universität verläßt. Ein Extrem ist die Chemie, wo fast alle promovieren, das andere die Architektur, wo kaum jemand promoviert.

Übersicht 10: Promotionen in % der Diplom-Prüfungen (Uni)

Studiengang (Uni)	Promotionshäufigkeit
Landnutzungsdisziplinen	
Agrarwissenschaft	25 %
Forstwissenschaft	20 %
Gartenbau	10 %
Naturwissenschaften	
Biologie	55 %
Chemie	85 %
Geographie	10 %
Geologie	30 %
Geo-Ökologie	30 %
Physik	50 %
Ingenieurwissenschaften	
Bau-Ingenieurwesen	10 %
Elektrotechnik	15 %
Maschinenbau	20 %
Umwelttechnik	20 %
Verfahrenstechnik	20 %
Planungsdisziplinen	
Architektur	2 %
Landespflege	5 %
Raumplanung	8 %

Quelle: Eigene Berechnungen nach Angaben der Prüfungsstatistik

Alles, was bisher zur Promotion gesagt wurde, gilt nur für die Universitäten. Weil an den Fachhochschulen die Forschung nicht im Mittelpunkt der Aufgaben steht, werden an dieser Hochschulart auch keine Doktoranden ausgebildet. Folgerichtig haben die Fachhochschulen auch nicht das Promotionsrecht. Den Doktor (FH) gibt es nicht. Für besonders qualifizierte FH-Absolventen mit wissenschaftlichen Ambitionen gibt es aber (Um-) Wege zur Promotion an einer Universität. Diese Wege sind äußerst beschwerlich und bieten nur für wenige FH-Absolventen Durchlaß. Ein Umweg führt über Zweitstudium und Universitätsdiplom. Anschließend geht es dann den üblichen Weg. Doch dieser Weg ist zeitraubend und kann nicht empfohlen werden. Deswegen sehen die novellierten Hochschulgesetze der Länder seit Anfang der 90er Jahre vor, daß besonders qualifizierte FH-Absolventen mit hervorragendem Examen auch ohne Uni-Diplom zur Promotion an einer Universität zugelassen werden können. Einen Rechtsanspruch gibt es jedoch nicht, und auch können Fakultäten nicht gezwungen werden, gegen ihren Willen Doktoranden anzunehmen. Die Fakultäten, die dazu bereit sind, verlangen zumeist, daß die Kandidaten mit FH-Diplom einzelne Veranstaltungen und Prüfungen aus dem stärker theoretischen Universitätsstudium nachholen.

Ein anderer Weg, den es nur an einigen nordrhein-westfälischen Unis und UGHs gibt, führt über speziell für diesen Zweck angebotene Ergänzungsstudiengänge für FH-Absolventen. Die gleiche Funktion erfüllen an einigen anderen Unis Aufbaustudiengänge, die FH-Absolventen aufnehmen (zum Beispiel Raumplanung: Uni Oldenburg, Oenologie: Uni Gießen oder Ökologische Umweltsicherung: UGH Kassel).

Ein weiterer Weg führt an eine ausländische Hochschule, zum Beispiel in Großbritannien, Irland oder in den USA. FH-Absolventen werden dort für ein- bis zweijährige Master-of-science-Aufbaustudiengänge zugelassen. Mit dem m. sc. haben sie die formale Hürde für die Zulassung zur Promotion an diesen Hochschulen überwunden. Manche deutsche FH, die mit einer ausländischen Uni kooperiert, ermöglicht auf diesem Weg ihren besonders qualifizierten Absolventen einen Weg zur Promotion. Vielfach läuft dies über die gemeinsame Betreuung eines Forschungsprojektes durch Professoren der FH und der ausländischen Partnerhochschule. Inzwischen gibt es derartige Kooperationsmodelle auch zwischen FHs und deutschen Unis. Wer sich dafür interessiert, muß sich selbst auf den Weg machen und Professorinnen oder Professoren finden, die einen Kooperationspartner an einer Uni haben. Interessenten sollten aber in Rechnung stellen, daß der Weg zur Promotion nur wenigen offen ist und es keinerlei Rechtsanspruch gibt, weder auf Zulassung zur Promotion noch auf finanzielle Unterstützung.

3. Grüne Berufsfelder

3.1 Einleitung: Der Blick in die unklare grüne Zukunft

Wer Mitte der 90er Jahre mit dem Studium beginnt, tritt um die Jahrtausendwende in das Berufsleben ein. Wie sehen dann die Berufschancen für die grünen Diplome aus? Wird ein grünes Diplom vom Arbeitsmarkt noch nachgefragt werden? Welches Studium erleichtert den Berufseinstieg und welches nicht? Mitte der 90er Jahre sind die Zeitungen voll mit Berichten über arbeitslose Agrarwissenschaftler, Biologen, Chemiker, Geographen und Ingenieure. Sie werden sich fragen, ob dies eine kurzfristige Laune der Konjunktur ist oder eine Folge einer neuen Normalität angesichts Lean-Management, Verlagerung ins Ausland und straffem Kostenmanagement in den Betrieben. Ist vielleicht der Umweltsektor der neue arbeitsplatzschaffende Wachstumsmarkt, der die Arbeitsplatzverluste in den traditionellen Branchen ausgleicht?

Angesichts dieser Unsicherheit erhoffen Sie sich Rat von Arbeitsmarktexperten. Ihr Wunsch, bei der Studienwahl nicht nur Neigung und Interessen zu folgen, sondern auch die Berufschancen zu beachten, ja vielleicht sogar in den Vordergrund zu stellen, ist verständlich. Doch der Zeitraum bis zum Eintritt ins Berufsleben ist zu groß, um mehr als grobe Tendenzen der voraussichtlichen Entwicklung von Arbeitsmärkten erkennen zu können. Ich fürchte, die Experten werden Sie enttäuschen, wenn Sie klare Aussagen und belastbare Zahlen verlangen. Die Zukunft ist offen, und bis zur Jahrtausendwende kann sich die Konjunktur noch mehrfach ändern. Niemand weiß, wieviel Geld z. B. der Staat für Naturschutz, Umweltüberwachung oder Umweltforschung ausgeben wird. Genausowenig läßt sich vorhersagen, wie die Umweltgesetzgebung aussehen wird. Die dort festgeschriebenen Standards, Fristen und Ausnahmeregelungen bestimmen, wieviel Geld Kommunen und Privatwirtschaft für arbeitsplatzschaffende Investitionen zur Reinhaltung von Luft und Wasser, für das Recycling von Kunststoff oder für die Kompostierung von Hausmüll ausgeben werden. All diese nicht prognostizierbaren Bedingungen beeinflussen die Chancen in den grünen Berufen.

Das Wechselbad der Prognosen über den Bedarf an Ingenieuren, das wir in den letzten zwanzig Jahren erlebt haben, sollte uns bei Prognosen vorsichtig machen. Noch Ende der 80er Jahre wurde ein immer größerer Fehlbedarf bei Maschinenbau- und Elektroingenieuren prognostiziert. Industrie und Verbände warben mit Anzeigenkampagnen und Vorträgen in den Schulen für das Ingenieurstudium. Schneller als die Studienanfänger ihr Diplom machen konnten, hat sich die Lage jedoch verändert. So beobachten wir in den Jahren 1993 – 1995 ein wachsendes Überangebot von Ingenieuren dieser Fachrichtungen. Dagegen fehlt es momentan an Architekten und Bauingenieuren, denen noch Mitte der 80er Jahre ein schwieriger Berufsstart vorhergesagt worden war. Hier hat der Bauboom in den neuen Bundesländern als Folge der Wiedervereinigung Deutschlands alle Prognosen über den Haufen geworfen. Doch wie lange wird dieser Bauboom anhalten, und wann kippt der momentan freundliche Arbeitsmarkt?

In diesem Kapitel wollen wir die wichtigsten Informationen über die verschiedenen Berufsfelder für grüne Diplome vorstellen. Sie finden

- Prognosen über den Wachstumsmarkt der Umwelttechnologien in Kapitel 3.2,
- Prognosen über den Arbeitsmarkt für Umweltberufe in Kapitel 3.3,
- die amtliche Analyse des aktuellen Arbeitsmarktes in Kapitel 3.4,
- eine Analyse von Stellenanzeigen für Umwelttätigkeiten in Kapitel 3.5,
- eine Palette von Beschreibungen über die wichtigsten grünen Berufe in Kapitel 3.6.

3.2 Prognosen über den Wachstumsmarkt der Umwelttechnologien

Über eine »Grüne Zukunft mit 450.000 neuen Arbeitsplätzen« berichtet das Wirtschaftsmagazin ›Forbes‹ im Herbst 1994 in einem eigenen Umwelt-Special. Unter Berufung auf ein Gutachten des renommierten DEUTSCHEN INSTITUTS FÜR WIRTSCHAFTSFORSCHUNG (DIW) in Berlin wird eine Zunahme der Zahl »grüner Arbeitsplätze« von 680.000 zu Beginn auf 1.100.000 am Ende der 90er Jahre prognostiziert. »Eine knappe halbe Million neuer Öko-Jobs in Deutschland bis zum Jahre 2000 – ein gigantischer Wachstumsmarkt. Öko-Tech: die grüne Zukunftschance! In 88 Zukunftsberufen profitieren Akademiker und Handwerker von der grünen Wachstumsbranche«, heißt es dort. Vom Agraringenieur über den Baumpfleger, vom Entsorger auf Deponien bis zum Hydrogeologen und Verfahrensingenieur finden danach qualifizierte Fachkräfte unmittelbar im Umweltschutz oder mittelbar in der Produktion von Öko-Technik einen aufnahmefähigen, wachsenden Arbeitsmarkt. Umwelt-Redakteur Gerhard Walter ist geradezu euphorisch über die Perspektiven des »Umsatzes mit grünem Gewissen«: »Die Mär vom Umweltschutz, der Arbeitsplätze vernichtet und die Unternehmen an den Rand der Existenz drängt, gehört nun endgültig und glücklicherweise der Vergangenheit an.« Glaubt man den Prognosen, dann boomt der Markt auch weiterhin, Umwelttechnik bleibt ein fast unbegrenzter Wachstumsmarkt, und »Umwelttechnik-Experten« werden bei den Personalmanagern offene Türen einrennen.

Der Weltmarkt für Umwelttechnologien, der für 1993 auf 472 Milliarden DM geschätzt wird, soll nach den vorliegenden Prognosen bis zum Jahre 2.000 auf 682 Milliarden DM Umsatz expandieren. Deutschland hat daran heute einen Anteil von 16 % noch vor Japan mit nur 7 %. Lediglich der Marktanteil der Vereinigten Staaten von Nordamerika liegt auf Grund des dortigen riesigen Binnenmarktes mit 45 % deutlich vor dem Marktanteil Deutschlands. Betrachtet man jedoch nur den grenzüberschreitenden Handel mit Umwelttechnologien, dessen derzeitiges Gesamtvolumen auf 170 Milliarden DM geschätzt wird, dann liegt Deutschland mit einem Weltmarktanteil von 21 % an der Spitze – vor den USA mit 16 % und Japan mit 13 %. Die führende Position verdankt Deutschland den Leistungen seiner Wissenschaftler und Ingenieure, aber auch der vergleichsweise strengen Umweltpolitik. »Umweltschutz als Standortkiller – alles Unsinn«, so betitelt Forbes seinen Bericht über eine Studie »hochkarätiger Wirtschaftswissenschaftler«. »Fazit: Deutsches Umwelt-Know-How läßt sich weltweit ausgezeichnet verkaufen, sichert Arbeitsplätze und macht den Standort Deutschland für Investitionen äußerst interessant.«

Andere Töne hört man aus der Fachzeitschrift ›Umwelt‹. Nach einem Bericht in der Dezember-Ausgabe des Jahres 1994 sind weltweit gesehen die Bevölkerungsdichte und der Grad der Industrialisierung die wichtigsten Auslöser für Umweltschutzmaßnahmen. Die nähere Analyse ergibt, daß »Umweltbewußtsein und Ausgabebereitschaft stark von konjunkturellen Zyklen abhängig sind«. Zu diesem Ergebnis kommen die Unternehmensberater Niedermeyer und Freymark, die eine Marktuntersuchung der Umweltmärkte durchgeführt haben. Wie Prognostiker daneben liegen können, zeigen die aktuellen Überkapazitäten bei Deponie-Anlagen, die in den letzten Jahren von den Kommunen in Erwartung eines Zuwachses an deponiefähigem Abfall errichtet wurden. Tatsächlich sank jedoch das Deponie-Aufkommen innerhalb der letzten zwei Jahre um ein Drittel. »Investitionen, Mitarbeiter-Beschäftigung und Konzepte sind in Frage gestellt«, so die beiden Unternehmensberater. Und auch Firmen mit Hochtechnologie-Verfahren klagen über eine unzureichende Auslastung ihrer Anlagen, weil »Kunden bei schwacher Konjunktur eher zur Zwischenlagerung greifen als die hohen Entsorgungskosten zu zahlen.« Selbst exportorientierte Anlagenhersteller von Öko-Tech »haben in Zeiten konjktureller Abkühlung erfahren müssen, daß umweltorientierte Anlagen zu denen gehören, die am ehesten zurückgestellt werden, und daß Auflagen, Gesetze und Vorschriften dann großzügig interpretiert werden, wenn Arbeitsplätze ganzer Regionen gefährdet sind.« Offenbar wachsen auch in der Ökotechnik die Bäume doch etwas langsamer, als uns Wirtschaftsforscher und Prognostiker mit allzu optimistischen Prognosen glauben machen wollen. Momentan sieht es jedenfalls so aus. Dazu paßt, daß der BUNDESVERBAND DER DEUTSCHEN ENTSORGUNGSWIRTSCHAFT 1994 in einem eindringlichen Appell davor warnte, weitere Kapazitäten zur Entsorgung von Sonderabfällen zu planen oder zu bauen. Bei einer durchschnittlichen Unterauslastung von 40 % drohe neuen chemisch-physikalischen Behandlungsanlagen der wirtschaftliche Absturz. Der Umwelt-Ingenieur Ulrich Winkler kommt in ›Umwelt‹ zu der überraschenden Schlußfolgerung: »Überkapazitäten: Die Entsorgung von Sonderabfällen ist längst kein Wachstumsmarkt mehr.« Die Hauptursache für die »aufkommende Verblüffung über die branchenweite Kapazitätsfehlplanung« sieht er in der durch hohe Gebühren bewirkten Vorsorge in den Betrieben. Abfälle, die vermieden werden, brauchen nicht entsorgt zu werden! »In letzter Konsequenz macht die primär vermeidungsorientierte Kreislaufwirtschaft eine ganze Branche überflüssig, die bislang als der Wachstumsmarkt schlechthin galt«. Doch bis dahin ist noch ein langer Weg, so daß abzuwarten bleibt, ob diese Öko-Vision eines Tages Realität wird. *Winkler* empfiehlt den Entsorgungsunternehmen, genau zu beobachten, ob sich die Dinge im Hausmüllbereich ähnlich entwickeln. Er warnt: »Vielleicht wird auch manche geplante Müllverbrennungsanlage schlicht überflüssig«. Über jede Sondermüllbehandlungsanlage oder Mülldeponie, die wegen rückläufiger Abfallmengen nicht geplant, gebaut und betrieben werden muß, können wir froh sein. Die Umwelt wird es uns danken, wenn die Erfolge des vorsorgenden Umweltschutzes dazu führen, daß im nachsorgenden Umweltschutz weniger zu tun bleibt.

Diese Beispiele aus der Entsorgungswirtschaft stehen für den politisch gewollten Strukturwandel vom nachsorgenden zum vorsorgenden Umweltschutz. Die Folge ist, daß die Nachfrage nach Anlagen des nachsorgenden Umweltschutzes zurückgeht. Auf der anderen Seite gibt es im vorbeugenden Umweltschutz noch jede Menge ungelöster Probleme, so daß für Naturwissenschaftler und Ingenieure auch künftig genug zu tun bleibt. Zumindest in Teilbereichen der Umwelttechnik bestehen gute Aussichten auf überdurchschnittliche Wachstumsraten. Als Beispiele seien nur emissionsfreie Produktionsprozesse, Energiesparhäuser, abgasfreie Ökoautos oder effiziente Anlagen zur Erzeugung regenerativer Energien genannt. Wir stehen hier und bei vielen anderen Produkten und Verfahren erst am Anfang einer Entwicklung, die durch viele kleine, schrittweise Innovationen gekennzeichnet sein wird.

3.3 Prognosen über den Arbeitsmarkt für Umweltberufe

Viele Prognosen sind mehr oder weniger intelligente Verlängerungen von Tendenzen der letzten Jahre oder Jahrzehnte. Es wäre jedoch grob fahrlässig, die für Umweltberufe arbeitsplatzschaffenden Trends der 80er Jahre einfach in das Jahr 2000 zu verlängern. Vorsicht vor euphorischen Prognosen über die Wachstumsmärkte für Öko-Technik und Öko-Dienstleistungen ist geboten. Dies gilt noch mehr für die Prognosen über die Anzahl der dort Beschäftigten und deren Qualifikationsbedarf. Es ist irreführend, wenn vom Arbeitsmarkt für Umweltingenieure die Rede ist, denn es gibt verschiedene Arbeitsmärkte für die verschiedenen Techniken und beruflichen Qualifikationen. Um auf die Beispiele in der bereits erwähnten DIW-Studie zurückzukommen: Das Berufsfeld des Ökosystem-Forschers hat nichts mit dem Berufsfeld des Baumpflegers gemein, und das Berufsfeld des Agraringenieurs sieht völlig anders aus als das Berufsfeld des Ökotoxikologen. Fünf Gründe sind es vor allem, die es schwierig bis unmöglich machen, auch nur einigermaßen verläßliche Aussagen über die künftige Entwicklung des Arbeitsmarktes für Hochschulabsolventen mit einem grünen Diplom zu treffen:

1. Der Arbeitsmarkt der Öko-Berufe ist ungemein breit und differenziert. Diese Breite darf jedoch nicht mit einer entsprechenden Größe verwechselt werden.

2. Der Arbeitsmarkt der Öko-Berufe ist – wie viele andere Arbeitsmärkte für Hochschulabsolventen – direkt abhängig von politischen Entscheidungen. So hat z. B. die Einführung des Grünen Punktes viele Arbeitsplätze in der Entsorgungswirtschaft geschaffen. Ein anderes Beispiel: Jede Veränderung der Grenzwerte für die Abwasserreinigung hat Auswirkungen auf den Investitionsbedarf für Kläranlagen und damit auf die Beschäftigung der auf den Bau derartiger Anlagen spezialisierten Umwelt- und Bauingenieure.

3. Im Arbeitsmarkt der Öko-Berufe sind die fachlichen Anforderungen nur in wenigen Fällen reglementiert. Es gibt kein Monopol für eine spezielle Fachrichtung, so wie dies z. B. bei den Medizinern der Fall ist. Arzt kann man nur werden, wenn man Medizin studiert hat. Dagegen kann man z. B. Abfallberater werden, wenn man Landwirtschaft, Gartenbau, Biologie, Geoökologie oder Abfallwirtschaft studiert hat – und selbst diese Aufzählung ist noch nicht erschöpfend.

4. In den letzten Jahren sind die Studienplatzkapazitäten der auf Umwelt ausgerichteten Studiengänge erheblich ausgeweitet worden. Wie wir aus Kapitel 2 wissen, gibt es seit einigen Jahren eine ungewöhnliche Dynamik bei der Einrichtung neuer Studiengänge

z. B. für Abfallwirtschaft, Bodenschutz, Geoökologie, Recycling oder Umwelttechnik. Diese Studiengänge werden in wenigen Jahren eine große Zahl an Absolventen entlassen, die alle auf einen wachsenden Arbeitsmarkt hoffen.

5. Bis Anfang der 90er Jahre wurden in den Berufen, die sich mit der Umwelt beschäftigen, viele junge Menschen auf meist neu eingerichteten Stellen eingestellt, z. B. in der Umweltverwaltung, in der Entsorgungswirtschaft, in der Umweltberatung und für die gesetzlich vorgeschriebenen Umweltbeauftragten in der Industrie. Auch die Umweltforschung konnte dank großzügiger Förderprogramme kräftig expandieren und neue Stellen für meist befristet beschäftigte Nachwuchswissenschaftler einrichten. Die Kehrseite dieser Neueinstellungen ist die Altersstruktur in diesen Berufen: Für die nächsten beiden Jahrzehnte ist der altersbedingte Ersatzbedarf für viele Öko-Berufe gering. Es wäre deswegen fahrlässig, die Trends der 80er Jahre einfach zu verlängern und im Umweltschutz eine permanente »Job-Maschine« zu sehen. Für Umweltwissenschaftler und Umweltingenieure gibt es Anzeichen für Wachstumsgrenzen auf dem Arbeitsmarkt, die nicht zu den optimistischen Prognosen passen wollen. Eine Ursache sind die Erfolge des technischen Umweltschutzes aufgrund umfangreicher Investitionsprogramme für den nachsorgenden Umweltschutz (flächendeckender Aufbau des Dualen Systems, Kläranlagen, Anlagen zur Abfallverwertung, Wiederaufbereitung und Deponierung, Luftreinhaltetechniken). Wenn es hier nicht zu neuen gesetzlichen Vorgaben und daraus resultierenden Investitionsschüben kommt, werden die entsprechenden Arbeitsmärkte nicht expandieren. Ein zweiter arbeitsmarktrelevanter Faktor kommt hinzu: Auf dem Weg zur Kreislaufwirtschaft gelingen der Industrie durch Maßnahmen des produktionsintegrierten Umweltschutzes immer mehr Stoffkreisläufe, die den klassischen nachsorgenden Umweltschutz jedenfalls teilweise überflüssig machen. Ein Beispiel liefert die chemische Industrie. Die Firma Hoechst berichtet unter der Überschrift »Warum wir weniger Geld in die Abwässerreinigung stecken« über eine rückläufige Auslastung der werkseigenen Kläranlagen als Folge neuer Produktionsverfahren mit integriertem Umweltschutz, die weniger Abwässer entstehen lassen. Für den produktionsintegrierten Umwelt-

schutz sind Chemiker und Verfahrensingenieure gefragt, die sich den Umweltschutzgedanken bereits im Studium angeeignet haben, und abfallarme Produktionsprozesse entwerfen, einrichten und steuern können. Gleichzeitig werden dann weniger Abfallexperten benötigt. Mehr Umweltschutz bedeutet deswegen nicht automatisch auch mehr Arbeitsplätze für Umweltschützer.

Seien Sie skeptisch, wenn die Arbeitsmarktperspektiven der grünen Studiengänge mit dem gesellschaftlichen Bedarf an Umweltschutz begründet werden. Aus dem Ziel, die Umwelt zu schonen, folgt noch kein Arbeitsplatz im Umweltschutz! Es sieht so aus, als ob in der nächsten Zeit das Angebot an jungen Absolventen in den grünen Studiengängen sehr viel rascher wachsen würde als der Arbeitsmarkt der Öko-Berufe. Was folgt daraus für Sie, die Sie sich für einen grünen Studiengang interessieren? Aufgrund meiner Erfahrungen mit der Entwicklung des Arbeitsmarktes für »grüne Hochschulabsolventen« komme ich zu sieben Feststellungen, die Ihnen bei der Studienwahl helfen können:

1. Nur eine Minderheit unter den Hochschulabsolventen kann die Wissenschaft zum Beruf machen. Was wissenschaftlich interessant und wichtig ist, führt keineswegs auch in ein Berufsfeld. Die wenigsten Studentinnen und Studenten der Umweltwissenschaften werden später als Umweltwissenschaftler tätig. Ähnliches gilt für Agrarwissenschaftler, Biologen, Geographen oder Ökologen, um nur einige weitere Beispiele zu nennen.

2. Bei der Unsicherheit über die beruflichen Perspektiven spricht vieles für eine breite Fundierung der Studiengänge mindestens im Grundstudium und möglichst auch noch im Hauptstudium. Das zweifelsohne für den späteren Beruf erforderliche Spezialwissen sollten Sie in den Schwerpunkten des Hauptstudiums und in der Diplomarbeit erwerben.

3. Für viele Umweltberufe ist ein klassisches natur-, agrar- oder ingenieurwissenschaftliches Studium mit einem umweltbezogenen Schwerpunkt oder einer Vertiefungsrichtung Umwelt eine gute Vorbereitung. Gegenüber einem engen Spezialstudium haben die klassischen, im Markt eingeführten Studiengänge den Vorteil einer breiteren Verwendbarkeit auch außerhalb der Umweltberufe.

4. Es dauert längere Zeit, bis sich ein neuer Studiengang auf dem Arbeitsmarkt durchsetzt. Da ein neuer Studiengang anfänglich bei den Arbeitgebern unbekannt ist, müssen die Pionierjahrgänge viel Aufklärungsarbeit leisten. Die Unterstützung, die sonst von bereits berufstätigen Absolventen älterer Jahrgänge kommt, fehlt noch für lange Zeit. Die Absolventinnen und Absolventen neuartiger Spezialstudiengänge haben es deswegen – unabhängig von ihrer Qualifikation – häufig schwerer als Absolventinnen und Absolventen neuer Fachrichtungen traditioneller Studiengänge, die auf dem Arbeitsmarkt bereits eingeführt sind.

5. Während es in der Wissenschaft vorrangig um Messungen, Analysen und Theorien geht und deswegen hier vor allem Naturwissenschaftler gefragt sind, werden auf den meisten Arbeitsmärkten für die Umweltberufe angewandte naturwissenschaftlich-technische Qualifikationen gefragt. In der Praxis geht es vorrangig um die Lösung von Problemen. Deswegen sind in den Industriebetrieben Ingenieure häufiger gefragt als Naturwissenschaftler. Zum Beispiel haben für praktische Aufgaben der Landschaftsplanung und -gestaltung oder des Boden- und Naturschutzes Absolventen der Landespflege und der Landnutzungsdisziplinen häufig eine bessere Ausbildung als Geographen, Ökologen oder Biologen.

6. Ein Mangel an Praxisbezug im Studienangebot erweist sich auf dem Arbeitsmarkt häufig als Handikap, denn dort sind vor allem Hochschulabsolventen gefragt, die ohne größere Einarbeitungszeiten produktiv eingesetzt werden können. Das spricht für FH-Studiengänge, Praktika, anwendungsnahe Studienschwerpunkte und praxisnahe Diplomarbeiten.

7. Promotion, Aufbaustudiengang und Weiterbildungslehrgänge können die Chancen beim Übergang von der Hochschule auf den Arbeitsmarkt verbessern, wenn ihre Inhalte auf Problemlösungen abzielen und Praxiserfahrungen vermitteln. Es gibt jedoch keine Sicherheit, daß derartige Zusatzinvestitionen in die eigene Qualifikation sich hinterher auch auszahlen!

3.4 Der grüne Arbeitsmarkt: Aktuelle Unfreundlichkeiten[43]

Der Arbeitsmarkt ist in ständigem Wandel. Da die Prognosen aber so unsicher sind, halten wir uns zuerst einmal an die Realitäten des heutigen Arbeitsmarktes. Was sagt die BUNDESANSTALT FÜR ARBEIT, zu deren Aufgaben die Vermittlung von Angebot und Nachfrage auf den Arbeitsmärkten gehört, über die Arbeitsmärkte für grüne Diplome?

Generell gilt – und zwar für alle Fachrichtungen –, daß die wirtschaftliche Rezession der Jahre 1992 bis 1994 auch die Hochschulabsolventen voll getroffen hat. Lediglich bei den Architekten und Bauingenieuren sorgt der Bauboom (noch) für ein Hoch auf dem Arbeitsmarkt. Die Frage lautet hier: Wie lange noch? Bei Juristen, Ökonomen, Informatikern und Medizinern hat sich der Konjunkturhimmel zwar bewölkt, doch zwischen den Wolkenbänken scheint immer mal wieder die Sonne durch. Dagegen gehören die grünen Berufe seit einigen Jahren zu den Sorgenkindern des Arbeitsmarktes. Doch für gründlich ausgebildete Naturwissenschaftler, Ingenieure und Land- und Forstwirte mit Anwendungskenntnissen im Umweltbereich gibt es immer mal wieder Lichtblicke zwischen den Wolkenbänken. Die Zeiten sind aber längst vorbei, wo ein Hochschulstudium wie eine Vollkaskoversicherung vor Arbeitslosigkeit schützte. Dies haben in den letzten Jahren gerade Ingenieure erfahren müssen, die zuvor vom Arbeitsmarkt verwöhnt wurden und es sich leisten konnten, hohe Forderungen beim Berufseintritt zu stellen. Der Absturz aus der Hochkonjunktur erklärt auch manche übertriebene Schwarzmalerei in den Überschriften der Presseberichte zur Arbeitsmarktlage der Ingenieure.

»Akademiker-Arbeitsmarkt: Die Rezession hinterließ tiefe Spuren« – so heißt es beim Arbeitsamt fast unisono. Auch 1996 sind wir noch im Konjunkturtal, denn der Aufschwung hat bislang vor allem Auftragsbücher und Produktion erreicht und fängt nur langsam an, sich auch bei den Personaleinstellungen auszuwirken. Einige Frühindikatoren lassen auf eine langsame Erholung des Arbeitsmarktes

---

[43] Dieses Kapitel stützt sich auf Angaben und Bewertungen der Bundesanstalt für Arbeit über den Arbeitsmarkt in den Jahren 1993 – 1995. Amtliche Nachrichten der Bundesanstalt für Arbeit. Heft 7, 1994 und Heft 7, 1995.

schließen. So besteht denn auch Hoffnung, daß bei einer Neuauflage dieses Buches freundlichere Töne der amtlichen Arbeitsmarktbeobachter zitiert werden können. Zitate aus der ARBEITSMARKTBEOBACHTUNG DER FACHVERMITTLUNG FÜR BESONDERS QUALIFIZIERTE FACH- UND FÜHRUNGSKRÄFTE:

- Zum Arbeitsmarkt für Hochschulabsoventen allgemein: »Die Konjunktur kam (...) wieder in Schwung. Diese (...) positive Entwicklung blieb auch nicht ohne Auswirkung auf den Arbeitsmarkt für besonders qualifizierte Kräfte.«
- Über Ingenieure
  »Die Nachfrage nach Ingenieuren nahm ab Mitte 1994 insgesamt zu. Deutlich mehr Stellenangebote gab es für Maschinenbau- und Elektroingenieure. (...) Die wichtigsten Impulse auf dem Arbeitsmarkt für Ingenieure gingen von der Bauwirtschaft aus (...). Beschäftigungsmöglichkeiten für Maschinenbauingenieure ergaben sich auch in der Verfahrens- und Umwelttechnik.«
- Über Umweltschutzingenieure
  »Die wenigen Stellenangebote für Umweltschutzingenieure kamen von Ingenieurbüros und Entsorgungsbetrieben. Der öffentliche Dienst ließ keine größere Nachfrage erkennen. In erster Linie ging es um Tätigkeiten in der Abfallwirtschaft, Altlastenbeseitigung, Deponietechnik und Umweltverträglichkeitsprüfung (...). Häufig wurde Wert auf verfahrenstechnische Kenntnisse gelegt. (...) FH-Absolventen hatten meist bessere Chancen.«
- Über Naturwissenschaftler
  »Naturwissenschaftler waren (...) auf dem Arbeitsmarkt nur wenig gefragt (...) Aufgrund der schlechten Vermittlungschancen nutzten Naturwissenschaftler aller Fachrichtungen die verschiedenen Möglichkeiten zur beruflichen Fortbildung, sofern sie die erforderliche Eigenbeteiligung aufbringen konnten. Die Bildungsangebote konzentrierten sich auf Qualifizierungen für den Umweltbereich, für kaufmännische Tätigkeiten und für die Datenverarbeitung.«
- Über Chemiker
  »Der öffentliche Dienst suchte vereinzelt Chemie-Ingenieure für den Umweltschutz. Kurze Studien- und Promotionszeiten sowie gute bis sehr gute Examensnoten wurden vorausgesetzt, oftmals auch DV-Kenntnisse. Juristisches und ökonomisches Hintergrund-

wissen wurde von Ingenieur-Büros gefordert, die sich auf Umweltberatung spezialisiert hatten. Auch Qualifikationen in der Altlastensanierung, der Deponietechnik sowie Immissions- und Emissi-
onskontrolle waren gefragt. Bei den Anpassungsfortbildungen ging
es im wesentlichen um die Qualifizierung für die betriebliche Umweltberatung und den technischen Umweltschutz.«

• Über Physiker
»Physiker und Physik-Ingenieure hatten weiterhin einen schwierigen Arbeitsmarkt. Der öffentliche Dienst suchte gelegentlich Physiker für Aufgaben im Umweltschutz, z. B. für den Strahlenschutz
und die Abwasseraufbereitung. Insgesamt bot aber der Umweltschutz nur wenige Beschäftigungsmöglichkeiten für Physiker.«

• Über Biologen
»Insgesamt gab es nur wenige Stellenangebote, die sich ausschließlich an Biologen richteten. Vereinzelt gab es Stellenangebote aus
dem Umweltschutz. Hier ging es in erster Linie um Umweltverträglichkeitsprüfungen und um Abfallberatung. Mitunter ergaben sich
auch Beschäftigungsmöglichkeiten als Gutachter oder Fachautor.«

• Über Geographen
»Die wenigen Stellenangebote für Geographen kamen überwiegend
von Planungsbüros. Sie suchten – oftmals auch in freier Mitarbeit –
Geographen als Gutachter oder Sachverständige für Stadt-, Regio-
nal- und Verkehrsplanung sowie für Umwelt- und Naturschutz. Bei
den Planungsaufgaben standen die Geographen in Konkurrenz zu
Regional- und Stadtplanern sowie zu Vermessungs- und Bauingenieuren. Für die Positionen im Umwelt- und Naturschutz kamen
auch Naturwissenschaftler aus anderen Fachrichtungen in Betracht.
(...) Ohne Praxiserfahrung war der Übergang von der Hochschule in
den Beruf kaum zu realisieren.«

• Über Geowissenschaftler
»Die wenigen Stellenangebote für Geowissenschaftler kamen aus
dem Umweltschutz, vor allem aus dem Bereich der Altlastensanierung. (...) Von den Bewerbern wurden meist Kenntnisse in der Hydrogeologie und Hydrochemie, möglichst auch in der angewandten
Hydrologie erwartet. Fortbildungsmaßnahmen fanden in der Datenverarbeitung und im Umweltschutz statt.«

- Über Agrar-Ingenieure

»Agraringenieure hatten einen schwierigen Arbeitsmarkt. Beschäftigungsmöglichkeiten gab es vereinzelt im Umweltschutz, aber nur für Bewerber, die eine entsprechende Fortbildungsmaßnahme absolviert hatten. Der öffentliche Dienst konnte wegen seiner angespannten Haushaltslage nur wenige Neueinstellungen vornehmen. Die Offerten aus der Privatwirtschaft bezogen sich häufig auf Vertriebs- und Verkaufstätigkeiten, was aber mit Ausbildung und Interesse der Bewerber meist nicht in Einklang stand. Angesichts der ungünstigen Beschäftigungsaussichten war das Interesse an Fortbildungs- und Umschulungsmaßnahmen groß. Sie konzentrierten sich auf Umweltschutz, Datenverarbeitung und betriebswirtschaftliche Lehrgänge. (...) Insgesamt hatten FH-Absolventen etwas bessere Vermittlungschancen als Uniabsolventen.«

- Über Gartenbau-Ingenieure

»Der Arbeitsmarkt für Ingenieure des Gartenbaus blieb angespannt. Der überwiegende Teil der Stellenangebote kam aus dem öffentlichen Sektor, vor allem von Garten- und Straßenbauämtern. Aber auch private Planungsbüros hatten gelegentlich Aufgaben für die Anlagen-, Landschafts- und Objektplanung oder für die Bauleitung zu vergeben. Im Umweltschutz wurden Gartenbau-Ingenieure mit entsprechenden Zusatzqualifikationen für beratende Tätigkeiten, ökologische Gutachten oder Umweltverträglichkeitsprüfungen gesucht.«

- Über Landespfleger

»Für Ingenieure der Landespflege bot der Arbeitsmarkt – bedingt durch die gute Auftragslage in der Bauwirtschaft – mehr Möglichkeiten. Sowohl Kommunen als auch Ingenieurbüros suchten berufserfahrene FH-Ingenieure, hauptsächlich für ökologisch orientierte Planungsaufgaben. Wenn es um Aufgaben im Umweltschutz ging, waren Bewerber gefragt, die eine entsprechende Ausbildung und Berufserfahrung vorzuweisen hatten. Als Folge verschärfter Umweltauflagen wurden häufig Kenntnisse in der Umweltverträglichkeitsprüfung verlangt. Für die Bauleitung zog man FH-Absolventen vor. Für Planungsaufgaben kamen in erster Linie Uni-Absolventen in Frage. Mit einer Zusatzqualifikation im Umweltschutz – etwa in der Abfallberatung oder in der Umweltverträglichkeitsprüfung – hatten viele Ingenieure wesentlich bessere Chancen.«

- Über Forstwirte

»Forstingenieure und Forstwirte hatten es weiterhin mit einem schwierigen Arbeitsmarkt zu tun. Die wenigen Stellenangebote kamen von den staatlichen Forstverwaltungen. Es ging im wesentlichen um Arbeiten im Wald- und Naturschutz und um Umweltberatung. Vereinzelt wurden Forstwirte für die Begutachtung und Beseitigung von Waldschäden gesucht. Beim öffentlichen Dienst hatten FH-Absolventen bessere Chancen als Uni-Absolventen. Zahlreiche Forstingenieure wurden nach dem Referendariat nicht in den Staatsdienst übernommen. Angesichts der schwierigen Arbeitsmarktsituation und der angespannten Haushaltslage im öffentlichen Dienst waren viele Forstingenieure bereit, sich beruflich neu zu orientieren. Fortbildungsmaßnahmen fanden im Bereich Umweltberatung, Umweltinformatik (EDV), Landespflege und Betriebswirtschaft statt.«

Diese Zitate beschreiben die amtliche Sicht eines Arbeitsmarktes am Ende einer mehrjährigen Rezession. Es ist nur ein schwacher Trost, daß es bei den meisten anderen Fachrichtungen nicht viel besser, bei manchen sogar noch schlechter aussieht. Nur haben sich die Geisteswissenschaftler, die mit einem Magister die Hochschulen verlassen, längst daran gewöhnt, daß es für sie häufig keine akademikeradäquate Beschäftigung gibt und sie sich über Praktika, Fortbildung und vielfach sogar mit einer Berufsausbildung nach dem Studium erst noch qualifizieren müssen, bevor sie eine Chance auf dem Arbeitsmarkt bekommen, die häufig mit dem Fach, das sie studiert haben, nichts mehr gemein hat.

Die Zitate überzeichnen jedoch die Situation. Sie berichten nur von denjenigen, die nach vergeblicher Arbeitsplatzsuche beim Arbeitsamt anklopfen. Sie berichten aber nicht über die vielen, die auf eigene Faust eine Beschäftigung suchen und trotz Rezession auch finden. Wir sollten dies nicht vergessen, wenn wir die Meldungen der Bundesanstalt für Arbeit interpretieren. Daß dies kein bloßer Trost ist, zeigen die Arbeitslosenquoten für Hochschulabsolventen, die trotz aller Schwierigkeiten immer noch besser aussehen als die Quoten für Beschäftigte ohne Berufsausbildung. Allerdings stimmt die in den 70er Jahren noch gültige Aussage nicht mehr, daß Hochschulabsolventen ein geringeres Arbeitslosigkeitsrisiko haben als Facharbeiter, Techniker oder Meister. Heute gibt es keine statistisch signifikanten Unterschiede mehr. Hochschulabsolventen mußten nicht nur bescheidener werden im Anspruch an Tätigkeitsinhalte und Einkommen, sie sind auch wie andere Arbeitnehmer dem Auf und Ab der Konjunktur mit Perioden der Arbeitslosigkeit ausgesetzt.

3.5 Stellenanzeigen für Umweltberufe unter der Lupe

Die Meldungen der BUNDESANSTALT FÜR ARBEIT zeigen, daß es trotz Rezession eine nennenswerte Zahl von Stellenangeboten gerade für Fachkräfte mit Kenntnissen im Umweltschutz gibt. Zum Pessimismus besteht also kein Anlaß. So auch eine Auswertung von »über 11.000 Inseraten unter dem Aspekt Umweltberufe und -qualifikationen«.[44] Da nach den Erfahrungen der Arbeitsmarktforscher in diesem Bereich rund 40 % aller Stellenbesetzungen über Zeitungsinserate erfolgen, besitzen die in den Inseraten erkennbaren Anforderungsprofile einen hohen Aussagewert. 1994 richteten sich knapp 3 % der Stellenangebote an Fachleute mit Umweltqualifikationen. Eine Hochrechnung der ausgewerteten 11.000 Inserate auf sämtliche im Laufe eines Jahres erschienenen Stellenanzeigen ergibt 40.000 Stellen, in denen Umweltqualifikationen gefragt waren. Gegenüber einer früheren Untersuchung ist eine nicht zu übersehende Steigerung des Anteils der Umweltstellen eingetreten, so daß man »optimistisch in die Zukunft blicken kann«.

Branchen, die Umweltfachkräfte suchen

Die Nachfrage kommt überwiegend aus dem öffentlichen Dienst (37 %) und aus dem Dienstleistungssektor (30 %). Die Experten er-

---

[44] D. Ballin, A. Zimmermann: Stellenanalyse Umwelt und Beruf, 1993/94. Eine Kurzstudie zu den Qualifikationsanforderungen im Spiegel des Stellenmarktes. Know-How-Systems, Gesellschaft für Berufsforschungs- und Multimedia-Entwicklung mbH, München 1994.

klären die große Nachfrage des öffentlichen Dienstes mit »... der deutschen Umweltpolitik, die Umweltproblematiken in erster Linie ordnungspolitisch angeht, das heißt durch Gesetze und Verordnungen. Die Nachfrage der öffentlichen Verwaltung zeigt aber auch, daß der Staat gerade im Umweltbereich viele Aufgaben übernehmen muß, die für private Unternehmen nicht lukrativ sind.«

»Im privaten Dienstleistungssektor ... scheinen immer mehr allgemeine Dienstleister zu versuchen, Umweltaspekte in ihr Leistungsangebot zu integrieren. Ingenieur- und Planungsbüros liegen hier an der Spitze, gefolgt von Unternehmensberatungen und technischen Überwachungsgesellschaften ... Die Nachfrage nach Umweltqualifikationen auf seiten des produzierenden Gewerbes ist stabil. Ein Viertel dieser Nachfrage kommt allein aus der Baubranche. Die restlichen drei Viertel verteilen sich zu je 15 % auf den Maschinen- und Anlagenbau und die Bereiche Umwelt-, Energie- und Verfahrenstechnik, zu 10 % auf die Chemie-Industrie, zu je 8 % auf Heizungs-, Klima- und Lüftungstechnik sowie Elektrotechnik.«

Qualifikationen

Bei drei Vierteln der Inserate wird ein Hochschulstudium (Uni oder FH) gefordert. Bei beiden Hochschultypen liegen die Ingenieure an der Spitze. Naturwissenschaftler stellen die zweitstärkste Gruppe, gefolgt von Absolventen der Wirtschafts- und Sozialwissenschaften. Auch bei den Umweltberufen, für die kein Hochschulstudium verlangt wird, dominieren gewerblich-technische Ausbildungen, die doppelt so häufig nachgefragt werden wie kaufmännisch-verwaltende. Gegenüber den Stellenangeboten, die keine explizite Umweltausbildung fordern, belaufen sich die Stellenangebote für Spezialisten mit einer Umweltausbildung nur auf etwa ein Drittel. »Es werden also weniger Stellenbewerber gesucht, die eine reine Umweltqualifikation besitzen, sondern verstärkt solche Personen, die entweder aufbauend auf einer Umweltqualifikation auch Kenntnisse und Fähigkeiten in anderen Bereichen besitzen oder umgekehrt neben einer allgemeinen Qualifikation einen umweltspezifischen Schwerpunkt vorweisen können.«

Wenn spezifische Qualifikationen in den Inseraten genannt werden, liegen die Schwerpunkte in den Bereichen Abfall sowie Natur- und Umweltschutz. An zweiter Stelle liegen die speziellen Qualifikationen aus der Umwelttechnik (vor allem Abwassertechnik) und an dritter Stelle Umweltrechtskenntnisse. Nur in wenigen Inseraten werden Kenntnisse des Umweltmanagements, der Umweltanalytik und der Umweltverträglichkeitsprüfung (UVP) verlangt.

Fazit der Experten

Aus der Analyse wird deutlich, daß ein Umweltberuf meist eine technische oder naturwissenschaftliche Vorqualifikation erfordert. Es zeigt sich auch, daß bisher der nachsorgende, reparierende Umweltschutz Vorrang vor dem vorsorgenden, präventiven genießt. Der überwiegende Teil der Ingenieure ist in der Entwicklung, dem Verkauf und Betrieb von umwelttechnischen Anlagen tätig beziehungsweise mit der Sanierung von Wasser und Boden beschäftigt. Zugleich macht die Analyse deutlich, daß Naturwissenschaftler und Ingenieure nicht nur analysieren und konstruieren, sondern auch im Management tätig sind: »Beratende, aufklärende und insbesondere Management-Tätigkeiten werden ... auch überwiegend von Ingenieuren und Naturwissenschaftlern ausgeübt.«

3.6 Zwanzig grüne Berufe in Stichworten: Von A wie Abfallberater bis V wie Ver- und Entsorger

Abfallberater, Naturschützer oder Umweltbeauftragter kann man nicht studieren, das kann man nur werden. Die grünen Studiengänge wurden in Kapitel 2 beschrieben, jetzt geht es um die grünen Berufe. Auch hier haben wir es mit einem schwer durchschaubaren Dickicht alter und neuer Bezeichnungen zu tun. Zudem sind die Berufsfelder noch sehr im Fluß. Welche Bezeichnungen sich durchsetzen werden, inwieweit es zu gesetzlich geregelten Berufsbeschreibungen und Zugangswegen kommt und wie viele Hochschulabsolventen schließlich dort Lohn und Brot finden werden, ist vielfach noch unklar. »Verworrene Wege in die grünen Berufe« betitelte die ›Frankfurter Allgemeine Zeitung‹ 1990 ihren Bericht über das Studium der Umweltwissenschaften in Deutschland. Diese Aussage gilt weiterhin.

Schon bei der Definition des Begriffs »grüner Beruf« gibt es keinen Konsens. In den von der FACHVERMITTLUNGSSTELLE FÜR BESONDERS QUALIFIZIERTE FACH- UND FÜHRUNGSKRÄFTE, einer Einrichtung der BUNDESANSTALT FÜR ARBEIT, herausgegebenen Arbeitsmarkt-Informationen werden als »grün« nur die Berufe und Studiengänge für Agrarwissenschaften, Gartenbau, Landespflege und Forstwissenschaft bezeichnet. Diese Definition ist nach meiner Auffassung zu eng und von den Realitäten auf dem Arbeitsmarkt überholt. Deswegen verwende ich hier eine weite Definition, die neben den klassischen grünen Berufen auch die neuen Umweltberufe umfaßt.

Das Wissen über Umweltschäden beseitigt diese nicht. Aus Erkenntnis folgt noch kein Handeln. Gewohnheiten stehen im Wege, häufig sind es auch die höheren Kosten, die ein umweltgerechtes Handeln dem einzelnen abverlangt. Üblicherweise gehen die Kosten der Umweltschädigung nicht in die einzelwirtschaftliche Bilanz ein, weder beim Produzenten noch beim Verbraucher. Deshalb muß der Staat zum Schutz der Umwelt Gesetze und Verordnungen erlassen. Und weil Paragraphen ohne Kontrolle nicht wirken, müssen Kontrolleure her. So kommen Umweltbeauftragte in die Firmen, und Umweltschützer finden in Ämtern und Behörden ihre Beschäftigung. Über die Auswirkungen mancher Umweltgesetze auf die Umwelt mögen Zweifel bestehen – die arbeitsplatzschaffenden Wirkungen dieser Gesetze dagegen sind unübersehbar.

Aus der Grafik geht das exponentielle Wachstum der Umweltgesetze und -verordnungen hervor. In den letzten 25 Jahren hat sich die Zahl der staatlichen Regelwerke verzehnfacht. Mit der wachsenden Regelungsdichte beim Umweltschutz sind auch neue Umweltberufe entstanden, z. B. Abfallberater, Umweltbeauftragter und seit 1995 Umweltauditor. Diese und weitere siebzehn Umweltberufe, die längst nicht alle neu sind, sollen in diesem Kapitel vorgestellt werden. So findet der Leser rascher durch das unübersichtliche Dickicht der vielen Umweltberufe.

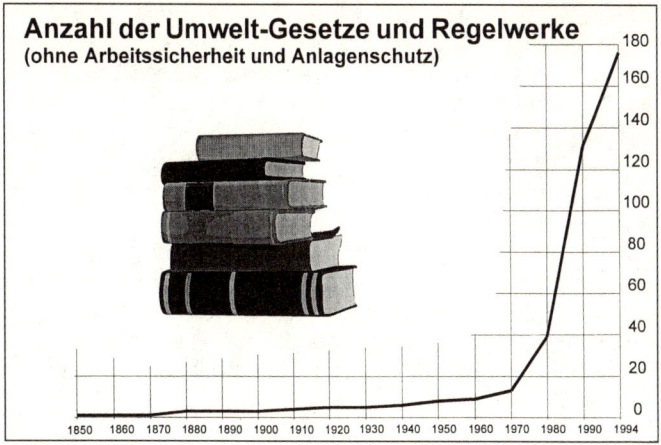

Anzahl der Umwelt-Gesetze und Regelwerke
(ohne Arbeitssicherheit und Anlagenschutz)

Dipl.-Ing. Matthias Willig, 1993; Die Umweltakademie Fresenius

Abfallberater/in

Die Abfallgesetze der Bundesländer schreiben vor, daß Behörden und Unternehmen, in denen in größerem Umfang Abfälle anfallen oder die in der Abfallwirtschaft tätig sind, spezielle Abfallberater beschäftigen. So heißt es zum Beispiel im *Abfallwirtschaftsgesetz für das Land Schleswig-Holstein* vom 6. 12. 1991 in § 4, Absatz 3:

> »Die entsorgungspflichtigen Körperschaften sind gegenüber den Besitzern von Abfällen ... zur Information und Beratung über Möglichkeiten der Vermeidung, Verwertung und Entsorgung von Abfällen verpflichtet. Sie können diese Aufgaben auf die Gemeinden ... übertragen. Die Beratung soll durch eigene sachkundige Bedienstete erfolgen. Zur Beratung können Dritte herangezogen werden.«

Die Zahl der Abfallberater (auch Abfallwirtschafts- oder Abfall- und Wertstoffberater genannt) liegt bundesweit bei rund 1.500. Ihre Arbeit ist vielseitig. Sie beraten Privathaushalte und Gewerbebetriebe, wie Abfälle vermieden, wiederverwertet, gesammelt und entsorgt

werden. Sie halten Vorträge, stellen auf Veranstaltungen Abfallwirt-
schaftskonzepte vor, rücken aber auch Müllsündern zu Leibe oder
bringen Kleingärtnern und Hausmeistern das richtige Kompostieren
bei. Abfallexperten mit einschlägigem Hochschulstudium arbeiten
auch in Ingenieurbüros, wo sie Abfallkonzepte entwerfen und – je
nach Kompetenz – auch die dazu notwendigen Anlagen planen. Abfallberater arbeiten für Kommunen (Umweltämter) und in der Entsorgungswirtschaft. Sie werden auch von Industrie- und Handelskammern und Handwerkskammern eingestellt, die die Betriebe über
die Vorschriften der Abfallgesetze informieren und mit den Betrieben
nach praktikablen Lösungen für die betrieblichen Abfallprobleme suchen. Ohne fundiertes natur- oder ingenieurwissenschaftliches Know-
How ist die Tätigkeit eines gewerblichen Abfallberaters kaum möglich.

Der Gesetzgeber hat zwar die Beschäftigung von Abfallberatern vorgeschrieben, er hat aber nicht definiert, wie die Ausbildung aussehen
soll. Bindende Vorschriften gibt es nicht, jeder kann sich Umwelt- oder
Abfallberater nennen. Ein Hochschulstudium, meist der Agrar- oder
Naturwissenschaften (Biologie, Chemie, Geographie) ist zunehmend
üblich, aber bislang nicht vorgeschrieben. Heute finden wir unter den
Abfallberatern Pädagogen, Biologen, Landschaftspfleger, Forstwirte,
Agraringenieure, Chemiker oder Wirtschaftsgeographen, die meist
nach dem Studium eine Weiterbildungsmaßnahme (vergleiche Kapitel 2.6) durchlaufen haben. Bislang noch im Diskussionsstadium sind
Pläne, ein FH- oder Uni-Studium der Agrar-, Natur- oder Ingenieurwissenschaften vorzuschreiben, um das Berufsbild des Abfallberaters
zu professionalisieren.

Einen großen Einstellungsboom gab es Anfang der 90er Jahre, als
das DUALE SYSTEM GMBH viele Abfallberater mit Zeitvertrag einstellte
und in den Behörden unterbrachte, um den Grünen Punkt bekannt
zu machen und das neue Abfallkonzept ins Laufen zu bringen. In dieser Zeit stiegen eine Reihe von gewerblichen Bildungsträgern in den
Markt für Weiterbildungskurse zum Abfallberater ein. So listet die
INTERESSENGEMEINSCHAFT FÜR ABFALLWIRTSCHAFTSBERATUNG E. V. in ihrer
1993 herausgegebenen Broschüre zum Berufsbild Abfallwirtschaftsberatung 18 Anbieter von Fortbildungsseminaren und Lehrgängen
zum Thema Abfallwirtschaft, Abfallmanagement und Abfallberatung

auf. Inzwischen ist das Weiterbildungsgeschäft ruhiger geworden, weil die gesetzlich vorgeschriebenen Stellen besetzt sind. Die Arbeitgeber können es sich leisten, bei der Personalauswahl wählerischer vorzugehen. »Ein grünes Herz reicht nicht«, titelte die Berliner ›taz‹ vom 03. 12. 1994. Gesucht werden heute in erster Linie Berater mit profunden Kenntnissen eines Studiums der Agrar-, Natur- oder Ingenieurwissenschaften. Eine Zusatzausbildung, die auf ein fachlich fremdes Studium, zum Beispiel der Pädagogik oder der Geisteswissenschaften aufgesattelt wurde, wird angesichts der vielen qualifizierten Bewerber auf dem Arbeitsmarkt kaum noch als ausreichende Qualifikation angesehen.

Spezialisierte Studiengänge, die für anspruchsvolle Tätigkeiten in der Abfallwirtschaft qualifizieren, sind Abfallentsorgung, Entsorgungstechnik und Umwelttechnik mit Schwerpunkt Abfall / Entsorgung (siehe Kapitel 2.5). Mit der Kompostierung von Abfällen und der Verwertung von Kompost in Landwirtschaft, Garten- und Landschaftsbau sowie Gärten- und Grünanlagen beschäftigen sich auch die Fachrichtungen Umwelt / Boden im agrarwissenschaftlichen Studium (vergleiche die entsprechenden Stichworte in Kapitel 2.3).

Bodenschützer/in, Bodenkundler/in

Den Beruf des Bodenschützers gibt es nicht. Mit Boden-, Gewässer- und Naturschutz befassen sich die einschlägigen Fachbehörden der Länder. Deren Bezeichnungen (Amt für Wasser- und Landwirtschaft, Amt für Agrarstruktur, Amt für Natur- und Umweltschutz etc.) sind ebenso vielfältig wie die Ausbildung der dort tätigen Mitarbeiter. Wir finden hier Diplom-Agraringenieure, Diplom-Forstwirte und Diplom-Landespfleger ebenso wie Absolventen aus den Geowissenschaften und nicht zu vergessen eine große Zahl von Juristen und Verwaltungsfachwirten, die traditionell das Rückgrat der deutschen Verwaltung bilden (vergleiche Stichwort Umweltbeamte/r).

Bodenkunde ist ein Fach im klassischen Fächerkanon der Fachbereiche für Agrarwissenschaften, Gartenbau und Forstwissenschaften an Universitäten und Fachhochschulen. Bodenkunde und Bodenschutz bilden darüber hinaus eine eigene Studienrichtung des Studiengangs der Agrarwissenschaften. Eine besondere Bedeutung hat dieses Fach im Studiengang Geoökologie, ebenso im Studiengang Physische Geographie. Um Bodenkunde und Bodenschutz geht es auch in den neuen FH-Studiengängen Umweltsicherung: Boden und Wasser an den FHs Osnabrück und Weihenstephan.

Biologe / Biologin

Biologe ist in erster Linie die Bezeichnung für die Absolventen des Biologiestudiums, die traditionellerweise als Lehrer oder Wissenschaftler tätig werden (siehe die Ausführungen zum Berufsfeld biowissenschaftlicher Studiengänge in Kapitel 2.2). In langsam wachsender Zahl werden Biowissenschaftler in Unternehmen der chemischen und pharmazeutischen Industrie tätig. Diese noch kleine Zahl von zumeist promovierten »Industrie-Biologen« hat vielfach ein technisch ausgerichtetes Biologiestudium absolviert (Biotechnologie, Technische Biologie) oder sich auf Biochemie oder Mikrobiologie spezialisiert.

Viele Abfall- und Umweltberater haben Biologie studiert und mit dem Diplom oder dem Staatsexamen für das Lehramt abgeschlossen. Seit einiger Zeit nimmt die Zahl der freiberuflich tätigen Biologen zu, die als Gutachter für Behörden, Unternehmen oder Verbände Umweltverträglichkeitsgutachten anfertigen, Kartierungen erstellen und an umweltrelevanten Projekten mitarbeiten. Sie sind beteiligt an der Sanierung von Ökosystemen und in der Grünplanung beim Straßen- und Landschaftsbau. Biologen stehen hier in Konkurrenz zu Landschaftsarchitekten und Landespflegern sowie Gartenbauingenieuren, Land- und Forstwirten. Diese Tätigkeiten als »Biologe als Planer und Gutachter« gibt den Absolventen des Biologiestudiums eine interessante Perspektive, deren quantitative Bedeutung aber nicht überschätzt werden darf.

Chemiker/in siehe Umweltchemiker/in

Landwirt/in

Landwirt ist zuerst einmal ein klassischer Lehrberuf mit dreijähriger Lehrzeit beim Landwirtschaftsmeister auf einem landwirtschaftlichen Betrieb. Der Weg in diesen Beruf kann aber auch über das Studium der Agrarwissenschaften an Uni oder FH führen. Dieses Studium ist zugleich eine geeignete Qualifikationsbasis für Tätigkeiten im Umweltschutz. Fast alle agrarwissenschaftlichen Fachbereiche bieten inzwischen spezielle Fachrichtungen in Umwelt- und Bodenschutz an. Es ist deswegen auch kein Zufall, sondern Folge der angewandten naturwissenschaftlichen Ausbildung, daß unter den Abfallberatern eine Reihe von Diplom-Agraringenieuren zu finden sind. Nicht selten hatten sie bereits im Hauptstudium oder in der Diplomarbeit Gelegenheit, sich mit Umweltanalytik, Kompostierung von Abfällen oder Gewässerschutz zu befassen (vergleiche hierzu die Berufsfeldanalyse in Kapitel 2.3).

Ein Beispiel für eine im Umweltschutz tätige Dipl.-Ing. agr. ist Christine Henneberger, die als Umweltberaterin bei der Handwerkskammer Stuttgart arbeitet. Im Rückblick auf ihre Ausbildung schreibt sie: »Als Studentin der Allgemeinen Agrarwissenschaften habe ich mich zwar intensiv mit ökologischen Problemen beschäftigt und interdisziplinäres Denken trainiert, aber für eine Tätigkeit als Umweltberaterin sind unbedingt zusätzliche Qualifikationen erforderlich« (ABI BERUFSWAHL-MAGAZIN, Heft 10, 1994). Fachlich fit wurde die Diplom-Agraringenieurin durch eine entsprechende einjährige Fortbildung. Als Umweltberaterin der Handwerkskammer berät sie heute Handwerksbetriebe vor Ort über Möglichkeiten, umweltgerechter zu arbeiten, über Gefahren von im Betrieb eingesetzter Materialien und über die Umweltgesetze und -verordnungen. »Über öffentliche Veranstaltungen versuche ich, eine weitere Sensibilisierung für Umweltfragen zu erreichen.«

Dieses Beispiel ist sicher untypisch für die Berufe von Dipl.-Ing. agr. Es dokumentiert jedoch die Breite des Berufsfeldes und zugleich die Chancen, nach einem klassischen Studium in einem Umweltberuf Arbeit zu finden.

Landschaftsarchitekt/in (Landespfleger/in)

Die Berufsbezeichnung Garten- und Landschaftsarchitekt (in Bayern, Hessen und Schleswig-Holstein ist die Berufsbezeichnung Landschaftsarchitekt üblich) ist gesetzlich geschützt. Um sich so nennen zu dürfen (und damit auch die Leistungen nach der Honorarordnung für Architekten und Ingenieure abrechnen zu können), muß die Eintragung in die amtliche Architektenliste eines Bundeslandes vorliegen. Voraussetzung ist ein abgeschlossenes Hochschulstudium der Fachrichtung Landespflege oder Landschaftsarchitektur an Uni oder FH. Nach dem Studium muß der junge Architekt zwei oder drei Jahre als Angestellter in seiner Fachrichtung arbeiten, um sich danach selbständig machen zu können.

Das übergeordnete Tätigkeitsfeld des Landschaftsarchitekten ist die Freiraumplanung, die vielfach auch als »Landespflege« bezeichnet wird. Landespflege ist ein Sammelbegriff für Landschaftspflege, Naturschutz und Grünordnung. In der konkreten Aufgabenstellung für den freien (das heißt Inhaber eines eigenen Büros), beamteten oder angestellten Landschaftsarchitekten geht es vor allem um die Objektplanung von Garten- und Grünanlagen, Haus- und Kleingärten, Spiel- und Sportplätzen, Friedhöfen und um die Grünplanung für gewerbliche oder öffentliche Bauten wie zum Beispiel Kindergärten, Kliniken, Schulen und Hochschulen. Ferner wirken Landschaftsarchitekten bei der Raumordnung und Landesplanung mit. Der Gesetzgeber schreibt vor, daß Landschaftsarchitekten unter anderem bei der Aufstellung von Landschaftsplänen und bei kommunalen Flächennutzungsplänen zu beteiligen sind.

Absolventen des Landespflegestudiums müssen nicht Landschaftsarchitekt werden. Sie können auch als Abfallberater, Umweltgutachter oder Naturschützer tätig werden, stehen hier aber in Konkurrenz mit Absolventen anderer Fachrichtungen.

Naturschützer/in

Der Begriff »Naturschutz« ist nicht amtlich definiert. Damit gibt es auch keinen amtlich geschützten Beruf »Naturschützer«. Wir wollen hier unter Naturschützer nicht den Naturliebhaber und Hobby-Naturschützer verstehen, der sich in seiner Freizeit für den Naturschutz engagiert, sondern den wissenschaftlich ausgebildeten Biologen, Landespfleger oder auch Land- oder Forstwirt mit entsprechendem Schwerpunkt im Studium.

An einigen Hochschulen gibt es die Möglichkeit, sich im Hauptstudium der Studiengänge Biologie, Geographie, Landespflege, Forst- und Agrarwissenschaften mit den wissenschaftlichen Grundlagen des Naturschutzes zu befassen. Prof. Dr. Harald Plachter vom Fachbereich Biologie der Uni Marburg, der seit 1990 den ersten Lehrstuhl für wissenschaftlichen Naturschutz in Deutschland innehat, schreibt dazu:

»Die Erweiterung der Aufgaben von Naturschutz und Landschaftspflege hatte die Aufspaltung des Berufsfeldes zweier zunehmend divergierender Anforderungsprofile zur Folge. Auf der einen Seite stehen Positionen, die einen sehr breiten Überblick über die verschiedenen Bereiche des Naturschutzes und der Landschaftspflege und – darüber hinausgehend – auch Kenntnisse auf verschiedenen Gebieten des technischen Umweltschutzes erfordern. Derartige Aufgabenprofile sind in allen Bereichen der Planung sowie in Bereichen der Umweltgestaltung und der Beratung (einschließlich Öffentlichkeitsarbeit) zu finden. Die einschlägige Ausbildung wurde und wird – bezogen auf den »ökologischen Umweltschutz« – von den grundsätzlich querschnittsorientierten Studiengängen der Landschaftspflege und der Geographie gewährleistet. Auf der anderen Seite steht der Umweltschutz insgesamt zunehmend vor Problemen, deren Lösung sehr differenziertes Fachwissen und modernstes Know-How erfordert. Für Naturschutz und Landschaftspflege als Teilgebiete des Umweltschutzes ist dies nicht anders. Die Diskrepanz zwischen breitem Aufgabenspektrum und differenzierten Fachkenntnissen allein durch Datenbanken lösen zu wollen, muß sich spätestens dann als Illusion erweisen, wenn es darum geht, die Flut gesammelter Daten zu ordnen, zu interpretieren und hieraus die richtigen Handlungsanweisungen für die Praxis abzuleiten. Der hochspezialisierte Spezialist ist in Naturschutz und Landschaftspflege ebenso unverzichtbar wie in anderen angewandten Fachgebieten unserer modernen Gesellschaft.«

Die Umweltgesetzgebung (zum Beispiel Bundesartenschutzverordnung, Gesetz über Umweltverträglichkeitsprüfung) und der Aufbau der Naturschutzverwaltungen haben Beschäftigungsmöglichkeiten für den wissenschaftlich ausgebildeten Naturschützer entstehen lassen. Es darf nicht verschwiegen werden, daß das Berufsfeld des Naturschützers wesentlich mehr Bewerber anzieht als Stellen vorhanden sind. Um die Stellen konkurrieren die Absolventen der verschiedenen Fachrichtungen, insbesondere Biologie, Geographie, Landespflege sowie Agrar- und Forstwissenschaften. Da dieser Beruf überwiegend bis ausschließlich in staatlichen Ämtern und staatlich finanzierten Instituten ausgeübt werden kann, werden auch künftig die Einstellungsmöglichkeiten deutlich hinter den Berufswünschen vieler Hochschulabsolventen zurückbleiben.

Ökologe / Ökologin

Im allgemeinen Sprachgebrauch hat es sich eingebürgert, Ökologie als die Lehre von der Umwelt schlechthin anzusehen. Ökologisch ist deswegen ein Verhalten, das zum Artenschutz, zum Landschaftserhalt, zum Lärmschutz oder zur Abfallvermeidung beiträgt. So weit gedehnt, sagt der Begriff ökologisch kaum noch etwas aus. »Man weiß gar nicht, wo man anfangen und wo man aufhören soll«, stöhnte die ›Frankfurter Rundschau‹ zu Recht. Zur wissenschaftlichen Definition von Ökologie siehe Kapitel 2.1.

Eine Berufsbezeichnung Ökologin / Ökologe ist gesetzlich nicht definiert. Eine Berufsausbildung zum Ökologen gibt es nicht. Eine Besonderheit ist der Aufbaustudiengang Ökologie an der UGH Essen. Der hier erworbene Titel Diplom-Ökologe, Diplom-Ökologin steht für einen Hochschulabschluß, nicht für eine Berufsbezeichnung (vergleiche Übersicht 9 in Kapitel 2.6 S. 142f.).

Umweltauditor/in (Umweltgutachter/in, Umweltzertifizierer/in)

Im ›dtv-Brockhaus‹ finden wir unter Auditor den Eintrag »lateinisch = Zuhörer. Katholisches Kirchenrecht: der kirchliche Vernehmungsrichter ..., auch der zum 2. Vatikanischen Konzil hinzugezogene Laienrichter.« In älteren Ausgaben des ›Brockhaus‹ heißt es ergänzend noch »... in der Militärjustiz verschiedener Länder noch gebräuchlich«. Der Auditor, der hier gemeint ist, hat aber weder etwas mit Kirchen- noch etwas mit Militärjustiz zu tun. Er ist vielmehr ein unabhängiger Gutachter für das in einem Unternehmen freiwillig durchgeführte Umweltaudit. Das Umweltaudit (Umweltbetriebsprüfung gemäß EU-Verordnung) ist ein Managementinstrument, das eine systematische, dokumentierte und regelmäßige Bewertung der Leitung des Unternehmens, des Managements und der innerbetrieblichen Abläufe in Hinblick auf den Schutz der Umwelt umfaßt (vergleiche Stichwort Umweltmanager/in). Es handelt sich um eine externe Prüfung des Umweltmanagements eines Unternehmens. Man kann auch sagen, das Umweltaudit sei der »Umwelt-TÜV« oder »Öko-Check« eines Betriebes.

Der Umweltauditor ist, anders als der Umweltbeauftragte eines Betriebes, ein externer Sachverständiger, der selbständig tätig oder bei einer Consulting-Organisation (zum Beispiel Technischer Überwachungsverein, Wirtschaftsberatungsgesellschaft oder Ingenieurbüro) angestellt ist. Nach einer Schätzung aus dem Jahre 1993, also noch vor Einführung des EU-Umweltaudits, wird diese Dienstleistung von über 100 Umwelt-Consultant-Büros angeboten. »Der Markt wird dominiert von technisch orientierten Ingenieurbüros und ist bisher nicht auf die Konzipierung von Umweltmanagementsystemen ausgerichtet ...«.[45]

Mit der Öko-Audit-Verordnung der Europäischen Union wird ein Zulassungssystem für die Anerkennung (Akkreditierung) als Umweltauditor (Umweltgutachter, Umweltzertifizierer) eingeführt. Nach dem »Umweltgutachterzulassungs- und -standortregistrierungsgesetz« entscheidet ein bundesweiter Gutachterausschuß über die Prü-

---

[45] Institut für Ökologie und Unternehmensführung e. V.: Umwelt-Auditing in einem Dienstleistungsunternehmen. Oestrich-Winkel 1993.

fungsrichtlinien für die Auditoren und über die fachlichen Voraussetzungen für ihre Anerkennung. Wer künftig als Umweltauditor für ein Öko-Audit nach EU-Regeln tätig werden will, muß eine entsprechende Zulassung und den Eintrag in die Prüferliste haben. Im Herbst 1995 steht noch nicht fest, welche fachlichen Voraussetzungen (Studium, Weiterbildung, einschlägige Erfahrungen) an den Umweltauditor gestellt werden. Sicher ist, daß technisch-naturwissenschaftliches Wissen genauso vorhanden sein sollte wie ein Verständnis für modernes Betriebsmanagement. Wissen von Betriebsprüfern ist ebenso gefragt wie Kenntnisse des Umweltrechts.

Mit dem Öko-Audit wird das Ziel verfolgt, die Umwelt zu schützen. Es geht aber auch ganz handfest um Aufträge für Umweltgutachten und um gutbezahlte Beschäftigungsperspektiven für die registrierten Auditoren. Kein Wunder also, wenn von den interessierten Verbänden und Organisationen, von den Industrie- und Handelskammern bis zum Bundesverband der freien Berufe heftig darüber gestritten wird, wer die Auditoren zulassen darf und welche Kriterien diese erfüllen müssen. Ingenieurbüros und Unternehmensberatungsgesellschaften hoffen auf viele neue Aufträge.

Umweltbeamter / Umweltbeamtin

Die Beamten und Angestellten in Umweltministerien, Umweltämtern und Umweltabteilungen der Kommunalverwaltungen haben selten eine spezialisierte Umweltausbildung. Im Regelfall kommt man nach einer Verwaltungsausbildung, einem Studium an einer Verwaltungsfachhochschule oder nach einem Studium der Rechts-, Wirtschafts-, Agrar- oder Forstwissenschaften in diese Fachverwaltungen. Nur für wenige Spezialistentätigkeiten werden Naturwissenschaftler oder Ingenieure eingestellt. Nach einer Studie des INSTITUTS FÜR UMWELTSCHUTZ an der Universität Dortmund suchen Bund, Länder und Gemeinden für ihre mit Umweltschutz befaßten Behörden in erster Linie »Generalisten mit Kommunikationskompetenz«. Entsprechend der Interdisziplinarität des Aufgabengebiets wird die Fähigkeit erwartet, sich jenseits der eigenen Schwerpunktfächer in fachfremde Gebiete einarbeiten zu können.

Wenn es um die Besetzung von Stellen für Umweltspezialisten geht, zeigen sich Behörden offen gegenüber einer breiten Palette von Studienfächern, wenngleich in der Praxis hier (wie auch in der Industrie) die meisten Stellen mit Naturwissenschaftlern besetzt sind. Bei den Einstellungen dominieren die Studiengänge Chemie, Biologie und Technischer Umweltschutz, darüber hinaus Agrarwissenschaften, Forstwissenschaft, Landespflege, Geologie und Geographie. Auch beim BUNDESUMWELTAMT in Berlin, der größten Umweltbehörde Deutschlands mit rund 950 Beschäftigten, darunter 436 Hochschulabsolventen, dominieren die Chemiker vor den Ingenieuren und den Biologen.

Übersicht 11: Mitarbeiter des Umweltbundesamtes mit Hochschulabschluß

Studiengang	Zahl der Beschäftigten
Natur- und Agrarwissenschaften, Medizin insgesamt	245
darunter:	
Chemie	100
Biologie	48
Physik	24
Agrar-, Forst-, Gartenbauwissenschaften	23
Geographie, Geowissenschaften	8
Meteorologie	16
Mathematik	5
Medizin	5
Technische Wissenschaften insgesamt	111
darunter:	
Maschinenbau	33
Bau- und Verkehrswesen	21
Energie- und Verfahrenstechnik	18
Elektrotechnik	13
Umwelttechnik	10
Versorgungstechnik	5
Gesellschafts- und Planungswissenschaften insgesamt	80
darunter:	
Rechtswissenschaften	19
Betriebs-, Volkswirtschaft	16
Landschafts- und Raumplanung	13
Pädagogik, Philologie	11
Politik- und Sozialwissenschaften	9

Quelle: Umweltbundesamt, Jahresbericht 1993

Umweltberater/in

Der Begriff des Umweltberaters ist gesetzlich nicht geschützt. Er setzt auch keine besondere Ausbildung voraus. Entsprechend vielfältig sind Tätigkeit, Kenntnisse und Qualifikation. Umweltberater sind meist bei Kommunen, Zweckverbänden und Kreisen tätig, seltener bei Vereinen, Kammern oder Verbänden. Ihre Beratungsarbeit bei Privathaushalten, Betrieben und Ämtern zielt auf eine freiwillige ökologische Bewußtseins- und Verhaltensänderung der Bürger und Entscheidungsträger ab. Die Umweltberatung steht unter dem Motto »vom Wissen zum Handeln«. Neben der Abfallwirtschaft sind andere Schwerpunkte ökologisches Bauen und Wohnen, Energieeinsparung und Erzeugung alternativer Energien, Wasser- und Abwasserwirtschaft, Naturschutz und Umwelterziehung. Umweltberatung ist damit ein übergeordneter Begriff für Abfall-, Wertstoff-, Energieberatung etc. Umweltberater sind dementsprechend Generalisten. Gefordert ist in erster Linie Querschnittwissen, das sich über die unterschiedlichsten Bereiche des Umweltschutzes erstreckt und für Beratungs-, Bildungs-, Planungs- und Koordinationsaufgaben eingesetzt werden kann. Die Zeitschrift UNI überschrieb ihren Berufsreport mit »Überzeugungstäter mit Querschnittswissen« (UNI, Heft 13, 1993).

Der BUNDESVERBAND FÜR UMWELTBERATUNG E.V. schätzt, daß es in Deutschland etwa 4.000 – 5.000 Stellen für Umweltberater gibt, darunter etwa 1.500 – 2.000 Stellen für Abfall- und Wertstoffberater. In einem Thesenpapier des Verbandes heißt es: »Nach einer Phase der Einrichtung und des starken Ausbaus der Umweltberatung in den Jahren 1989 – 1992, vor allem im kommunalen Bereich, werden derzeit nur noch vereinzelt neue Stellen ausgeschrieben (unter anderem im Dienstleistungsbereich). Im kommunalen Bereich ist aufgrund der ›knappen Kassen‹ eine sehr angespannte Stellensituation eingetreten.«

Untersuchungen zur beruflichen Qualifikation der Umweltberater (einschließlich Abfallberater) ergaben, daß 90 % der Beraterinnen und Berater studiert hatten. Zwei Drittel hatten einen Uni- und ein Drittel einen FH-Abschluß. Der hohe Anteil der Uni-Absolventen ist mit dem gezielten Einsatz von Weiterbildungsmaßnahmen zum Abfall- oder Umweltberater durch die Arbeitsämter zu erklären, die Ende der

80er / Anfang der 90er Jahre vielen Biologinnen und Biologen (mit Diplom- oder Lehramtsabschluß) derartige Kurse finanzierten. Andere in größerer Zahl vertretene Fachrichtungen sind Geographie, Ökotrophologie, Agrar- und Forstwissenschaft, Chemie und Geowissenschaften sowie Sozialwissenschaften und Lehrämter (siehe auch Kapitel 2.7 Grüne Weiterbildungskurse).

Mehr als die Hälfte der Umweltberaterinnen und Umweltberater (der Frauenanteil ist mit rund 50 % bemerkenswert hoch) hatten nach ihrem Studium ein Aufbaustudium oder einen speziellen Kurs eines Weiterbildungsträgers absolviert. Der Wert derartiger Weiterbildungskurse wird aber neuerdings nicht mehr so positiv eingeschätzt wie noch zu Beginn der 90er Jahre. Die Berliner ›taz‹ vom 3. 12. 94 zitiert Christine Herzer vom Landesarbeitsamt Berlin-Brandenburg: »Nachdem wir vor zehn Jahren Leute für die Umweltberatung weitergebildet haben, konnten wir sie kaum auf ABM-Stellen vermitteln, geschweige denn auf dem ersten Arbeitsmarkt.« Deshalb fördere das Arbeitsamt jetzt auch keine Maßnahmen mehr mit dem Wörtchen »Umwelt« im Titel. »Umweltspezialisten sind schwer vermittelbar. Ohne handfeste berufliche Grundausbildung ist eine Fortbildung im Umweltbereich wertlos.« Deshalb setzen die Arbeitsämter heute auf »Anpassungsfortbildung«: Leute mit einer klassischen Berufsausbildung (einschlägige Lehre oder naturwissenschaftlich-technisches Studium) werden auf den neuesten Stand der Technik gebracht. (Als ein Beispiel für eine Fachfrau mit agrarwissenschaftlichem Studium im Beruf der Umweltberaterin siehe die Berufsreportage zum Stichwort »Landwirt/in«, Seite 183).

Umweltbeauftragte/r (Betriebsbeauftragte/r)

Umweltbeauftragte sind vom Betrieb ernannte Fachleute, die zum Beispiel für Abfall, Gewässer- oder Immissionsschutz zuständig sind. Sie sind intern, das heißt im Betrieb tätig. Hier liegt der wesentliche Unterschied zu Abfall- oder Umweltberatern, die extern, das heißt in Consulting-Büros oder Behörden, tätig sind (vergleiche die Stichworte Abfallberater/in, Umweltberater/in, Umweltauditor/in).

Die Umweltgesetze schreiben im einzelnen vor, welche Firmen Betriebsbeauftragte für welche Umweltschutzaufgabe zu ernennen haben. Der Gesetzgeber verlangt als Mindestqualifikation von den Umweltbeauftragten den Nachweis der entsprechenden Fachkunde, die im Regelfall nach einem Hochschulstudium in speziellen Lehrgängen erworben wird. Vorgeschrieben ist ein Hochschulstudium jedoch bislang lediglich für die Ernennung zum Immissionsschutzbeauftragten, der ein natur- oder ingenieurwissenschaftliches Hochschulstudium (Uni oder FH) abgeschlossen und zusätzlich einen staatlich anerkannten Lehrgang zum Betriebsbeauftragten für Immissionsschutz absolviert haben muß. Über das Angebot an Lehrgängen ist bereits in Kapitel 2.7 »Grüne Weiterbildungskurse« berichtet worden.

Bislang sind fünf Umweltschutzaufgaben definiert, für die Unternehmen einen Betriebsbeauftragten ernennen müssen. Dieser Betriebsbeauftragte kann mehrere Funktionen gleichzeitig ausfüllen und damit zu dem für alle Umweltbelange zuständigen Umweltbeauftragten des Betriebes werden:

* Betriebsbeauftragte/r für Gewässerschutz
  (Rechtsgrundlage ist das Wasserhaushaltsgesetz von 1986)
* Störfallbeauftragte/r
  (Rechtsgrundlage ist die Störfallverordnung von 1988)
* Gefahrgutbeauftragte/r
  (Rechtsgrundlage ist die Gefahrgutbeauftragtenverordnung von 1991)
* Betriebsbeauftragte/r für Immissionsschutz
  (Rechtsgrundlage ist das Bundesimmissionsschutzgesetz von 1993)
* Betriebsbeauftragte/r für Abfall
  (Rechtsgrundlage ist das Kreislaufwirtschaft- und Abfallgesetz von 1994).

Die Betriebsbeauftragten für die Umwelt haben in ihrer beruflichen Praxis vorwiegend technische Überwachungs- und Kontrollfunktionen wahrzunehmen. Sie sollen außerdem die Unternehmensleitung über umweltschonende Verfahren und Produkte informieren. In den Gesetzen und Verordnungen ist ferner geregelt, daß die Geschäftsführung vor Investitionsentscheidungen die Stellungnahmen des Betriebsbeauftragten einholt.

Ein Beispiel für eine qualifizierte Fachfrau im Beruf der Immissionsschutzbeauftragten ist Dr. Gudrun Fricke, die als Abfallwirtschaftsberaterin eines großen Chemieunternehmens tätig ist. Nach Chemiestudium und Promotion hat sie einen fünfzehnmonatigen Weiterbildungskurs zur Abfallwirtschaftsberaterin absolviert. Sie schreibt über ihre Aufgabe: »Unsere Abteilung ist sozusagen das Zwischenglied zwischen Anlagenbetreiber und Behörden. Wenn zum Beispiel eine neue Anlage in Betrieb gehen soll, berate ich den Anlagenbetreiber auf der Grundlage des Bundesimmissionsschutzgesetzes und in Sicherheitsfragen« (ABI, Heft 10, 1994). Gudrun Fricke, die auch Strahlenschutzbevollmächtigte des Unternehmens ist, braucht im Berufsalltag ihr chemisches Fachwissen. Die Rechtskenntnisse verdankt sie umfassender Fortbildung.

Die Qualifikationsprofile in den Stellenanzeigen, in denen Unternehmen Umweltbeauftragte für ihre genehmigungspflichtigen Produktionsanlagen suchen, verlangen neben einem abgeschlossenen Hochschulstudium in Natur- oder Ingenieurwissenschaften (in erster Linie Chemie, Physik, Verfahrenstechnik, Umwelttechnik) häufig praktische Erfahrungen aus dem Bereich der Meß- und Analysetechnik, der Abwassertechnik, der Abfallwirtschaft und/oder des Immissionsschutzes. »Gesucht wird ein James Bond für alle heiklen Fälle in Sachen Natur« schreibt Manfred Schäfers in der ›Frankfurter Allgemeinen Zeitung‹ vom 29.10.94 und kommt zum Schluß: »Allgemein wird die Anforderung an den Umweltbeauftragten vermutlich größer, seine Position in der Unternehmenshierarchie wird weiter zunehmen ... Manch einer spekuliert, in zehn Jahren wird der Umweltbeauftragte dem Vorstand angehören. Wer würde es da den Unternehmen verdenken, wenn sie an die Bewerber von heute hohe Anforderungen stellen?«

Umweltchemiker/in

Das Chemiestudium ist für viele Berufe im Umweltschutz eine gute fachliche Basis, denn häufig geht es ums Messen und Analysieren von Emissionen und Immissionen. »Von allen Fachrichtungen sind Chemiker auf umweltrelevanten Stellen am häufigsten vertreten«, berichtet Prof. Dr. Christian Ulrich vom INSTITUT FÜR UMWELTSCHUTZ an der Uni Dortmund (ABI, Heft 8 und 9/93). Eine Chemikerin, die nach einer Arbeit in einem privaten Öko-Institut eine Stelle in einem Wasserschutzamt übernommen hat, schreibt in der ›Süddeutschen Zeitung‹ (Beilage Nr. 236, 1994): »Ich habe hier viel über die ganze Umweltproblematik und speziell den Bereich Altlasten und Deponiesanierung gelernt. Irgendwann habe ich dann beschlossen: Wenn schon Chemie, dann im Umweltbereich«. Für ihre Bewerbung beim Wasserschutzamt, für die ein Studium des Chemie-Ingenieurwesens vorgeschrieben worden war, kamen ihr die Erfahrungen aus den Ökologie-Projekten, die sie in einem privaten Institut für Umweltanalyse und zuvor parallel zum Studium gemacht hatte, sehr zugute. Im Wasserwirtschaftsamt erledigt sie hauptsächlich Sacharbeit, kontrolliert Bauanträge, prüft die Behandlung und Einleitung von Abwässern, verordnet Auflagen und überprüft ihre Einhaltung. Gemeinsam mit biologisch-technischen Assistenten und Ingenieuren sorgt sie dafür, daß Industrie und Gewerbe das Landesabwassergesetz und kommunale Entwässerungssatzungen einhalten.

Umweltingenieur/in

Umweltingenieur/in ist keine Berufsbezeichnung, sondern ein Abschlußgrad. In Deutschland ist die Bezeichnung Diplom-Ingenieur/in Absolventinnen und Absolventen technischer Studiengänge von Universitäten, Fachhochschulen und Berufsakademien vorbehalten. Auch wenn die Umgangssprache mit Ingenieur vielfach eine Berufsbezeichnung und einschlägige ingenieurmäßige Tätigkeiten verbindet, so ist dies nicht zutreffend, denn Ingenieur ist ein Titel. Aufgrund des gesetzlichen Schutzes des Titels Diplom-Ingenieur kann weder ein konstruierender Physiker noch ein durch Berufserfahrung und Weiterbildung qualifizierter Meister, der im Betrieb die Aufgaben eines Ingenieurs übernimmt, den Ingenieurtitel führen. Dagegen ist der Zusatz »Umwelt« zum Ingenieur nicht geschützt. Nicht nur die Absolventen der Studiengänge für Technischen Umweltschutz können diese Bezeichnung verwenden, sondern auch Ingenieure anderer Fachrichtungen, die sich in Studium und/oder Beruf Kenntnisse im technischen Umweltschutz erworben haben.

Umweltjurist/in

Jurist oder Juristin wird man nach einem Jurastudium, einem zwei-jährigen Referendariat und der Ablegung der II. Juristischen Staats-prüfung. Einen Studiengang für Umweltrecht gibt es ebensowenig wie einen Studiengang für Arbeits-, Handels- oder Verwaltungsrecht. Um-weltrecht ist ein typisches Querschnittsrechtsgebiet. Umweltrechtli-che Vorschriften gibt es in allen drei großen Rechtsgebieten (Öffentli-ches Recht, Zivilrecht, Strafrecht): Eine große Zahl umweltrechtlicher Regelungen finden wir im öffentlichen Recht, zum Beispiel das Ab-fallrecht, das Immissionsschutzrecht, das Wasserrecht, das Natur-schutzrecht und das gesamte Planungsrecht, das immer stärker die Belange der Umwelt berücksichtigt. Im Strafrecht geht es um Strafta-ten gegen die Umwelt, und auch im Zivilrecht kann es um umwelt-rechtliche Belange gehen, zum Beispiel im Nachbarschaftsrecht. An immer mehr Juristischen Fakultäten beschäftigen sich einzelne oder mehrere Professoren mit umweltrechtlichen Fragen. Längst ist Um-weltrecht auch für die Jurastudentinnen und -studenten kein exoti-sches Thema mehr. Wer sich hier schlau machen will, findet ein ent-sprechendes Angebot, wenn auch nicht an jeder Juristischen Fakul-tät. Im juristischen Studium hat Umweltrecht nicht den Status eines Pflichtfaches für alle Studierenden, es kann aber als Wahlfach gewählt werden.

Den Umweltjuristen als anerkannten Beruf gibt es ebenfalls nicht, es sind jedoch Ansätze der Spezialisierung von Juristen auf diesem Ge-biet zu erkennen, wenn sich zum Beispiel Anwälte oder Staatsanwälte auf einen solchen Schwerpunkt konzentrieren. Bei großen Staatsan-waltschaften beispielsweise arbeiten spezielle Umweltstaatsanwälte, die sich um die Bekämpfung der Umweltkriminalität kümmern. Mit der wachsenden Bedeutung des Umweltrechts im Wirtschafts- und Privatleben wächst auch der Bedarf an Anwälten und Firmenjuristen mit fundierten Kenntnissen auf diesem noch jungen Spezialgebiet.

Umweltlobbyist/in

GREENPEACE ist die größte Umweltschutzorganisation. 1993 beschäftigte dieser eingetragene Verein in Deutschland 120 festangestellte Mitarbeiter und rund 2.000 nebenamtliche Mitstreiter. Umweltlobbyist wird man bei GREENPEACE, ROBIN WOOD oder in anderen Organisationen nicht aufgrund einer speziellen Ausbildung, sondern wegen seines Engagements für die Umwelt. Unter den festangestellten wissenschaftlichen Mitarbeitern von Greenpeace finden wir Absolventen der Natur- und Ingenieurwissenschaften, aber auch anderer Disziplinen. Einer von ihnen ist Dipl.-Ing. Gerd Grünwald. In seiner Studienarbeit am Institut für Wärme- und Energietechnik der TU Braunschweig beschäftigte er sich mit einer Thermo-Syphen-Anlage, die für Nigeria bestimmt war, um dort mit Sonnenkollektoren Brauchwasser aufzubereiten. Dann folgte eine Studie über die Wirtschaftlichkeit einer Windkraftanlage. Seine Diplomarbeit schließlich schrieb er über »Solare Trocknung an feuchten Gütern«, ein Verfahren, mit dem in der Dritten Welt Kokosnüsse getrocknet werden können. Bei Greenpeace hat der Maschinenbau-Ingenieur als wissenschaftlicher Leiter des Energieschiffs »MS Rübezahl« gearbeitet. In UNI (Heft 12, 1990) erläutert er das Ziel der Energiekampagne: »Wir wollen mit der Ausstellung auf der MS Rübezahl die verfehlte Energiepolitik, die Energieverschwendung und die damit verbundenen katastrophalen Folgen aufzeigen. Gleichzeitig wollen wir auf die Möglichkeiten der Solar- und Windenergie aufmerksam und diese populär machen.«

Die Entscheidung, im Umweltschutz zu arbeiten, hat Gerd Grünwald früh gefällt. »Vor zehn Jahren hatte ich die Idee, in der Solartechnik zu arbeiten. Ich ging damals zur Berufsberatung, und dort wurde mir gesagt, daß ich dazu Maschinenbau studieren sollte.« Nach dem Vordiplom an der TU Braunschweig spezialisierte er sich auf Wärme- und Energietechnik. »Damals war das noch ein exotisches Fach, und wenige Studenten interessierten sich für die Solartechnik«. Für die Arbeit bei Greenpeace sind gute fachliche Qualifikationen und politisches Engagement erforderlich. »Die Leute müssen bereit sein, sich tatkräftig für den Umweltschutz zu engagieren. Bei manchen Aktionen erfordert das mehr als einen 8-Stunden-Tag«. Zudem legt Greenpeace Wert auf die kommunikativen Fähigkeiten der Mitarbeiter. »Sie sollten vernünftig und allgemeinverständlich reden und schreiben können, weil sie viel mit den Medien zu tun haben.«

Zur Arbeit in den Öko-Instituten siehe das Stichwort »Umweltwissenschaftler«.

Umweltmanager/in (Umweltökonom/in)

Umweltmanager: Der Begriff klingt bedeutungsvoll. Er läßt auf eine einflußreiche und prestigeträchtige Position schließen. Im Einzelfall mag dies auch zutreffen, wenn damit zum Beispiel ein direkt dem Vorstand unterstellter Betriebsbeauftragter für Umweltaufgaben gemeint ist, der in seiner Person die Aufgaben des Immissionsschutzbeauftragten, des Abwasserbeauftragten und des Abfallbeauftragten gleichzeitig wahrnimmt (vergleiche Stichwort Umweltbeauftragte/r). Anders als beim Immissionsschutzbeauftragten ist der Begriff Umweltmanager jedoch nicht eindeutig definiert. Umweltmanager kann sich jeder nennen, da der Begriff gesetzlich nicht geschützt ist. Deshalb beobachten wir auch eine inflationäre Verwendung des Begriffs Umweltmanager.

Spezielle Studiengänge für Umweltmanagement oder Umweltökonomie gibt es in Deutschland (noch) nicht. Aber an fast jedem wirtschaftswissenschaftlichen Fachbereich gibt es inzwischen Lehrveranstaltungen, die sich mit umweltökonomischen Themen befassen. Umweltökonomische Lehrveranstaltungen gibt es auch in den Studiengängen für Landespflege, Gartenbau und Agrarwissenschaften. Die Palette der Vorlesungen und Seminare reicht von der einzelwirtschaftlichen Ökobilanz über ökologische Unternehmensführung bis hin zur volkswirtschaftlichen Ökobilanz und der ökologischen Steuerpolitik. In immer mehr wirtschaftswissenschaftlichen Fachbereichen kann man Umweltökonomie oder Umweltmanagement als Haupt- oder zumindest als Nebenfach wählen. Wer sich in seinem wirtschaftswissenschaftlichen Studium diesen Gebieten zuwenden will, sollte sich nach einigen Semestern Grundstudium an den für ihn in Frage kommenden Hochschulen informieren, welche Lehrveranstaltungen in Umweltökonomie und Umweltmanagement angeboten werden und inwieweit die Prüfungsordnung über ein Wahlfach hinaus gezielt Schwerpunkte auf diesen Gebieten zuläßt. Bietet die eigene Hochschule hier nicht das Richtige an, so sollte man die Hochschule spätestens nach dem Vordiplom wechseln. Da das aktuelle Lehrangebot durch Neuberufungen und Änderungen von Prüfungsordnungen raschen Veränderungen unterliegt, macht es wenig Sinn, Listen mit den Hochschulen zusammenzustellen, die Veranstaltungen in Umweltökonomie anbieten. Die Liste würde auf jeden Fall ziemlich lang und dürfte schon nicht mehr stimmen, wenn sie gedruckt vorliegt.

Umweltschützer/in

Beim Stichwort »Berufsbereich Umweltschutz« geben die Berufs-Informations-Zentren der Arbeitsämter folgenden Hinweis an die Ratsuchenden: »Viele stellen sich den Umweltschützer als eine Art ›modernen Wildhüter‹ vor: Arbeit am Ort des Geschehens – Er selbst erkennt die Mißstände, nennt die Verursacher und veranlaßt diese, ihre Fehler zu beheben. Dieses Bild entspricht nicht der Berufswirklichkeit, denn: den Umweltschützer gibt es nicht. Es gibt nur sehr viele Berufe, die mit einem oder mehreren Teilaspekten des Umweltschutzes etwas zu tun haben.« Dieser amtlichen Verlautbarung muß nichts hinzugefügt werden.

Umweltschutztechniker/in

Mit diesem Begriff wird eine Ausbildungsqualifikation bezeichnet und kein Beruf. Umweltschutztechniker und -technikerinnen sind Absolventen von zweijährigen Fachschulen der Fachrichtung Umweltschutztechnik. Diese Fachrichtung wurde 1975 eingeführt und wird inzwischen an 64 Fachschulen angeboten. Die zweijährige Ausbildung (an einigen Fachschulen auch als vierjährige Teilzeitausbildung angeboten) setzt eine einschlägige Berufsausbildung in einem staatlich anerkannten Ausbildungsberuf voraus. Nach erfolgreichem Ausbildungsabschluß haben die Absolventen die Berechtigung, die Berufsbezeichnung »Staatlich geprüfte/r Umweltschutztechniker/in« zu führen.

Umweltwissenschaftler/in

Wissenschaftler der verschiedensten Disziplinen befassen sich mit Umweltthemen. Die Bezeichnung der Institute läßt selten erkennen, daß sich die dort tätigen Agrarwissenschaftler, Chemiker, Physiker oder Ingenieure mit Umweltthemen beschäftigen. Viele Wege führen in die Umweltforschung. Wer würde zum Beispiel vermuten, daß im MAX-PLANCK-INSTITUT FÜR CHEMIE in Mainz die Wechselbeziehungen zwischen Atmosphäre, Biosphäre und Geosphäre bearbeitet werden? Dies sind Themen, die zum besseren Verständnis des Klimas unerläßlich sind. Oder daß Wissenschaftler des FORSCHUNGSZENTRUMS GEESTHACHT für die Überwachung (das Monitoring) von Elbe und Nordsee verantwortlich sind, und die Ökosystemforschung über die schleswig-holsteinischen Seen von Wissenschaftlern aus den Instituten der Agrarwissenschaftlichen und der Naturwissenschaftlichen Fakultät der Uni Kiel durchgeführt wird?

Der Umweltwissenschaftler benötigt ein breites methodisches Fundament. Um eine Fachspezialisierung kommt er nicht herum, auch wenn die Fragestellung der Umweltforschung die traditionellen Fächergrenzen überschreitet. Das UMWELTFORSCHUNGSZENTRUM (UFZ) mit Standorten in Leipzig und Halle ist das größte deutsche Forschungsinstitut, das sich ausschließlich mit der Umweltforschung befaßt. Dort sind über 200 Wissenschaftler der unterschiedlichsten Fachrichtungen beschäftigt. Wie aus der Übersicht 12 (Seite 200) hervorgeht, gibt es keine naturwissenschaftliche Disziplin, die am UFZ nicht vertreten ist.

Die Zusammensetzung der Wissenschaftler des UFZ kann nicht auf Forschungsinstitute übertragen werden, die umwelttechnische Aufgaben (zum Beispiel Institute im Kernforschungszentrum Karlsruhe) haben. Dort dominieren Physiker und Ingenieure. Dagegen sind im ZENTRUM FÜR AGRARLANDSCHAFTS- UND LANDNUTZUNGSFORSCHUNG (ZALF) in Müncheberg (Brandenburg), dem größten deutschen Forschungsinstitut für landschafts- und landnutzungsbezogene Umwelt-

Übersicht 12: Wissenschaftler am Umweltforschungszentrum Leipzig-Halle

Fachrichtung	Anzahl	davon promoviert
Chemie	55	37
Biologie	42	19
Geowissenschaften	36	14
Physik	30	22
Agrarwissenschaften	16	10
Mathematik	10	5
Ingenieurwissenschaften	8	8
Sonstige	10	5
Summe	207	120

Quelle: UFZ Leipzig-Halle

forschung, neben Naturwissenschaftlern vor allem Agrar- und Forstwirte beschäftigt. Generell gilt als Qualifikationsanforderung an Umweltwissenschaftler, daß ein Studium in den klassischen Disziplinen
gefragt ist. Umwelt-Studiengänge mit viel Breite und wenig Tiefe sind
als Qualifikation weniger geeignet.

Auch in der Industrie arbeiten Naturwissenschaftler und Ingenieure mit neuesten wissenschaftlichen Methoden an ökologischen Ver-
besserungen, wobei es häufig um technische Lösungen für weniger
Schadstoffe, weniger Lärm oder weniger Abfall geht. Ein Beispiel ist
das Konzernforschungszentrum des Anlagenbauers ASEA BROWN
BOVERI (ABB) in Heidelberg. Ein Thema ist dort die Minimierung von
Schadstoffen bei der Umsetzung von fossilen Brennstoffen in Energie.
Neue Katalysatoren für Verbrennungsmotoren werden entwickelt
und getestet. Im UNI (Heft 12, 1990) beschreibt der promovierte
Diplom-Ingenieur für Maschinenbau Viktor Scherer seine Arbeit an
einem grundsätzlich neuen Weg in der technischen Umweltforschung: »Während durch einen Katalysator die Schadstoffe aus dem
Abgas entfernt werden, ist das Ziel der katalytischen Verbrennung,
daß Abgase gar nicht erst entstehen.« Der berufliche Weg des
Maschinenbau-Ingenieurs in den technischen Umweltschutz ist nicht
ungewöhnlich. Nach seinem Maschinenbaustudium war er Assistent
am Institut für Thermische Strömungsmaschinen an der Uni Karlsruhe. Dort arbeitete er in einer größeren Arbeitsgruppe »Hoch-
belastete Brennräume« über die Kühlung von Brennkammer-Wänden
und schrieb darüber seine Dissertation. Die Arbeit im technischen

Umweltschutz ist für ihn klassische Ingenieurarbeit: »Was ich mache, ist ein klassisches Thema des Maschinenbaus: Thermische Strömungsmaschinen. Wer in der Industrie im Bereich Umweltschutz etwas machen will, der sollte auch fachlich hundertprozentig qualifiziert sein. Das bloße Engagement für den Umweltschutz genügt nicht.«

Mit Engagement allein ist es auch in den privaten Öko-Instituten nicht getan. Die ältesten dieser ökologischen Forschungsinstitute sind das Freiburger ÖKO-INSTITUT, das Kölner KATALYSE-INSTITUT und das INSTITUT FÜR ENERGIE- UND UMWELTFORSCHUNG E.V. in Heidelberg. Dieses Institut wurde 1978 im Streit um das Atomkraftwerk Whyl am Rhein als Heimstätte für junge, kritische Wissenschaftler gegründet, die mit der herrschenden Lehre und den die Atomenergie stützenden Gutachten der etablierten Wissenschaft nicht einverstanden waren. In der Anfangszeit erarbeiteten sie vor allem Gegengutachten im Auftrag von Bürgerinitiativen. Inzwischen gibt es in Deutschland über achtzig solcher privater Öko-Institute, in denen zum Teil ehrenamtlich, zum Teil mit bescheidener Bezahlung oder je nach Auftragslage auch besser bezahlt, Studenten und Absolventen als Teil der Ökolobby arbeiten. Manche dieser Institute sind aber nichts anderes als Ingenieurbüros für Auftragsgutachten, die zum Beispiel Umweltverträglichkeitsprüfungen durchführen. Aber auch bei den durch ihre politischen Aktionen bekannt gewordenen Öko-Instituten sind die Bürgerinitiativen nicht länger die wichtigsten Auftraggeber. Das oben genannte Heidelberger Institut hat sein Themenspektrum wesentlich verbreitert und bearbeitet vier Schwerpunkte: Energiekonzepte, Verkehrsemissionen, Ökobilanzen und Abfallwirtschaft. Über 90 % der Aufträge kommen von der öffentlichen Hand. Kommunen, Landkreise, Landes- und Bundesbehörden sind die Geldgeber des Instituts. So haben die Ökowissenschaftler beispielsweise im Auftrag der Städte Köln, Dortmund, Göttingen und Bielefeld Konzepte für eine ökologische Abfallwirtschaft erarbeitet. Und für das Umweltbundesamt wurde eine Studie »Wissenschaftliche Untersuchung bei der Erarbeitung einer technischen Anleitung Siedlungsabfall« durchgeführt. In einem Bericht im UNI (Heft 12, 1990) bringt der Diplom-Physiker Jürgen Giegrich den Wandel der Auftraggeber und Themen auf die kurze Formel »vom Mahner zum Planer«. Doch deswegen haben die Öko-Institute ihr Engagement für die Umwelt nicht aufgegeben: Sie wollen aber nicht nur wissenschaftlich arbeiten und ihre Auftraggeber beraten, sondern beziehen damit auch politisch Stellung für den Schutz der Umwelt. An der Schnittstelle zwischen der Wissenschaft und den konkreten Umweltproblemen leisten sie eine mit politischem Engagement verbundene Beratungsarbeit.

Ver- und Entsorger/in

Seit 1984 gibt es den anerkannten Lehrberuf, der in drei Jahren betrieblicher und schulischer (Berufsschule) Ausbildung zum Abschluß Ver- und Entsorger führt. Die Auszubildenden entscheiden sich für einen der drei Schwerpunkte Wasserversorgung, Abwasserentsorgung oder Abfallwirtschaft.

Ver- und Entsorger arbeiten vorwiegend bei den Kommunen und Kreisen, deren Zweckverbänden und Eigenbetrieben sowie verstärkt in Unternehmen der Wasser- und Abfallwirtschaft. In Wasserwerken, Kläranlagen, Abfallsammelstellen und Deponien bedienen, überwachen und warten sie Maschinen und Anlagen. Eine Fortbildung zum Meister ist möglich.

An den Hochschulen bereiten die Studiengänge Bau-Ingenieurwesen, Abfallwirtschaft sowie Ver- und Entsorgungstechnik speziell auf Tätigkeiten in der Ver- und Entsorgungswirtschaft vor.

4. Die Realitäten des Studiums

Für die Realität des Studienalltags der über 1,8 Millionen Studierenden an den deutschen Hochschulen interessiert sich die Presse selten, weil auch der Fernsehzuschauer und Zeitungsleser sich eher dem Unerwarteten, den echten oder vermeintlichen Engpässen, Mißständen oder Skandalen zuwendet. Aus Einzelfällen, Übertreibungen und Überspitzungen entstehen so beim Außenstehenden Bilder, die mit der Realität des Studiums in der Mitte der 90er Jahre nicht übereinstimmen.

Das beginnt beim Hochschulzugang. Weitverbreitet ist das Bild eines flächendeckenden Numerus clausus und einer allmächtigen ZVS in Dortmund mit langen Wartezeiten vor Studienbeginn, Umlenkungen in nicht gewollte Studiengänge und Verschickung an ungeliebte Provinzhochschulen am anderen Ende der Republik. Was für Medizin oder Architektur begrenzt zutrifft, wird schnell zu einem falschen Gesamtbild verallgemeinert. Bereits in Kapitel 1.5 konnte gezeigt werden, wie zahnlos der »Papiertiger Numerus clausus« in den letzten Jahren geworden ist. Aber dies ist nicht das einzige weit verbreitete, aber verzerrte Bild vom Studium Mitte der 90er Jahre. Weitverbreitet ist auch die Vorstellung überfüllter Hörsäle und langer Wartezeiten für die Praktika, die kein ordentliches Studieren mehr zulassen. Wie richtig oder falsch dieses Bild ist, soll in diesem Kapitel beleuchtet werden. Dann will ich der Frage nachgehen, wie lange das Studium wirklich dauert und was man tun kann, damit aus dem Studium keine unendliche Geschichte wird. Danach beschäftige ich mich mit den Hitlisten der Hochschulen, um herauszufinden, welche Hochschule die beste im Lande ist. Und schließlich folgt noch ein Abschnitt über das Studium in den neuen Bundesländern, denn mit der Wiedervereinigung können auch Wessis wieder in Greifswald, Dresden oder Jena studieren. Weil dort noch einige dem Studium förderliche DDR-Traditionen nachwirken, lohnen sich einige Semester im »wilden Osten« allemal.

4.1 Zwischen Überlast und leeren Hörsälen

In der deutschen Hochschullandschaft gibt es viele verschiedene Biotope. Das Biotop »überfüllte Massenhochschule« ist typisch für Jura, Betriebswirtschaft und einige überlaufene Magisterstudiengänge in der Philosophischen Fakultät. Unter den grünen Studiengängen trifft dieses Bild für Bauingenieurwesen, Landespflege und Raumplanung zu. Charakteristisch für die Lebensgemeinschaft dieses Biotops sind der Massenbetrieb in großen, vielfach überfüllten Hörsälen, die Anonymität unter den Studierenden und der fehlende Kontakt zwischen Studierenden und Dozenten. Die Gemeinschaft der Lehrenden und Lernenden – das Leitbild der Universität – ist im Biotop »Massenhochschule« untergegangen. Dieses Bild »Massenhochschule« beherrscht die Medien, obwohl es zu keiner Zeit für alle Studiengänge richtig war. Es gibt aber nicht nur dieses Biotop in der deutschen Hochschullandschaft, es gibt daneben auch Biotope mit auskömmlichen und sogar welche mit sehr guten Studienbedingungen. Diese Biotope finden wir nicht nur an Fachhochschulen, an denen viele Studiengänge dank eines harten Numerus clausus vom Übel der Überlast weitgehend verschont blieben. Auch an Universitäten gibt es seit einigen Jahren mehr und mehr Studiengänge mit akzeptablen Studienbedingungen, wo Studierende eine ordentliche Betreuung durch Assistenten und Professoren erhalten können und ihr Studium weitgehend ohne Wartezeiten auf Seminare und Praktika nach Plan durchführen können. Von den grünen Studiengängen gilt dies für Agrarwissenschaften, Gartenbau, Forstwissenschaft sowie für die Mehrzahl der Ingenieurstudiengänge. Seit einigen Semestern gibt es hier sogar Biotope, die an Unterfüllung leiden, so daß sich die Professoren und Assistenten schon Sorgen um den Artenschutz machen müssen. Es fehlt nur noch eine »Rote Liste« mit den Studiengängen, deren Existenz wegen Unterfüllung gefährdet ist.

Wie finden Sie Studiengänge mit akzeptablen bis guten Studienbedingungen? Hierfür gibt es sechs Strategien:

Strategie Nr. 1:   Sie schlagen einen Bogen um die überfüllten Großstadthochschulen.

Strategie Nr. 2:   Sie gehen einige Semester oder auch länger an eine ostdeutsche Hochschule. Viele Hochschulen dort bieten derzeit (noch) bessere Studienbedingungen als westdeutsche Hochschulen. Aber Vorsicht: Großstädte wie Berlin, Potsdam, Dresden und Leipzig sind auch im Osten beliebter als Cottbus, Greifswald, Ilmenau, Jena, Köthen, Magdeburg, Schmalkalden, Senftenberg, Stralsund, Wismar, Zittau oder Zwickau (vergleiche Kapitel 4.4).

Strategie Nr. 3: Sie prüfen das Angebot der Fachhochschulen. Vielleicht stimmen FH-Studiengänge mit Ihren Interessen überein. Infolge des Numerus clausus sind viele Fachhochschulen verschont geblieben von der Verschlechterung der Studienbedingungen durch unbegrenztes Offenhalten der Hochschulen.

Strategie Nr. 4: Sie prüfen Umwege zum Ziel. Zum Beispiel ist das Grundstudium im inzwischen nicht mehr überlaufenen Studiengang Maschinenbau an manchen Hochschulen weitgehend identisch mit dem Grundstudium des stark nachgefragten Spezialstudiengangs Umweltschutztechnik. Das gleiche gilt annähernd auch für Biochemie und Chemie. Oder wie wäre es mit der Alternative Agrarwissenschaften, Fachrichtung Umwelt oder Fachrichtung Naturschutz statt des überlaufenen Biologiestudiums?

Strategie Nr. 5: Sie verhalten sich antizyklisch und studieren einen Studiengang, in dem die Zahl der Studienanfänger zurückgeht. In den Ingenieurdisziplinen sind derzeit alle baubezogenen Studiengänge stark gefragt und deswegen überfüllt. Sich antizyklisch verhalten heißt, statt dessen Maschinenbau oder Elektrotechnik zu wählen.

Strategie Nr. 6: Sie lassen sich auch durch überfüllte Veranstaltungen nicht beirren und gehen dennoch in die Sprechstunden der Professoren und Assistenten, um den persönlichen Studienplan zu besprechen und nach Möglichkeiten für studentisches Engagement in Exkursionen und Praktika oder auch nach Hilfstätigkeiten in den Instituten zu fragen. Es ist erstaunlich, wie wenig die Angebote der Studienberatung und die auch in überfüllten Studiengängen vorhandenen Möglichkeiten zum aktiven Studium wahrgenommen werden. Offenbar schützt das gängige Bild vom Biotop »überfüllte Hochschule« manche Studierende auch vor Eigeninitiative.

Solche Strategien setzen Initiative und Mobilität voraus, Eigenschaften, die von angehenden Akademikern erwartet werden. Wer in die nächstgelegene Hochschule fährt und sich dort einschreibt, wo sich dem aktuellen Trend folgend viele andere auch einschreiben, darf sich nicht wundern, wenn er mit vielen anderen im überfüllten Hörsaal sitzt.

4.2 Studienzeiten: Wie lange dauert's wirklich?

Mit den Studienzeiten ist es wie mit den Aktien an der Börse: Nur wenige werden mit dem Nennwert gehandelt, bei den meisten liegt der Kurswert höher. Im Uni-Studiengang Landespflege stehen zum Beispiel in den Prüfungsordnungen neun Semester als Regelstudienzeit. Tatsächlich brauchen die Uni-Landespfleger aber im Mittel 13,2 Semester bis zum Abschluß des Examens. In den Natur- und Ingenieurwissenschaften sieht es nicht anders aus: Die Regelstudienzeit beträgt 9 oder 10 Semester, während 12 bis 14 Semester die Realität sind. Die Regelstudienzeiten stehen also nur auf dem Papier, das bekanntlich geduldig ist.

Wer mit dem Studium beginnt, möchte wissen, mit welcher Zeitspanne er bis zum Diplom rechnen muß. Auf diese Frage gibt Übersicht 13 Auskunft. Für die wichtigsten grünen Studiengänge und für einige Nachbarfächer wird der Mittelwert der tatsächlichen Studiendauer für die erfolgreichen Diplomabsolventen genannt. Die Zahlen stammen von den westdeutschen Hochschulen. In Ostdeutschland wurde traditionell und wird auch heute noch entschieden kürzer studiert. Hier gibt es aber nach dem Zusammenbruch der DDR und der nachfolgenden Umstrukturierung noch keine statistisch belastbaren Daten, die für die nächsten Jahre Gültigkeit beanspruchen könnten.

Die Daten stammen aus dem Jahre 1992, neuere Angaben gibt es noch nicht. Nach allen Erfahrungen sind größere Veränderungen unwahrscheinlich. Deswegen sind diese Daten auch ein Orientierungswert für die Zukunft.

Übersicht 13: Studiendauer in den grünen Studiengängen und Nachbarfächern (Angaben in Semestern)

Studiengang	Uni	FH*
Naturwissenschaften		
Biologie	12,9	–
Biochemie	12,1	–
Chemie / Chemietechnik	12,3	9,4
Geographie	13,4	–
Geologie	13,9	–
Informatik	12,9	9,4
Meteorologie	14,2	–
Physik / Physiktechnik	12,6	9,7
Ingenieurwissenschaften		
Bau-Ingenieurwesen	13,7	9,7
Elektrotechnik	12,7	9,3
Maschinenbau	12,9	9,2
Verfahrenstechnik	13,4	9,4
Chemie-Ingenieurwesen	12,8	9,4
Versorgungstechnik	–	9,0
Landnutzungsdisziplinen		
Agrarwissenschaften	10,8	8,7
Gartenbau	10,3	9,9
Forstwirtschaft	10,4	8,2
Planungsdisziplinen		
Architektur	14,0	9,6
Landespflege	13,2	10,2
Raumplanung	12,5	–

* An einigen FHs gelten noch ältere Prüfungsordnungen ohne Praxissemester. Die Studienzeiten enthalten die Praxissemester. Quelle: Eigene Berechnungen nach Statistisches Bundesamt: Statistik der Hochschulprüfungen 1992.

Die Regelstudienzeiten sollen Vorgaben sein, nach denen sich die Studien- und Prüfungsordnungen richten sollen. Doch das ist allzu häufig Theorie. Vielfach ist das Studium gar nicht in der Regelstudienzeit studierbar, weil der Studienplan zu voll ist, zu viele zeitraubende Zwischenprüfungen abgelegt und Leistungsscheine erworben werden müssen, Wartezeiten für Praktika und Laborübungen ein zügiges Studium verhindern oder zeitraubende Themen als Studien- und Diplomarbeiten vergeben werden. Für die Studenten ist das Überschreiten der Regelstudienzeit jedoch ohne Belang, denn es gibt keine Sanktionen. Weder kosten die zusätzlichen Semester Studiengebühren (wie zum Beispiel in England, Holland oder den USA), noch droht sofort die automatische Exmatrikulation (Ausschluß vom Studium).

Für den Studenten, der Bafög erhält, ist die Förderungshöchstdauer wichtig. Wer drunter bleibt, dem werden einige Tausend DM vom Darlehen erlassen, wer länger studiert, für den gibt es kein Geld mehr. Die Förderungshöchstdauer beträgt an den Universitäten in den Natur- und Ingenieurwissenschaften sowie in den Planungsdisziplinen zehn Semester und in den Landnutzungsdisziplinen neun Semester. An den Fachhochschulen liegt die Förderungshöchstdauer bei acht Semestern, wobei hier die Praxissemester enthalten sind.

Im selben Studiengang bestehen zwischen den Hochschulen häufig Unterschiede von mehreren Semestern in der Studiendauer. Der interessierte Leser wird auf die Angaben im ›Spiegel-Spezial‹ Nr. 3/1993 verwiesen, wo für die 20 wichtigsten Uni-Studiengänge die mittlere Studiendauer für jede einzelne Hochschule angegeben wird. Wer noch mehr Daten über die Studiendauer erfahren will, der sollte in ›Studien- und Berufswahl‹ (S. 106f.) nachlesen oder in den vom WISSENSCHAFTSRAT herausgegebenen Bänden über ›Fachstudiendauer an Universitäten‹ und ›Fachstudiendauer an Fachhochschulen‹. Die jeweils neueste Fassung steht in den Berufs-Informations-Zentren der Arbeitsämter.

»Otto-Normal-Student« muß kein Maßstab sein. Es ist gut zu wissen, wie lange der Normalstudent bis zum Examen braucht. Doch die Durchschnittszeiten sind keine Vorgabe für den einzelnen. Es geht auch kürzer! Der Durchschnitt verdeckt große Unterschiede zwischen den Absolventen und auch zwischen den Hochschulen. Nehmen wir das Beispiel Maschinenbau mit bundesweit rund 3.600 Uni-Absolventen, die im Durchschnitt 12,9 Semester studiert hatten. Darunter waren 5,3 % mit 9 Semestern und 10,9 % mit 10 Semestern. Dagegen hatten 30 % mehr als 14 Semester studiert.

Der Durchschnitt ist also keine Norm für den einzelnen. Wer will, kann rascher ans Ziel kommen. Das ist allerdings an manchen Hochschulen leichter als an anderen. Wer kürzer studieren will, tut gut daran, sich vorher über die heute üblichen Studienzeiten an den Hochschulen zu informieren, die er in die engere Wahl nimmt. Erfahrungsgemäß verändern sich die Studienzeiten nur langsam.

Wie studiert man kürzer?

Für die langen Studienzeiten gibt es viele Ursachen, die der Student nicht beeinflussen kann. Überfüllte Hörsäle, Wartezeiten im Labor, vollgepfropfte Studienpläne, unzählige Teilprüfungen und Pflichtscheine, ausufernde Examensarbeiten, zeitraubende Prüfungsorganisationen – alle diese Faktoren tragen zur Studienzeitverlängerung bei. Doch das ist nur die halbe Wahrheit. Auch der einzelne Studierende hat Einfluß auf seine Studienzeit.

Die Studierenden werden fragen, wie man kürzer studieren kann. Hierfür gibt es keine Rezepte. Aus den Erfahrungen lassen sich aber sieben Empfehlungen ableiten:

1. Die Professoren schon bei Studienbeginn nach der tatsächlichen Studienzeit und nach eventuellen Ursachen der Abweichung von der Regelstudienzeit fragen.
2. Studierende älterer Semester nach den Engpässen im Studium und bei den Prüfungen fragen und die eigenen Pläne darauf einrichten.
3. Bei Studienproblemen frühzeitig die Studienberatung aufsuchen und die Professoren ansprechen. Nicht untertauchen, sondern sich den Problemen stellen. Probleme lösen sich nicht von selbst.
4 Die Prüfungen nicht unnötig hinausschieben. Die Ergebnisse werden selten besser. Eine Zehntelnote hinter dem Komma wiegt den Zeitverlust von einem Semester nicht auf.
5. Mit Studienkollegen Arbeitsgemeinschaften gründen. Gemeinsam schafft man vieles leichter.

6. Bei Studien- und Diplomarbeiten darauf achten, daß sich das Thema auch in der vorgegebenen Zeit bearbeiten läßt. Und solche Professoren meiden, die Diplomarbeiten vergeben, die sich in der offiziellen Zeitdauer nicht durchführen lassen. So etwas spricht sich herum. Studierende älterer Semester fragen! Die Bearbeitungszeit gezielt mit dem Betreuer besprechen und aufpassen, daß die Arbeit nicht zu einer Mini-Doktorarbeit auswächst.

7. Bei Studentenjobs aufpassen, daß die Jobs nicht zur Hauptsache werden und das Studium nur noch nebenher läuft. Zweifelsohne sind heute viele Studierende auf Nebentätigkeiten angewiesen. Diese Nebentätigkeiten ermöglichen vielfach erst den heutzutage üblichen Lebensstandard mit eigener Wohnung, Telefon, Auto und Urlaubsreise. Es besteht die Gefahr, daß man sich an diesen Lebensstandard gewöhnt. Dann kann man es sich möglicherweise gar nicht mehr leisten, sich voll auf das Studium zu konzentrieren. Deswegen gilt es abzuwägen zwischen Lebensstandard, umfangreichen Nebentätigkeiten und langen Studienzeiten auf der einen Seite und bescheidenerem Lebensstandard, temporärer Verschuldung und Konzentration auf das Studium auf der anderen Seite.

Warum nicht länger studieren?

Manche haben gute Gründe, länger zu studieren, zum Beispiel wenn sie als Teilzeitstudenten Beruf und Studium kombinieren. Diese Teilzeitstudenten verteilen ihr Studienpensum, das andere in 10 Semestern schaffen, auf 14, 15 oder 16 Semester. Wer wollte dies kritisieren, wenn sie auf diese Weise Studium und Lebensunterhalt finanzieren?

In der Diskussion über die langen Studienzeiten geht es nicht darum, mit erhobenem Zeigefinger die Langzeitstudenten zur Ordnung zu rufen. Auch das Argument der höheren Kosten, die durch die Langzeitstudenten verursacht werden, ist kein starkes Argument, denn die vom Steuerzahler getragenen Hochschulkosten werden nicht größer, wenn die Studenten länger brauchen. Bei Überschreiten der Regelstudienzeiten werden nicht mehr Leistungen verbraucht, sie werden lediglich auf mehr Semester verteilt. Kein Langzeitstudent macht mehr Seminarscheine als vorgeschrieben oder schreibt zwei Diplom-arbeiten! Deswegen soll länger studieren, wer dies will und seinen Le-bensunterhalt selber finanziert. Er soll aber wissen, daß seine Ar-beitsmarktchancen dadurch nicht besser werden, sondern im Gegen-teil eher schlechter, denn Leistung wird üblicherweise als Ergebnis pro Zeiteinheit interpretiert: Wer überdurchschnittlich lange Studienzei-ten nicht überzeugend begründen kann (Teilzeitstudium, Auslands-aufenthalt, Krankheit), der wird Schwierigkeiten beim Berufseintritt haben. Hierfür drei Indizien:

1. Manche Arbeitgeber haben Altersgrenzen für ihre Berufsanfänger festgesetzt. Die größte technische Behörde der Bundesrepublik Deutschland, das Bundesamt für Wehrtechnik und Beschaffung in Koblenz mit über 4.500 Diplom-Ingenieuren, stellt Universitätsab-solventen, die älter als 31 Jahre sind, nicht mehr ein. Entspre-chendes gilt für andere Behörden.
2. Für Traineeprogramme, die größere Firmen für neu eingestellte Hochschulabsolventen anbieten, gelten häufig Altersgrenzen, die zwischen 28 und 30 Jahren liegen.
3. Die Bundesanstalt für Arbeit berichtet aus ihren Beobachtungen bei der Vermittlung von Hochschulabsolventen:
   - »Am meisten gesucht werden nach wie vor jüngere berufserfah-rene Fach- und Führungskräfte. Aber auch Berufsanfänger mit überdurchschnittlichen Diplomnoten und zügigem Studium wa-ren gut zu vermitteln« (Kommentar zu Ingenieuren).
   - »Lange Studien- und Promotionszeiten wirkten vermittlungsein-schränkend« (Kommentar zu Physikern).
   - »Von den Bewerbern wurden ein guter Studienabschluß und ei-ne kurze Studiendauer erwartet« (Kommentar zu Mathemati-kern).
   - »Erforderlich waren ein guter Studienabschluß, kurze Studien-dauer und Fremdsprachenkenntnisse« (Kommentar zu Volkswir-ten).

Diese Aussagen können ohne Einschränkungen auf Hochschulabsol-venten mit grünem Diplom übertragen werden.

4.3 Hochschulranking: Sinn und Unsinn der beliebten Hitlisten

Mit dem ›Spiegel‹ fing alles an.[46] Er stellte öffentlich die für die deutsche Hochschulszene ungewohnte Frage: »Welche Uni ist die beste?« Mit der Schlagzeile »Die neuen Unis sind die besten« berichtete das Hamburger Nachrichtenmagazin über die objektiven Studienbedingungen und über das subjektive Urteil der Studierenden zur Qualität der Lehre vor Ort. Auf 148 Seiten wurden der erstaunten Öffentlichkeit die Ergebnisse der ersten großangelegten Studentenbefragung in Deutschland präsentiert. Ranglisten für die fünfzehn meistbelegten Universitäts-Studiengänge wurden erstellt und kommentiert. Die Verteilung der silbernen Zitronen und goldenen Äpfel förderte Erstaunliches zutage: Unter den ersten fünfzehn Hochschulen des Gesamtrankings waren zwölf Neugründungen der 60er und 70er Jahre. Dagegen landeten unter den letzten fünfzehn Hochschulen dreizehn alte Universitäten, die seit Jahrzehnten auf ihr hohes akademisches Ansehen pochten. »Die Meinungsführer der Wissenschaft«, urteilte der wissenschaftliche Betreuer des ›Spiegel‹ Prof. Dr. Friedhelm Neidhardt, »hätten offenbar keine Ahnung vom Lehralltag der Universitäten«. »Unsere Ergebnisse«, bilanzierte der Kölner Sozialwissenschaftler, »zerstören falsche Bilder, die bisher die Wahl des Studienortes mit bestimmt haben«. Für Insider nicht überraschend hatte der ›Spiegel‹ mächtig an der Fiktion gekratzt, in Deutschland seien die Studienbedingungen an allen Hochschulen gleich, und Diplom sei Diplom.

Das ›Spiegel‹-Ranking hat viele Kritiker auf den Plan gerufen und mehrere Nachahmer gefunden. ›Stern Extra‹ präsentierte im April 1993 »Deutschlands beste Universitäten« und ein Jahr später »Wo studieren Spaß macht«. Das ›Manager-Magazin‹ ließ Manager Wirtschaftshochschulen und Technische Hochschulen zensieren. In Titelstories wurden »Die besten Unis für Ingenieure« präsentiert und »Welche Unis die Karriere fördern«. Weil Hochschul-Rankings viel gelesen werden und deswegen verkaufsfördernd sind, zogen die Konkurrenzblätter bald nach. ›Forbes‹ fragte, wo »die Ausbildung Spitze ist, die Professoren Karrieren fördern und das Studieren noch wenig kostet«. Und ›Focus‹ präsentierte den »ersten objektiven Test« und

---

[46] Der Spiegel, 1989, Heft 4 und Spiegel-Spezial, 1990, Nr. 1.

seine »besten deutschen Universitäten«. Mit objektiv war die Literaturproduktion der Professoren gemeint. Zu diesem Zweck wurde die Zahl der Forschungspublikationen gemessen. Dahinter steckte der kühne Kurzschluß, daß, wer viel Forschungsliteratur produziert, auch hohe Lehrqualität haben muß. 1993 legte der ›Spiegel‹ noch einmal nach und präsentierte das erste gesamtdeutsche Ranking.[47] Wieder wurden Studenten der fünfzehn meiststudierten Studiengänge nach ihren Studienbedingungen und ihrem persönlichen Urteil über die Lehrqualität befragt. Die daraus gewonnenen Hitlisten wurden ergänzt um statistische Angaben über die durchschnittliche Betreuungsrelation (Studenten je Professor) und über die mittlere Studienzeit der erfolgreichen Absolventen. Die ›Spiegel‹-Rankings konzentrieren sich also auf die Studienbedingungen und das Votum der Studierenden. Im Grundsatz gelten auch heute noch die Ergebnisse der Befragung von 1993:

• Wie bereits vier Jahre zuvor sind es vor allem die kleineren und mittelgroßen Hochschulen, die den Studenten die besten Studienbedingungen bieten und deswegen auch für ihre Lehrqualität gut bewertet werden. Dagegen landen die Studentenhochburgen in den Großstädten und große Universitäten mit langer Geschichte und traditionsreichen Namen überwiegend am unteren Ende der Ranglisten. Diese Bewertung kann denjenigen nicht überraschen, der sich den Blickwinkel der Studierenden zu eigen macht und sich in deren Situation im Grundstudium versetzt. Für die Studierenden ist es wichtig, mit wie vielen Kommilitonen sie im Hörsaal sitzen, ob es genügend Laborplätze gibt, wieviel Zeit die Professoren bei der Betreuung von Seminar- und Diplomarbeiten haben und ob die empfohlene Literatur in der Bibliothek auch verfügbar ist. Diese handfesten Studienbedingungen sind wichtiger als das Renommee, das die wissenschaftlichen Stars der Fakultät mit ihren Forschungsarbeiten erworben haben. Man kann darüber streiten, ob die Studierenden die Qualität des Studiums wirklich beurteilen können, man kann jedoch nicht darüber streiten, daß sie ein treffendes Urteil über den Studienbetrieb abgeben können.

---

[47] Spiegel-Spezial, 1993, Nr. 3.

- Den ostdeutschen Universitäten bescheinigen die dort Studierenden, die aus Ost- und Westdeutschland stammen, häufig gute bis sehr gute Studienbedingungen – vor allem in den Natur- und Ingenieurwissenschaften. Auffallend ist die gute Benotung, die die aus dem Osten stammenden Professoren für ihr pädagogisches Geschick, ihr Engagement in der Lehre und für das Klima in ihren Vorlesungen und Seminaren erhalten. Hier schlägt die pädagogische Erfahrung und der hohe Stellenwert durch, den die Lehre an den DDR-Hochschulen hatte. Die heutige Studentengeneration profitiert also noch vom Erbe der DDR-Hochschulen.

- Das Ergebnis einer separaten Professoren-Befragung weicht gravierend von der Studenten-Befragung ab. Für die Professoren steht verständlicherweise das Renommee ihrer Kollegen in der Forschung obenan – dieses Renommee korreliert aber nicht unbedingt mit den Studienbedingungen und der Lehrqualität, mit der die Studierenden konfrontiert werden.

- Zwischen den verschiedenen Studiengängen einer Hochschule bestehen Unterschiede, zum Teil sind diese erheblich. Es kommt also auf das fachspezifische Ranking an. Das Gesamt-Ranking macht dagegen keinen Sinn für denjenigen, der ein bestimmtes Fach studieren will. Deswegen gibt es auch die beste Hochschule gar nicht, dafür aber in jedem Fach eine Spitzengruppe von Hochschulen mit guten Studienbedingungen.

Im In- und Ausland ist das Ranking von Hochschulen inzwischen weit verbreitet. Die Presse liebt das Thema, weil es gern gelesen wird und die Auflagen steigert. Die Leser sind neugierig und erhoffen sich objektive Informationen. Dagegen kritisieren die Hochschulen solche Hitlisten, weil die Vereinfachungen solcher Rankings der komplexen Realität nicht gerecht werden können. Mit den Hitlisten für die Studiengänge ist es wie mit den Bundesliga-Tabellen, und zwar in dreierlei Hinsicht:

1. Die Rankings verändern sich mit jeder Spielsaison: wer heute oben ist, kann morgen schon ins Mittelfeld abrutschen oder im Keller landen. Für die Studierenden aber ein Trost: so schnell wie im Sport geht der Tabellenwechsel bei den Hochschulen glücklicherweise nicht.

2. Die große Zahl der Hochschulen befindet sich im Mittelfeld. Nur wenige werden signifikant besser und meist auch nur wenige signifikant schlechter bewertet als das Mittelfeld. Beim Abstieg in die 2. Liga versagt allerdings der Vergleich Sport und Studium. Bislang mußte noch keine deutsche Hochschule wegen schlechter Ergebnisse ihren Lehrbetrieb einstellen!

3. Wie beim Sport kommt es auch an den Hochschulen auf die Disziplin an. Wenn München, Dortmund oder Bremen die Spitzenplätze im Fußball belegen, dann gilt dies weder für Handball noch für Eishockey. Ähnlich ist es mit den Hitlisten für die Hochschulen: Wer bei Jura im oberen Tabellendrittel spielt, muß deswegen nicht auch in Biologie oder Elektrotechnik zu den führenden Hochschulen zählen.

Ein Ranking der grünen Studiengänge gibt es noch nicht. Ich bin sicher, auch hier würden das studentische Votum und die Präsentation detaillierter Statistiken über Betreuungsrelationen und Studienzeiten Erstaunliches zu Tage fördern. Bei mancher Hochschule dürfte eine systematische Analyse des grünen Studienangebots zu unangenehmen Urteilen führen. Doch wollen wir nicht spekulieren – vielleicht gibt es demnächst ein seriöses Ranking für die vielen unterschiedlichen grünen Studiengänge. Wenn man ein solches Ranking ordentlich machen will – und nur dann kann man es verantworten –, dann ist eine solche Unternehmung derartig aufwendig, daß man es nicht ohne einen potenten Geldgeber im Rücken machen kann. Ohne eine sorgfältige Analyse, die nun einmal ihr Geld kostet, wird das Hochschul-Ranking zum ärgerlichen Journalistenspaß, der vielleicht die Auflage fördert, aber nicht zur Transparenz im Hochschulsystem beiträgt. Ein warnendes Beispiel lieferte jüngst das ›Manager-Magazin‹. Dort bewerteten Personalmanager die Hochschulen, was schon deswegen problematisch ist, weil viele Manager nur wenige Hochschulen tatsächlich kennen. Mit Erstaunen fand der Leser im Studiengang Betriebswirtschaft eine norddeutsche Hochschule auf Platz 7 bei Forschungsleistung und auf Platz 14 bei studentischen Aktivitäten. Damit lag diese neugegründete Hochschule im oberen Tabellendrittel der 120 BWL-Studiengänge des Bundesgebiets. Die Sache hatte nur den kleinen Schönheitsfehler, daß es an dieser norddeutschen

TU weder den Studiengang Betriebswirtschaftslehre noch einen einzigen Ökonomieprofessor gab. Auch Manager können irren!

Zu den fünfzehn meiststudierten Fächern, die vom ›Spiegel‹ untersucht wurden, zählen auch einige mit Umweltbezügen: Biologie, Chemie und Maschinenbau/Verfahrenstechnik. Ich empfehle interessierten Lesern im ›Spiegel-Spezial‹ Nr. 3/1993 nachzulesen, wie die Studenten die Studienbedingungen und die Lehrqualität bewerteten.

Übersicht 14: Hochschulranking des ›Spiegel‹ 1993

Biologie (Diplom Uni)	Chemie (Diplom Uni)	Maschinenbau (Diplom Uni)
Spitzengruppe		
1. Uni Düsseldorf	1. TU Clausthal	1. TU Clausthal
2. Uni Konstanz	2. Uni Konstanz	2. TU Hamburg-Harburg
3. UGH Kassel	3. UGH Siegen	3. TH Aachen
4. Uni Regensburg	3. FU Berlin	4. Uni Dortmund
5. Uni Oldenburg	5. Uni Bremen	
6. Uni Bayreuth	6. Uni Düsseldorf	
	7. Uni Marburg	
	8. Uni Oldenburg	
	9. TU Braunschweig	
Mittelfeld		
7. TU Braunschweig	10. Uni Kaiserslautern	5. TU Braunschweig
8. Uni Kaiserslautern	11. UGH Duisburg	6. UGH Duisburg
9. TU München	12. Uni Tübingen	7. UGH Paderborn
10. Uni Freiburg	13. Uni Würzburg	8. UGH Essen
11. Uni Saarbrücken	14. TU München	9. TH Darmstadt
12. Uni Hohenheim	15. Uni Bielefeld	10. TU Berlin
13. Uni Ulm	16. Uni Dortmund	11. Uni Stuttgart
14. Uni Erlangen-Nürnberg	16. UGH Essen	12. Uni Kaiserslautern
15. TH Aachen	18. UGH Wuppertal	13. UGH Siegen
16. Uni Gießen	19. Uni Stuttgart	14. TU München
17. Uni Göttingen	20. Uni Bochum	
18. Uni Heidelberg	20. Uni Bonn	
19. Uni Bochum	20. Uni Bayreuth	
19. Uni Bielefeld	23. Uni München	
21. FU Berlin	24. Uni Köln	
22. Uni Frankfurt	25. UGH Paderborn	
23. Uni Marburg	26. Uni Regensburg	
24. Uni Tübingen	27. Uni Hamburg	
25. Uni Kiel	28. TH Darmstadt	
	29. Uni Mainz	

Biologie (Diplom Uni)	Chemie (Diplom Uni)	Maschinenbau (Diplom Uni)
26. Uni München	30. Uni Erlangen-Nürnberg	
27. Uni Würzburg	31. Uni Kiel	
28. Uni Hamburg	32. Uni Gießen	
29. TH Darmstadt	33. Uni Freiburg	
30. Uni Bremen		
Schlußlichter		
31. Uni Mainz	34. UGH Kassel	15. Uni Hannover
32. Uni Köln	35. Uni Karlsruhe	16. Uni Bochum
33. UGH Essen	36. Uni Ulm	17. UGH Kassel
34. Uni Karlsruhe	37. TH Aachen	18. Uni Karlsruhe
35. Uni Osnabrück	38. Uni Heidelberg	
36. Uni Münster	39. Uni Hannover	
37. Uni Hannover	40. Uni Münster	
38. Uni Bonn	41. Uni Göttingen	
	42. Uni Frankfurt	
	43. Uni Saarbrücken	
	44. TU Berlin	

Seit 1993 hat sich die Situation an manchen Hochschulen in den Agrar-, Natur- und Ingenieurwissenschaften infolge schwächerer Anfängerjahrgänge verändert. Generell dürften die Studienbedingungen eher besser als schlechter geworden sein. Leider gilt dies nicht für alle grünen Studiengänge und Studienrichtungen, weil hier die Studienanfängerzahlen abweichend vom Trend vielfach gestiegen, jedenfalls kaum nennenswert zurückgegangen sind. Gültig bleibt nur: Auslastung und Studienbedingungen sind von Fach zu Fach und von Hochschule zu Hochschule außerordentlich unterschiedlich!

4.4 Der wilde Osten lockt: Studium an ostdeutschen Hochschulen

Dieser Studienführer wurde von einem Wessi geschrieben, der viele Universitäten und Fachhochschulen im Westen Deutschlands kennt. Die ostdeutschen Hochschulen mit ihren spezifischen DDR-Traditionen habe ich 1990/91 kennengelernt, als der WISSENSCHAFTSRAT die Hochschulen bereiste, um sich im Auftrage der Bundes- und Landesregierungen einen Überblick über die dortige Hochschullandschaft zu verschaffen. Inzwischen ist dort nichts mehr so, wie es einmal zu DDR-Zeiten war. Im Schlechten glücklicherweise nicht, aber leider auch nicht immer im Guten. Deswegen soll in diesem Abschnitt ein Insider zu Wort kommen, der mit der Situation in den Ingenieurdisziplinen zu DDR-Zeiten vertraut war und als Assistent an einer Universität der neuen Länder die heutige Situation kennt. Was Dr. Ing. Uwe Lämmel von der Universität Rostock nachfolgend über das Informatikstudium im wilden Osten schreibt, gilt weitgehend auch für die grünen Studiengänge:[48]

»Aus Sicht der Betroffenen will ich versuchen, aus eigenem Erleben die Situation an den Universitäten und Fachhochschulen in den neuen Bundesländern zu charakterisieren. Allein die Bezeichnungen für dieses ›neue Deutschland‹ geben einen guten Stoff ab. Von ehemaliger DDR, den fünf neuen Ländern (FNL), dem Beitrittsgebiet, Ostdeutschland oder einfach Osten ist die Rede. Was halten wir in Neufünfland davon? Mir ist die Benennung egal, denn Worte machen keinen Inhalt, oder wie wir im Informatikstudium immer wieder zu vermitteln suchen: Man unterscheide zwischen Nachricht und Information, zwischen Syntax und Semantik oder eben zwischen Form und Inhalt. Die Vermeidung der Begriffe Ost und West führt noch lange nicht zur inhaltlichen Einheit. Nebenbei: Ich bin lieber Ossi als Ostler, denn ›Ostler‹ ist englisch und heißt Stallknecht!

Kommen wir zum Inhalt:

Wie sieht die Hochschullandschaft in Neufünfland aus? Gibt es dort überhaupt Universitäten? O. K., die Frage ist nicht fair. Die ältesten Universitäten in Deutschland, Heidelberg (1386), Köln (1388), Erfurt (1392), Leipzig (1409), Rostock (1419), sind gut über das heutige West und Ost verteilt. Für all diejenigen, die gleich bemerken, daß die Aufzählung 3 : 2 für den Osten ausgeht, und eine böse Absicht dahinter vermuten, seien alle weiteren bis zum Jahre 1500 entstandenen Universitäten aufgezählt: Greifswald (1456), Freiburg im Breisgau (1457), München (1472), Mainz (1476), Tübingen (1477). Das war vor vielen Jahrhunderten.

---

[48] Uwe Lämmel: Informatik erfolgreich studieren. Studienführer im dtv. München 1995.

Was bietet der Osten dem Studenten heute? Bevor ich auf die aktuelle Hochschulsituation eingehe, erscheint es mir notwendig und sinnvoll, auf die jüngere Geschichte, das Studieren zu DDR-Zeiten, einzugehen.

Es ging alles etwas schulischer zu. Der organisatorisch wesentlichste Unterschied zur Gegenwart besteht in den damaligen festen Studienplänen in allen Fachrichtungen. Diese festen Regularien führten zu einer festen Studienzeit, in der das Studium abgeschlossen wurde. Das Studium begann in allen Fächern jeweils im Herbstsemester eines Jahres. Der Studienplan enthielt detailliert, in welchem Semester welche Lehrveranstaltung zu besuchen war. Wahlmöglichkeiten bestanden in der Spezialisierungsrichtung innerhalb eines Studienganges. In den höheren Semestern wurden in beschränktem Umfang Wahlpflichtvorlesungen angeboten. ›Wahlpflicht‹ ist die Pflicht der Auswahl eines Faches aus einer Anzahl angebotener Fächer. Für die Anfertigung der Diplomarbeit war in der Regel ein Semester eingeplant. Ein Studium dauerte zwischen vier und fünf Jahren, in der Medizin etwas länger. Die Bewerbung zum Studium erfolgte üblicherweise in der elften Klasse der Erweiterten Oberschule, das heißt ein bis anderthalb Jahre vor dem Abitur. Die Zulassung zum Studium wurde auch mehrere Jahre im voraus erteilt, zum Beispiel für die Jungen, die nach der Schulzeit ihren Grundwehrdienst abzuleisten hatten. Für jeden Studiengang und jede Universität gab es feste Zulassungszahlen. Wer für ein bestimmtes Fach oder Universität nicht zugelassen wurde, erhielt unter Umständen Alternativen angeboten: Es fand eine ›Umlenkung‹ statt.

Interessanterweise bestand der erste Jahrgang, der am Fachbereich Informatik der Universität Rostock im Jahr 1986 sein Studium aufnahm, zumeist aus ›Umgelenkten‹. Informatik und erst recht Informatik in Rostock waren noch nicht so bekannt. Kaum einer dieser vielen Umgelenkten hat sein Studium jedoch aufgegeben, sondern im Gegenteil haben sie das Diplom erreicht und sind heute bundesweit in Lohn und Brot. Aber das nur nebenbei. Jeder Immatrikulationsjahrgang wurde in Seminargruppen aufgeteilt und jeder Seminargruppe ein wissenschaftlicher Mitarbeiter als Betreuer zugeordnet. In diesem Gruppenverband fanden die Übungen und Seminare statt. Durch diese Einteilung und die Planung der Studienanfängerzahlen war stets gesichert, daß genügend Plätze für Experimente, Labore oder Praktika zur Verfügung standen. Die in diesen Seminargruppen stattfindenden FDJ-Versammlungen wurden als lästiges Übel empfunden. Der Stellenwert dieser politischen Arbeit war von Fakultät zu Fakultät sehr unterschiedlich. Nach meinen Erfahrungen aus mathematisch-naturwissenschaftlichen Einrichtungen wurde das Ganze meist ohne Übereifer und sehr pragmatisch erledigt. Kennzeichen dafür ist die relativ hohe Zahl von Mathematikern in politischen Ämtern im Osten auf allen Ebenen in den Nachwendezeiten. Neben dieser politischen Durchdringung des Studiums hatte die Seminargruppenstruktur in Verbindung mit dem einheitlichen Studienablauf für alle Studenten eines Jahrganges auch positive Effekte. Die Zusammenarbeit untereinander wurde gefördert, und das ›echte‹ studentische Leben, wie Einstandsfeten, Fasching, Bergfeste entwickelten sich auf Ebene der Seminargruppen oder der Fachbereiche zu mehr oder weniger festen Traditionen.

Die Art und Anzahl der Prüfungen waren ebenfalls anders als heute üblich. Prüfungen gab es fast in jedem Fach zum Abschluß eines Semesters oder eines Studienjahres. In der Abschlußprüfung in einem Fach wurden die vorher erreichten Ergebnisse der Zwischenprüfungen in die Bewertung mit einbezogen. Für den Studenten hatte das den Vorteil, daß sich ein Ergebnis aus mehreren Teilleistungen und -ergebnissen zusammensetzte. Pannen ließen sich so leichter verschmerzen. Diese Vielzahl von Prüfungen wurde zwar subjektiv als Nachteil gesehen, sie stellte aber objektiv aus dem genannten Grund auch einen Vorteil für viele dar. Vieles Prüfen übt, und der Stoff je Prüfung war begrenzter als heute allgemein üblich. Eine Vordiplomprüfung gab es nicht. Die Diplomarbeit wurde zu DDR-Zeiten grundsätzlich verteidigt: Der Diplomand stellt in einem Vortrag die Ergebnisse seiner Arbeit vor und verteidigt seine Arbeit in einer sich anschließenden Diskussion.

Was geschah nun nach der Wende? Mit der Wende begann auch an den Universitäten und Fachhochschulen ein großer Umwälzungsprozeß. Dieser begann damit, daß erst einmal die Gremien der demokratischen Selbstverwaltung einer Universität, vom Konzil, dem Senat, den Fakultäts- bis zu den Fachbereichsräten, demokratisch gewählt wurden. Vorher wurden die Einrichtungen durch ›von oben‹

eingesetzte Einzelleiter geführt. In Anbetracht fehlender Ordnungen für Vorgehensweisen wurden allerorten an der ›Basis‹, also in den Fachbereichen, vorläufige Wahlordnungen aufgestellt und durch ›Volksabstimmung‹ legitimiert und in Kraft gesetzt. In diesen tatsächlich demokratisch gewählten Organen waren alle Statusgruppen einer Universität (Professoren, wissenschaftliche Mitarbeiter, nichtwissenschaftliche Mitarbeiter und Studenten) paritätisch vertreten! Zudem erfolgte die Wahl nicht innerhalb der Statusgruppen, sondern alle wählten alle. Das heißt, auch die Studenten entschieden mit ihrer Stimme über die Besetzung der Professorensitze in diesen Räten mit! An altbundesdeutschen Hochschulen sucht man derartige Verhältnisse vergebens! Dies war der erste Schritt der personellen Erneuerung, denn die Bereiche wurden nun von jenen geführt, die insbesondere auch von den Studenten das Vertrauen erhielten.

Von den gewählten Fachbereichs- und Fakultätsräten wurde die Ausbildung in den jeweiligen Studiengängen an bundesdeutsche Gepflogenheiten angepaßt, wobei sich als Vorteil herausstellte, daß man aktuelle Tendenzen und Entwicklungen gleich mit berücksichtigen konnte. Wichtige Stütze für die ostdeutschen Einrichtungen bilden dabei die Rahmenordnungen und Empfehlungen für die Gestaltung der Studiengänge, die von den Fakultätentagen der jeweiligen Fachgebiete aufgestellt wurden. Fachlich bereitete die Umgestaltung den mathematisch-naturwissenschaftlichen sowie technischen Studiengängen kaum Schwierigkeiten, da 1 + 1 auch früher schon 2 war. Theoretisch und konzeptionell war man auf dem laufenden. Nachholbedürftig waren die apparative Ausstattung und die damit verbundenen Erfahrungen.

Etwas zeitlich versetzt zu dieser inhaltlichen Umgestaltung des Studiums verlief die zweite und tiefgreifende personelle Erneuerung. In den Ländern wurden hierbei unterschiedliche Wege gewählt. Wieder aus eigenem Erleben werde ich das Geschehen in Mecklenburg-Vorpommern genauer schildern. In ähnlicher Art und Weise wurde auch in den anderen Ländern vorgegangen. Zuerst wurde ein Stellenplan für die Hochschulen des Landes erarbeitet und vom Landtag beschlossen. Entsprechend dieses Planes hatten alle Hochschulangehörigen des Landes die Möglichkeit, sich auf entsprechende Stellen zu bewerben. In vielen nach Fachgebieten gebildeten Kommissionen wurde über die Besetzung der Stellen befunden und entschieden. In den Kommissionen haben eine ganze Reihe von Professoren aus den alten Bundesländern intensiv mitgewirkt. Für jeden Bewerber auf eine Professorenstelle wurden fachliche Gutachten eingeholt, nach denen die sogenannten Überleitungskommissionen die Entscheidung Fachhochschule oder Universität trafen.

Weiterhin erfolgte eine Überprüfung der persönlichen Eignung durch an den Hochschulen eingesetzte Ehrenkommissionen. Eine Ehrenkommission bewertete für jeden Mitarbeiter der Hochschule seine persönliche Haltung zu DDR-Zeiten und beantragte zugleich eine Auskunft zur Person bei der Gauck-Behörde. Alle heutigen Mitarbeiter an den Universitäten sind »gegauckt« worden, wie der Volksmund sagt. Aufbauend auf den Ergebnissen der genannten Kommissionen arbeiteten die Übernahmekommissionen, die dann die Stellenbesetzung entschieden.

Der Prozeß der Stellenneubesetzung begann im Jahre 1991 und nahm große Teile des Jahres 1992 in Anspruch. Zum 1. Oktober 1992 wurde die Arbeit in den Kommissionen beendet. Alle dann noch freien Stellen, insbesondere die Professorenstellen, gelangten auf dem allgemein üblichen Wege zur Ausschreibung. Es begann in gewisser Weise ein Wettlauf zwischen den Hochschulen im Osten, da überall freie Stellen ausgeschrieben wurden und jeder mit einer möglichst zeitigen Ausschreibung die Chance auf gute Bewerber wahren wollte. So war das Jahr 1993 durch eine Vielzahl von Berufungsverfahren gekennzeichnet. Die Neuberufungen dauern auch weiterhin an. Mittlerweile haben aber bereits eine Vielzahl neu berufener Professoren aus den alten und neuen Bundesländern ihre Arbeit aufgenommen, und es zieht nach und nach der Alltag oder die Normalität ein. So sind beispielsweise am Fachbereich Informatik der Universität Rostock 10 der 12 ausgewiesenen Stellen besetzt, davon 5 neu berufen, darunter wiederum dreieinhalb aus dem Westen. (Ein Professor stammt ursprünglich aus dem Osten, hat jahrelang eine Professur im Westen innegehabt und ist nun wieder in den Osten gekommen. Das ist der ›Halbe‹.) Allgemein kann man konstatieren, daß die größten Mühen überwunden sind und eine kontinuierliche Arbeit, insbesondere in der Ausbildung der Studenten, begonnen hat. Wie gesagt, Rostock ist ein Beispiel, das für fast alle Einrichtungen im Osten steht.

Während ein Durchmischen zwischen Ost und West in der Professorenschaft nun Realität geworden ist, ist dies in der Studentenschaft bisher ausgeblieben. Die überwiegende Mehrheit der Studenten studiert im unmittelbaren Umfeld ihres Heimatortes. Schenkt man den Zeitungsartikeln Glauben, dann kommt für viele in den Altbundesländern ein Studium im Osten einer Verbannung nach Sibirien gleich. Im ›Spiegel‹ Nr. 42/1994 findet man die folgenden Worte: ›Als hätten wir ihre Kinder verbannt‹, sagt ZVS-Chef Henning Berlin, sei er von erbosten Eltern beschimpft worden.‹ An anderer Stelle heißt es zum Thema Studieren im Osten: ›Ein Studium jenseits von Harz, Rhön und Bayrischem Wald gilt bei ihnen auch zehn Semester nach der Wende bestenfalls als Exotennummer, zumeist aber als Alptraum von roten Professoren, Plattenbau-Wüsten und grimmigen Oststudenten, die Eindringlinge aus dem Westen feindselig empfangen: Studieren in Ostdeutschland? Nein, danke!‹

In den Numerus-clausus-Fächern, in denen die Universitäten in den alten Bundesländern nicht alle Studienwünsche erfüllen können, wurde von der ZVS eine Zuordnung von Studienbewerbern an Ostuniversitäten vorgenommen. Die Reaktionen machen betroffen. Warum diese Abneigung gegen den Osten? Ist es wirklich so schlimm, etwas anderes kennenzulernen und auf den einen oder anderen Luxus verzichten zu müssen? Hört das so viel gepriesene ›jung und dynamisch und flexibel‹ auf, wenn die Straße ein paar Schlaglöcher aufweist, oder ist das die noch tiefsitzende ›erworbene‹ Abneigung gegen den Osten allgemein? Ja, auch in die Hochschullandschaft wirkt das von den Medien verbreitete Image des Ostens als eine unterentwickelte Gegend voller geldschluckender, unzufriedener Menschen hinein. Daß alles ganz anders ist, viel normaler und dabei auch gleichzeitig viel aufregender, kann man nur vor Ort erleben. Noch sind die Gleise nicht fest- geschweige denn ausgefahren. Oft sind wir hier noch beim Verlegen der Gleise. Das schafft Raum für die eigene Mitwirkung.

Natürlich hat uns die bundesdeutsche Wirklichkeit auch eingeholt. Die eingangs zitierten Verhältnisse zu Wendezeiten sind vorbei. Auf der Basis des bundesdeutschen Hochschulrahmengesetzes wurden Landeshochschulgesetze erlassen, und die basisdemokratisch erarbeiteten Ordnungen mußten in vielen Punkten überarbeitet werden.

Nun gilt auch im Osten, daß die Professoren in allen Gremien der demokratischen Selbstverwaltung einer Hochschule die absolute Mehrheit der Sitze erhalten. Schade, viele hätten es wie zu Wendezeiten etwas demokratischer beibehalten. Auch in den paritätisch besetzten Gremien in Nachwendezeiten wurde konstruktiv gearbeitet, und Kampfabstimmungen zwischen Statusgruppen habe ich in der ganzen Zeit meiner Mitarbeit in diesen Gremien nicht erlebt. Insbesondere ist auch heute kein Gegeneinander zwischen Lehrkörper und Studentenschaft spürbar, ohne dabei verleugnen zu wollen, daß es Probleme gibt.

Wie sieht nun die Situation im Osten für den Studenten aus? In der Lehre kann jeder davon ausgehen, daß kein genereller Niveauunterschied zwischen Ost und West mehr vorhanden ist. Die Unterschiede sind eher zwischen den Hochschulen zu suchen. Der Studienablauf ist den westlichen Gepflogenheiten weitestgehend angepaßt. Spricht man von den Studienbedingungen, kann man verallgemeinernd nur prahlen. Außer in einigen Modefächern, wie Jura, Betriebswirtschaft oder Bauwesen, ist Überfüllung ein Fremdwort. Sonst ist die Auslastung der Einrichtungen noch weit von ihren Kapazitätsgrenzen entfernt. Das führt zu nahezu idealen Verhältnissen für die Studierenden. Keine überfüllten Hörsäle, kein Gedränge bei Praktikumsplätzen. Jede Einrichtung ist derzeit bemüht, sich einen guten Ruf bundesweit zu erarbeiten und wirbt mit viel Engagement um mehr Studienanfänger. Diese Situation führt auch zu einem verstärkten Engagement des Lehrkörpers für die Studenten. Der Kunde, Verzeihung der Student, ist hier König! Natürlich nicht ganz, denn geschenkt bekommt man nichts, erst recht nicht das Diplom. Auch das muß gesagt werden.

Lebensbedingungen:
Es gibt sie noch, die ›guten‹ alten Studentenwohnheime, in denen zu DDR-Zeiten fast alle Studenten wohnten, sofern sie nicht noch bei ihren Eltern lebten. Man lebte damals meist zu dritt, oft auch zu viert, in einem Wohnheimzimmer mit Küche, Waschraum und Toilette auf dem Flur sowie Duschen im Keller. In den schäbigsten Unterkünften, den Baracken, entwickelten sich die verschworensten Gemeinschaften, und raus wollte eigentlich dann auch keiner mehr, denn die

Freiräume waren in diesen ›Unterkünften‹ am größten. Im Vergleich zu den Altbundesländern ist der Anteil der Studenten, die in Wohnheimen leben, erheblich höher. Die Zahl der Wohnheimplätze ist aus den Vorzeiten immer noch erheblich höher als anderswo, auch wenn nicht mehr zu dritt oder viert auf einem Zimmer gelebt wird. Was wirklich fehlt, ist der freie Wohnungsmarkt. Hier ist es wohl unmöglich, als Student an eine noch dazu bezahlbare Wohnung oder ein Zimmer zur Untermiete zu gelangen. Es gibt zu wenig Wohnungen, erst recht mit vermietbaren Zimmern.

Eine Besonderheit ostdeutscher Hochschulen sei erwähnt. In den siebziger Jahren gründeten sich zahlreiche Studentenklubs. Studenten mit viel Initiative taten sich auf Fachbereichs- oder Fakultätsebene zusammen und organisierten Konzerte, Diskussionen, Film- und Theateraufführungen sowie Discotheken für Studenten, um den allgemeinen Mangel an diesen Unterhaltungsmöglichkeiten auszugleichen. In Rostock gab es so zeitweise über zehn solcher Studentenklubs an der Universität. Eine Reihe von Klubs haben die Wirren der Wende erfolgreich durchkämpft und arbeiten als Vereine weiter. Dadurch existiert eine wirklich gute Studentenszene mit den unterschiedlichen Schattierungen, die diese Klubs einbringen. Es ist dadurch auch abends und nachts mehr los, als man gewöhnlich als Besucher einer Hochschulstadt bemerkt. Diese Klubs sind nicht nur für die Gestaltung des eigenen Nachtlebens interessant, sondern sie leben natürlich von den Aktivitäten von Studenten. Denken Sie mal über eine Mitarbeit nach.

Größtes Problem für die Hochschulen im Osten stellt derzeit die marode Bausubstanz der meisten Gebäude dar. Natürlich sind auch hierin von Jahr zu Jahr Verbesserungen spürbar, aber man kann allgemein keine idealen Bedingungen erwarten. Anders sieht es mit der apparativen Ausstattung aus. In diesem Punkt wurde nach der Wende ein gewaltiger Satz nach vorne getan. Aus Firmenspenden und Förderprogrammen wurde und wird moderne Technik angeschafft. In den Informatik-Einrichtungen im Osten gibt es keinen Computer, der älter als fünf Jahre ist. Fünf Jahre ist ein langer Zeitraum auf diesem Gebiet, aber es heißt ja nicht, daß alle Computer fünf Jahre alt sind. Im Gegenteil, es erfolgt ständig eine apparative Ergänzung. Hier ist derzeit, wie Besucher aus den Altbundesländern bestätigen, teilweise eine bessere Ausstattung als an mancher westdeutschen Einrichtung erreicht worden.

Studieren im Osten – zusammengefaßt:

Niveau des Studiums:	entspricht dem westlichen Niveau
Studienbedingungen:	oft besser, wegen fehlender Überfüllung
Lebensbedingungen:	Abstriche am Wohnkomfort.«

Soweit der Insider Uwe Lämmel. Hat er Sie überzeugen können? Wie wäre es mit Agrarwissenschaften in Halle, Bernburg oder Neubrandenburg, mit Umweltchemie in Jena, Landespflege in Bernburg oder Erfurt, Forstwissenschaft in Eberswalde, Agrarökologie in Rostock oder Umwelttechnik in Cottbus oder Köthen? Die dortigen Studienbedingungen sind gut, die Qualität der Ausbildung ist bundesweit anerkannt, und außerhalb von Hörsaal und Labor gibt es viel Interessantes zu entdecken. Wollten Sie nicht weg von Mutters Küchentisch? Dann suchen Sie sich doch eine Hochschule im Neufünfland aus!

Literatur

Ballin, D., Zimmermann, A.: Stellenanalyse Umwelt und Beruf, 1993/94. Eine Kurzstudie zu den Qualifikationsanforderungen im Spiegel des Stellenmarktes. Know-How-System, München 1994.

Bischoff, W.: Berufliche Tätigkeiten der Diplom-Agraringenieure und Diplom-Agrarbiologen. Hohenheim 1994.

Bundesanstalt für Arbeit (Hrsg.): Arbeitsmarktbeobachtungen der Fachvermittlung für besonders qualifizierte Fach- und Führungskräfte. In: Amtliche Nachrichten der Bundesanstalt für Arbeit. Heft 7, 1994 und Heft 7, 1995.

– Berufe im Umweltschutz. Blätter zur Berufskunde. Gütersloh 1994.

Bund-Länder-Kommission für Bildungsplanung und Forschungsförderung (Hrsg.): Studien- und Berufswahl 1995/96. Verlag K. H. Bock, Bad Honnef 1995.

Dechema: Studienführer Chemiefachbereiche an den Fachhochschulen der Bundesrepublik Deutschland. Frankfurt 1994.

Fonds der Chemischen Industrie: Chemie Aktuell. Magazin für Studien- und Berufsanfänger. Frankfurt 1990.

Gerhardt, R.: Studienführer Weiterführende Studienangebote der Hochschulen: Ökologie/Umweltschutz. Materialien des Arbeitskreises Universitäre Erwachsenenbildung. Hannover 1994.

Heyer, T.: Berufsfeld und Studieneinschätzung von AbsolventInnen der Fachrichtung Umweltsicherung und Entwicklung ländlicher Räume. Gießen 1993.

Hochschulrektorenkonferenz: Weiterführende Studienangebote an den Hochschulen der Bundesrepublik Deutschland. Verlag K. H. Bock, Bad Honnef 1994.

Institut für Ökologie und Unternehmensführung: Umwelt-Auditing in einem Dienstleistungsunternehmen. Oestrich-Winkel 1993.

Kramer, W.: Abiturientenausbildung in der Wirtschaft. Die praxisnahe Alternative zur Hochschule. Deutscher Instituts-Verlag, Köln 1993.

Lämmel, U.: Informatik erfolgreich studieren. Studienführer im dtv. München 1995.

Mainzer, K. (Hrsg.): Natur- und Geisteswissenschaften. Berlin 1990.

Rothenburger, W.: Ökonomie der Landespflege. Ulmer Verlag, Stuttgart 1993.

Der Spiegel: Spiegel-Spezial 1990, Nr. 1.

Der Spiegel: Spiegel-Spezial 1993, Nr. 3.

Umweltbundesamt: Studienführer Umweltschutz. 2 Bände. Berlin 1994.

Umweltbundesamt: Jahresbericht 1993. Berlin 1994.

Wissenschaftlicher Beirat der Bundesregierung Globale Umweltveränderungen: Jahresgutachten 1993. Bremerhaven 1994.

Wissenschaftsrat: Stellungnahme zur Umweltforschung in Deutschland. Köln 1994.

Wissenschaftsrat: Fachstudiendauer an Universitäten 1992. Köln 1995.

Wissenschaftsrat: Fachstudiendauer an Fachhochschulen 1992 und 1993. Köln 1995.

Stichwortverzeichnis

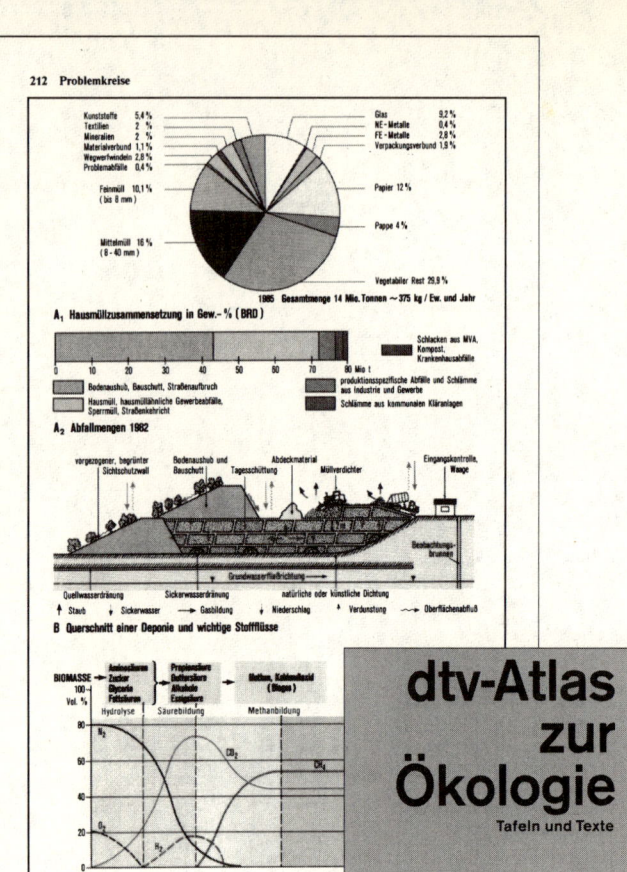

A₁ Hausmüllzusammensetzung in Gew.- % (BRD)

A₂ Abfallmengen 1982

B Querschnitt einer Deponie und wichtige Stoffflüsse

C Abbauprozesse organischer Stoffe und Deponiegaszusammensetzur

Abfallarten, Übertagedeponierung

dtv-Atlas zur Ökologie
von Dieter Heinrich und
Manfred Hergt
Tafeln und Texte
Mit 122 farbigen Abbildungsseiten
Originalausgabe
dtv 3228

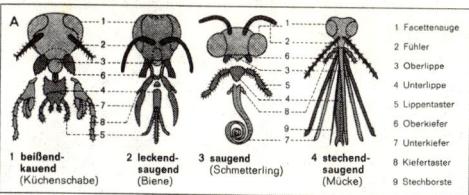

132 Grundtypen der Lebewesen/Baupläne der Tiere V: Insekten

				1 Facettenauge
				2 Fühler
				3 Oberlippe
				4 Unterlippe
				5 Lippentaster
				6 Oberkiefer
				7 Unterkiefer
				8 Kiefertaster
				9 Stechborste

1 beißend-kauend (Küchenschabe) 2 leckend-saugend (Biene) 3 saugend (Schmetterling) 4 stechend-saugend (Mücke)

Typen von Mundgliedmaßen bei Insekten

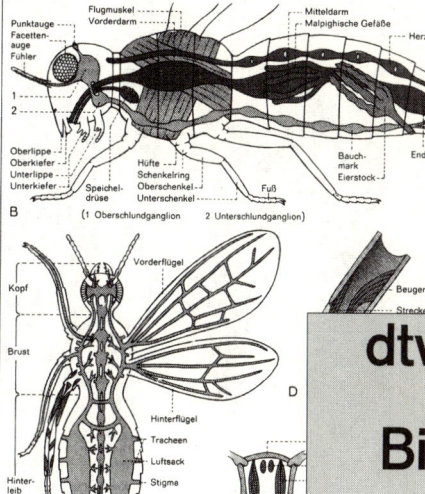

Insekt: Bauplan (B, C); Beingelenk (D, Längsschnitt); Indir

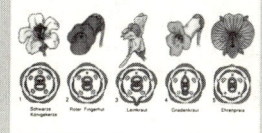

dtv-Atlas zur Biologie

dtv-Atlas zur Biologie
von Günter Vogel
und Hartmut Angermann
Tafeln und Texte
Mit 292 farbigen Abbildungsseiten
Originalausgabe
3 Bände / dtv 3221 – 3223

Tafeln und Texte

Band 3

Naturgeschehen
Naturerkenntnis
Naturwissenschaft

Schämen sollen sich die Menschen, die sich
gedankenlos der Wissenschaft und Technik
bedienen und nicht mehr davon geistig erfaßt
haben als die Kuh von der Botanik der
Pflanzen, die sie mit Wohlbehagen frißt.

Albert Einstein

Timothy Ferris:
**Das intelligente
Universum**
dtv 30479

Karl Grammer:
Signale der Liebe
Die biologischen
Gesetze der Partner-
schaft
dtv 30498

Philip Johnson
Laird:
**Der Computer im
Kopf**
dtv 30499

Was ist Zeit?
Zeit und Verant-
wortung in Wissen-
schaft, Technik und
Religion
Hrsg. von Kurt Weis
dtv 30525

Jeanne Ruber:
**Was Frauen und
Männer so
im Kopf haben**
dtv 30524 (März)

Paul Davies /
John Gribbin:
**Auf dem Weg zur
Weltformel**
Superstrings, Chaos,
Komplexität
Über den neuesten
Stand der Physik
dtv 30506

What´s What?
Naturwissenschaft-
liche Plaudereien
Herausgegeben von
Don Glass
dtv 30511 (Dez.)

Jean Guitton/Grichka
u. Igor Bogdanov:
**Gott und die
Wissenschaft**
Auf dem Weg zum
Meta-Realismus
dtv 30516
(Januar)

Darwin lesen
Eine Auswahl aus
seinem Werk
Herausgegeben von
Mark Ridley
dtv 30519
(Februar)